普通高等教育"十四五"系列教材

国际贸易单证教程

主　编　朱玉琴　向　丽

副主编　蒋丽娟　李玉明　胡昕驰

中国水利水电出版社
www.waterpub.com.cn

·北京·

内 容 提 要

国际贸易单证是国际贸易的核心。单证业务贯穿买卖双方履行贸易的始终。单证既是买卖双方凭以交接货物、收付货款的依据,又是进出口贸易必不可少的手段。全书分为三个部分,共十章。第一部分讲述国际贸易流程与国际贸易单证流程,包括导论、进出口业务成本的核算、进出口合同、结算方式;第二部分讲述国际贸易单证的规范填制,包括发票、官方单据、运输单据、投保单和保险单、通关单据;第三部分讲述国际贸易单证模拟演练,包括三个综合实训项目。

本书可作为国际商务、国际经济与贸易、报关货代、商务英语等专业的教学用书,也可作为社会从业人员的业务参考书和培训用书。

图书在版编目(CIP)数据

国际贸易单证教程 / 朱玉琴,向丽主编. -- 北京：
中国水利水电出版社,2023.8
普通高等教育"十四五"系列教材
ISBN 978-7-5226-1552-3

Ⅰ. ①国… Ⅱ. ①朱… ②向… Ⅲ. ①国际贸易-原始凭证-高等学校-教材 Ⅳ. ①F740.44

中国国家版本馆CIP数据核字(2023)第101571号

策划编辑：崔新勃　　　责任编辑：赵佳琦　　　封面设计：梁　燕

书　名	普通高等教育"十四五"系列教材 **国际贸易单证教程** GUOJI MAOYI DANZHENG JIAOCHENG	
作　者	主　编　朱玉琴　向　丽 副主编　蒋丽娟　李玉明　胡昕驰	
出版发行	中国水利水电出版社 (北京市海淀区玉渊潭南路 1 号 D 座　100038) 网址：www.waterpub.com.cn E-mail：mchannel@263.net(答疑) 　　　　sales@mwr.gov.cn 电话：(010)68545888(营销中心)、82562819(组稿)	
经　售	北京科水图书销售有限公司 电话：(010)68545874、63202643 全国各地新华书店和相关出版物销售网点	
排　版	北京万水电子信息有限公司	
印　刷	三河市德贤弘印务有限公司	
规　格	184mm×260mm　16 开本　16.5 印张　422 千字	
版　次	2023 年 8 月第 1 版　2023 年 8 月第 1 次印刷	
印　数	0001—2000 册	
定　价	49.00 元	

前　　言

　　党的二十大报告指出，推进高水平对外开放，依托我国超大规模市场优势，以国内大循环吸引全球资源要素，增强国内国际两个市场、两种资源的联动效应，提升贸易投资合作质量和水平。随着我国加入WTO及对外贸易的飞速发展，特别是进出口经营权的放开和个人从事进出口业务得到许可后，外贸领域从业人员的需求不断扩大。新冠肺炎疫情的暴发、全球金融危机的影响及人民币不断升值的压力使我国对外贸易面临机遇与挑战。例行多年的出入境检验检疫局正式并入中国海关，新海关、新时代、新征程、新起点，这对所有从事国际贸易的企业和工作人员而言，是一个非常重要的里程碑。"关检合一""单一窗口""互联网+海关"无纸化通关的实施使贸易便利程度大大提高。这种态势下，对经贸专业人才的需求更显迫切，具备扎实的专业知识、业务技能及英语能力的外贸单证员更加成为企业所急需的人才。

　　外贸单证员是指在托运、报检、报关、投保、结算等进出口业务中从事开立信用证、审核信用证、制作单据、办理单据、审核单据、交接单据和单据归档等工作的外贸从业人员。外贸单证员岗位是外贸公司负责业务履行的主要岗位，是协调外贸跟单员、外贸业务员工作的枢纽岗位，也是外贸公司不可或缺的岗位。进出口的各环节都离不开单证工作，单证资料的任何一点差错都可能导致企业的严重损失，因此，针对外贸单证员岗位的专业人员的培养尤为重要，外贸单证用书的改革和创新势在必行。

　　本书注重理论联系实际，提高学生的应用能力、实践能力和创新能力。内容主线以"项目引导、任务驱动、学做合一"的全新模式进行综合化改革，以岗位的典型工作任务进行项目载体设计和情景学习，并结合岗位能力和双证书等要求，兼顾全国国际商务单证员职业资格证书考核标准，将理论知识转化为职业能力。我们依照"理论先行、实务跟进，案例同步、实训到位"的原则，结合"以能力为本位，以就业为导向"的理念，以及最新外贸政策，做到与时俱进，使本书更贴近实际应用操作。

　　本书的主要特色如下：

　　（1）与时俱进，政策引领。本书以最新政策为引领，体现了外贸发展的新趋势，同时结合了国际惯例、国际规则新要求；加入"关检合一""单一窗口""互联网+海关"，原产地证书填制方法、UCP600、ISBP745、URC522和Incoterms®2020等最新修订内容，力求紧跟行业发展趋势，体现前瞻性和实效性。数字经济与技术不断发展，为顺应这样的变化趋势，我们也将电子制单和单价标准化相关内容编入相应章节。

　　（2）项目驱动、实践导向的工学结合设计思想。以外贸单证员岗位为核心，以外贸单证实务内容为主体，结合岗位职业资格证书的考核要求，合理安排工作任务。本书通过工作项目与任务的设定，引导学生根据外贸单证员岗位职业能力要求来掌握专业知识与专业技能。

　　（3）内容上具有实用性和可操作性。以产品贸易合同和信用证为主线，沿着实际履行贸易合同的轨迹设计内容，条理清晰；同时，注重与时俱进，把外贸单证业务操作过程中的新知识、新规定、新技术、新方法融入书中，最新政策方面（如货物贸易外汇管理制度的改革和取消出口收汇外汇核销单等）均有涉及，使本书更贴近国际贸易业务的发展变化和实际需要。

（4）编审人员中有长期从事外贸单证实务课程教学的专任老师，也得到从事单证工作多年的企业专家的支持，对书中重点和难点的把握比较准确；此外，许多单证样本都是来自企业和相关部门的第一手材料，贴近现实，容易理解和掌握，便于操作，应企业要求已将公司名称、地址等信息稍作更改。

本书由朱玉琴、向丽任主编，蒋丽娟、李玉明、胡昕驰任副主编。第一章和第二章由朱玉琴编写，第三章和第四章由向丽编写，第五章和第六章由蒋丽娟编写，第七章和第八章由李玉明编写，第九章和第十章由胡昕驰编写，朱玉琴负责全书的统稿工作，向丽负责审核。

由于时间和水平有限，加之外贸业处于持续发展中，本书难免存在疏忽错漏之处，恳请各界人士批评指正。

编　者

2023 年 3 月

目　录

前言

第一章　导论 ……………………………… 1
　第一节　国际贸易流程与国际贸易单证流程 …… 1
　　一、出口流程（一般贸易、CIF、L/C）…… 2
　　二、进口流程（一般贸易、FOB、L/C）…… 4
　　三、国际贸易单证流程 ………………… 6
　第二节　单证概述 ………………………… 7
　　一、单证的概念和作用 ………………… 7
　　二、国际贸易单证的分类 ……………… 8
　　三、与单证相关的国际贸易惯例 ……… 10
　第三节　国际贸易单证工作 ……………… 11
　　一、UCP600 对国际贸易单证审核的
　　　　要求 ………………………………… 11
　　二、国际贸易单证工作的具体要求 …… 12
　　三、国际贸易单证工作的发展特点 …… 14
　课后练习题 ………………………………… 15
第二章　进出口业务成本的核算 ………… 17
　第一节　费用的计算 ……………………… 17
　　一、出口费用概述 ……………………… 17
　　二、运费 ………………………………… 19
　　三、保险费 ……………………………… 21
　　四、佣金和折扣 ………………………… 22
　第二节　成本核算 ………………………… 23
　　一、出口成本核算 ……………………… 23
　　二、进口成本核算 ……………………… 24
　第三节　案例讨论 ………………………… 26
　　一、运费计算案例 ……………………… 26
　　二、保险费计算案例 …………………… 26
　　三、佣金和折扣计算案例 ……………… 27
　　四、成本核算案例 ……………………… 27
　课后练习题 ………………………………… 28
第三章　进出口合同 ……………………… 29
　第一节　进出口合同的形式与类型 ……… 29
　　一、进出口合同的形式 ………………… 29
　　二、书面合同的类型 …………………… 29
　第二节　合同条款 ………………………… 30
　　一、合同条款概述 ……………………… 30
　　二、进出口合同的基本条款 …………… 30

　　三、合同样本 …………………………… 34
　第三节　案例讨论 ………………………… 39
　　一、进出口合同履行案例 ……………… 39
　　二、进出口合同条款案例 ……………… 40
　课后练习题 ………………………………… 40
第四章　结算方式 ………………………… 43
　第一节　汇付 ……………………………… 44
　　一、汇付的含义及当事人 ……………… 44
　　二、汇付的种类 ………………………… 47
　　三、汇付的业务流程 …………………… 47
　第二节　托收 ……………………………… 48
　　一、托收的含义及当事人 ……………… 49
　　二、托收的种类及业务流程 …………… 52
　第三节　信用证 …………………………… 55
　　一、信用证的含义及性质 ……………… 55
　　二、跟单议附信用证的业务流程 ……… 57
　　三、信用证的基本内容 ………………… 58
　　四、信用证的审核与修改 ……………… 60
　　五、开证申请书 ………………………… 63
　第四节　案例讨论 ………………………… 68
　　一、托收结算方式案例 ………………… 68
　　二、信用证结算方式案例 ……………… 69
　课后练习题 ………………………………… 71
第五章　发票 ……………………………… 82
　第一节　商业发票 ………………………… 82
　　一、商业发票的含义及作用 …………… 82
　　二、商业发票的内容及缮制方法 ……… 83
　　三、部分国家对发票的特殊规定 ……… 86
　　四、缮制商业发票的注意事项 ………… 87
　第二节　其他种类的发票 ………………… 89
　　一、海关发票 …………………………… 89
　　二、加拿大海关发票的缮制 …………… 91
　　三、形式发票 …………………………… 94
　　四、领事发票 …………………………… 94
　　五、厂商发票 …………………………… 95
　　六、样品发票 …………………………… 95
　第三节　案例讨论 ………………………… 95

课后练习题 ················· 98

第六章 官方单据 ················· 104

第一节 进出口许可证 ················· 104

一、进出口许可证的作用 ················· 104

二、进出口许可证的管理 ················· 105

第二节 检验检疫证书 ················· 108

一、中国的检验检疫管理 ················· 108

二、出境货物检验检疫申请 ················· 109

三、检验检疫证书的含义和作用 ················· 112

四、检验检疫证书的种类 ················· 113

五、检验检疫证书的内容和缮制要求 ······· 114

第三节 原产地证书 ················· 115

一、原产地证书的性质和作用 ················· 115

二、原产地证书的种类 ················· 116

三、一般原产地证书 ················· 116

四、普惠制原产地证书 ················· 118

第四节 案例讨论 ················· 121

一、进出口许可证缮制案例 ················· 121

二、一般原产地证书缮制案例 ················· 123

三、出入境商品的检验检疫管理案例 ······· 126

课后练习题 ················· 126

第七章 运输单据 ················· 132

第一节 办理托运的流程 ················· 132

一、陆运托运流程 ················· 132

二、海运托运流程 ················· 133

三、空运托运流程 ················· 134

第二节 托运的相关单据 ················· 134

一、包装单据 ················· 134

二、托运单 ················· 137

第三节 海运提单 ················· 139

一、海运提单的定义和作用 ················· 139

二、海运提单条款 ················· 139

三、电放 ················· 142

第四节 不能代表物权的运输单据 ················· 145

一、海运单 ················· 145

二、空运单 ················· 146

三、联运运单 ················· 152

第五节 案例讨论 ················· 154

一、过期提单案例 ················· 154

二、倒签提单案例 ················· 154

三、错填提单致损案例 ················· 155

四、分装案例 ················· 156

课后练习题 ················· 156

第八章 投保单和保险单 ················· 158

第一节 投保单 ················· 158

一、国际货运投保及其流程 ················· 158

二、海洋运输货物保险的险别 ················· 159

三、国际货物运输保险投保单 ················· 160

第二节 保险单 ················· 163

一、保险单据的种类 ················· 163

二、保险单据的缮制及注意事项 ················· 165

三、L/C中有关保险条款示例 ················· 168

第三节 案例讨论 ················· 168

一、保险单缮制案例 ················· 168

二、出口香港罐头保险索赔案 ················· 172

三、保险"加成率"案例 ················· 172

四、保险单样例 ················· 173

课后练习题 ················· 174

第九章 通关单据 ················· 179

第一节 通关程序 ················· 180

一、申报 ················· 180

二、海关查验 ················· 181

三、征税 ················· 182

四、放行 ················· 183

五、结关 ················· 184

第二节 报关单 ················· 184

一、报关单的结构和用途 ················· 184

二、进出口货物报关单的填制要求 ········· 186

三、进出口货物报关单的填制规范 ········· 186

第三节 案例讨论 ················· 201

课后练习题 ················· 202

第十章 国际贸易单证模拟演练 ················· 205

综合实训一 ················· 205

综合实训二 ················· 214

综合实训三 ················· 223

附录一 国际贸易单据样本 ················· 231

附录二 世界各国（地区）货币代码 ················· 246

附录三 国家或地区代码 ················· 253

参考文献 ················· 258

第一章 导 论

 **本章导读：**

国际贸易实务和国际贸易单证是密不可分的。一方面，在国际贸易业务中，买卖双方身处不同国家或地区，在交易磋商、合同的履行、货物和货款的交接过程中没必要也不可能始终面对面沟通，但是，卖方又必须通过某种方式证明自己履行了交货义务，因此，目前绝大多数外贸业务采用"象征性交货"方式进行交易。所谓"象征性交货"，实质是"卖方凭单交货，买方凭单付款"，即单据代表货物，卖方以提交符合合同或信用证的单据作为按时、按质、按量交货的凭证；如果卖方提交的单据不符合规定，则买方和银行有权利拒付货款。另一方面，从贸易合同的签订，到合同履行完毕，整个贸易流程要经过备货、报关、装运、保险、收汇和提货等几十个步骤，要分别与工厂、海关、运输部门、保险公司、银行和政府部门发生业务往来，每个环节都需要相应单证的缮制、处理和交接，以满足各部门和单位的需要，以及配合国家的相关外贸管理政策。

所以，国际贸易单证是国际贸易的核心。单证业务贯穿买卖双方履行贸易的始终。单证既是买卖双方凭以交接货物、收付货款的依据，又是进出口贸易必不可少的手段。

 **学习目标：**

通过学习本章，学生能够了解国际贸易流程与国际贸易单证流程，掌握国际贸易单证的基本概念和分类，理解国际贸易单证工作的意义和发展趋势。

 **关键概念：**

- 单证（Document）
- 国际贸易惯例（International Trade Practice）
- 《跟单信用证统一惯例》（UCP600）
- 《托收统一规则》（URC522）
- 《国际标准银行实务》（ISBP745）
- 《2020 国际贸易术语解释通则》（Incoterms®2020）
- 单证标准化（Document Standardization）

第一节 国际贸易流程与国际贸易单证流程

国际贸易的业务程序一般分为三个阶段：交易前的准备、交易磋商和签订合同、履行合同。交易前的准备阶段是交易磋商顺利进行的保证，也是履行合同的基础；交易磋商和签订合同阶段是达成协议并确定双方权利义务的关键阶段；履行合同阶段则是买卖双方按照合同条款行使权利和履行义务。国际贸易单证的流转过程也就是买卖双方履约的过程，因此买卖双方在此过程中必须注意加强合作，把各项工作做到精确细致，尽量避免工作脱节、单证不一致的情况。

一、出口流程（一般贸易、CIF❶、L/C❷）

假设贸易双方采用信用证付款方式，在履行这类出口合同时，必须切实做好货（备货、报验）、证（催证、审证、改证）、运（托运、报关、保险）、款（制单结汇）四个基本环节的工作，如图 1-1 所示。同时还应密切注意买方的履约情况，以保证合同最终得以圆满履行。

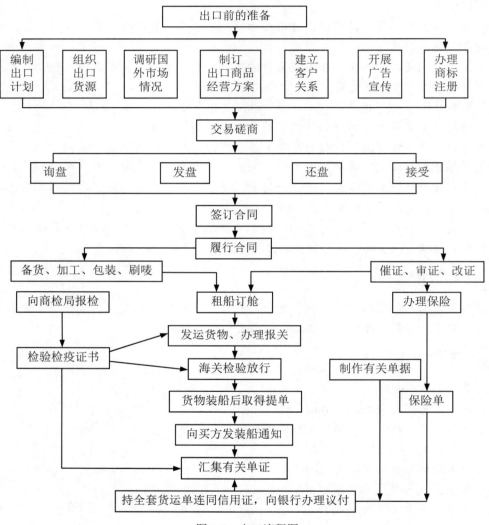

图 1-1　出口流程图

1．收发定单与备货

本阶段进口商应按销售合同或销售确认书规定的时间和方式向出口商发送订单，出口商在收到订单后一般需发送订单回执予以确认，然后向国内的供应商或生产商订货，签订购货合同，供应商或生产商发货的同时向出口商和税务部门提供增值税发票或相应的证明，税务

---

❶ 成本加运保费（Cost Insurance and Freight）。

❷ 信用证（Letter of Credit）。

部门凭借该增值税发票或证明向出口商提供出口退税专用税票。供应商或生产商在向外贸仓库发货的同时，要求外贸仓库签收送货单，外贸仓库收到货物后，向出口商签发进仓单，然后由出口商根据进仓单向外经贸主管部门和国税局进行购货库存申报，以作为在该批货物出口以后向以上两个部门进行退税申报的依据。

2. 催证、审证与改证

在备货的同时，出口商应对外催开信用证，收到信用证后，必须立即对信用证号码、合同号码、开证申请人、开证银行、总金额、装运期和有效期等进行登记，之后，在银行审证的基础上，对信用证进行全面、认真和仔细的审核，若发现信用证中有与合同规定不符，或与我国相关制度不符，或其他影响及时安全收汇的条款，必须立即要求对方进行修改，在确保收到修改书后再组织发货。

3. 缮制商业发票和装箱单

商业发票是出口单据的核心，其他单据的主要内容都是根据商业发票制作的。装箱单是指重量单和尺码单等，是商业发票的补充单据。商业发票缮制好之后，根据需要可以缮制与本批货物有关的出口许可证或配额许可证等，供出口报关备用。

4. 缮制运输单据

（1）在 CFR[❶]或 CIF 条件下，在出口货物装运完毕并收到外运公司的配舱回单后，出口商需要缮制"海运提单"（Bill of Lading），再把"海运提单"送交承运人由其签发，"海运提单"是重要的物权证明。

（2）在空运情况下，由航空公司凭出口商的"空运货物委托书"内容缮制并签发"航空运单"（Air Waybill）。

（3）在陆路运输的情况下，由外运公司缮制并签发"承运货物收据"（Cargo Receipt）。

（4）在大陆桥运输的情况下，由外运公司缮制并签发"联合运输单据"（Combined Transport Documents）。

上述单据是出口商向银行议付的重要单据，应严格按合同和信用证的规定缮制，同时，在货物装运后，出口商应及时向进口商发出装运通知，使对方及时掌握装运信息，做好相关准备。

5. 缮制保险单证

以 CIF 或 CIP[❷]条件成交的合同，在货物集港之前出口商应该缮制投保单，凭此向保险公司申请办理保险，并取得相应的保险单。保险单由保险公司缮制和签发，在实际操作中，大多由出口商按要求制好后交给保险公司签发。

6. 缮制出口货物报关单、办理报关报检手续

出口商备齐货物，将货物按照合同规定包装并刷制好运输标志准备装运，在装运之前，若属法定检验或双方约定检验的商品，应向商品检验检疫机构申报检验货物，出运前，出口商应填写"出口货物报关单"随附合同、商业发票、装箱单、装运单或运单等，如果有需要，还需提供出口许可证等特殊管理证件，进行报关。

7. 审单与交单结汇

各种单证缮制或获取完毕后，外贸单证员要对所有单证全部审核一遍。单证的审核方法

---

❶ 成本加运费（Cost and Freight）。

❷ 运费、保险费付至目的地（Carriage and Insurance Paid to）。

有纵横审单法、先数字后文字审单法、按装运日期审单法、分地区客户审单法、先读后审法和先审后读法等几种方法。在确认单证完备、单证一致、单单一致、单同一致后，应在信用证的有效期和交单期内向当地银行交单议付。

二、进口流程（一般贸易、FOB❶、L/C）

假设贸易双方以信用证方式结算货款，履行这类进口合同的一般程序是：签订贸易合同、开立信用证、租船订舱、装运、办理保险、审单付款、接货报关、检验和索赔等事项，进口商应与出口商及本国各有关部门密切配合，逐项完成，如图1-2所示。

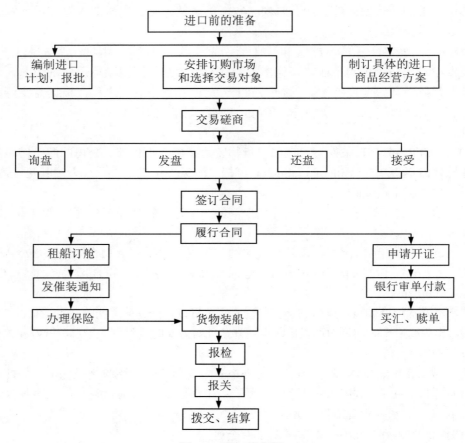

图 1-2 进口流程图

1. 申请开立信用证

进口合同签订后，进口商应该按合同规定的时间向银行申请开立信用证，到开证行填写开证申请书，开证申请书的内容包括两部分：第一部分是请求银行开立信用证的内容，这部分内容应与合同条款相一致；第二部分是进口商对开证行的声明，明确双方的责任。

在进口业务实践中，银行会按照开证申请人在银行的信用情况，对其提出的开证申请按比例收取开证保证金，以此降低银行的风险，确保开证申请人在银行付款后及时付款赎单。

---

❶ 装运港船上交货价（Free On Board）。

对于资信良好的开证申请人，银行会按照事先与其签订的授信合同的规定，在其申请开证时按比例减免开证保证金，最高可减免 100%。

2. 开证和改证

银行应按开证申请人的申请开出信用证并寄交国外通知行，国外通知行对信用证审核后将其转交给出口商，若信用证需要修改，应立即由开证申请人向开证行递交修改申请书，要求开证行办理修改手续。

3. 租船订舱与投保

（1）租船订舱。以 FCA❶或 FOB 条件成交的进口合同，进口商在接到出口商预计装运日期的通知后及时办理租船订舱手续，并将船名、航次及开船日期通知出口商，以便出口商备货装运。

（2）投保。按 FOB、CFR、FCA 和 CPT❷条件成交的进口货物，由我方/买方进口商自行办理保险。为简化投保手续和避免漏保，一般采用预约保险的做法，即被保险人（投保人）和保险人就保险标的物的范围、险别、责任、费率以及赔款处理等条款签订长期性的保险合同。投保人在获悉每批货物起运时，应将船名、开船日期及航线、货物品名及数量、保险金额等内容，书面定期通知保险公司。保险公司对属于预约保险合同范围内的商品，一经起运，即自动承担保险责任。

未与保险公司签订预约保险合同的进口商，则采用逐笔投保的方式，在接到国外出口方的装船通知或发货通知后，应立即填写"装货通知"或投保单，注明有关保险标的物的内容、装运情况、保险金额和险别等，交保险公司，保险公司接受投保后签发保险单。

4. 审单付汇

信用证项下的全套单据经进口方银行审核后送交进口商，再经进口商审核认可后，银行即对外付款或承兑。托收（D/P❸、D/A❹等）项下的货运单据也由银行转交给进口商，但不管是出口方的托收银行还是进口方的代收银行均不负单据审核之责，进口商更有必要加强审核。

无论信用证或托收，就我国的情况，进口商的审核往往是终局性的。经过审核，如果发现单据不符或有异状，应通过银行及时提出或说明拒绝承兑的理由。

5. 进口报关

货物运达进口方指定目的地后，进口商应立即缮制"进口货物报关单"并附进口许可证（或类似性质的文件）正本、贸易合同、进口发票、装箱单和运输单据等副本，向进口地海关申报进口，经海关查验单据和货物相符、核定进口关税，进口商付清关税及附加税后，即可凭运输单据正本或有关证明向承运企业或其代理办理提货。

6. 货物到达后的检验

货物到达后，进口商应抓紧做好数量和质量的检验工作，属于法定检验商品必须由商检局检验。在合同索赔有效期内取得商检局检验证书，列入国家规定的动植物检疫范围的进口货物，应申请进行消毒和检疫，货物卸下后发现有残损的，须及时通知保险公司进行残损检验并协商赔款事宜。

---

❶ 货交承运人（Free Carrier）。

❷ 运费付至目的地（Carriage Paid To）。

❸ 付款交单（Documents against Payment）。

❹ 承兑交单（Documents against Acceptance）。

7. 索赔

进口货物经过检验后，如果发现属于卖方责任的数量短缺或质量不符等情况，须在合同索赔有效期内向卖方提出索赔，索赔时须提供检验证明书和发票、提单等货运单据副本。

三、国际贸易单证流程

下面以图 1-3 和表 1-1 展示国际贸易流程中各步骤涉及的单证。

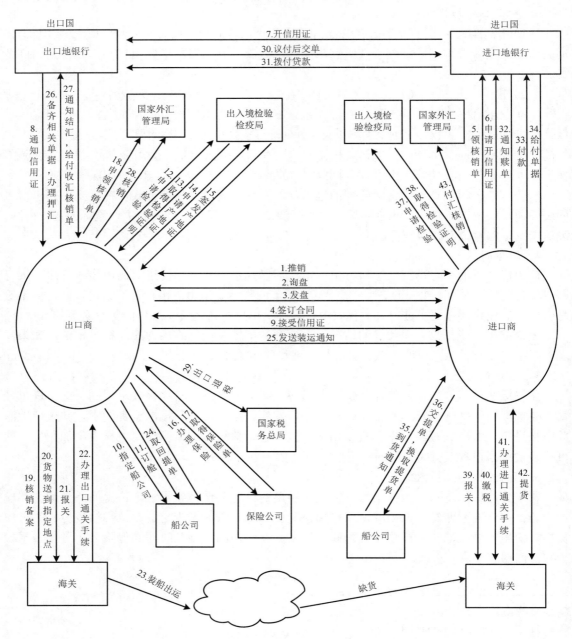

图 1-3　国际贸易流程中各步骤涉及的单证

表 1-1　国际贸易单证的分类

前期单证	出口流程	结汇单证
出口许可证	备货、落实信用证	
	租船订舱	商业发票、装箱单
报检单	报检、检验	商检证书、产地证
报关单	报关	
投保单	办保险	保险单
托运单	装船	海运提单
	制单、交单	汇票
	结汇	
	退税	

注：2012 年，国家外汇管理局、海关总署和国家税务总局决定自 8 月 1 日起在全国实施货物贸易外汇管理制度改革，取消核销单，企业不再办理出口收汇核销手续。

第二节　单证概述

一、单证的概念和作用

单证（Document），基本含义为"官方文件"，此外还有"证明""证据"的意思。国际贸易单证，是指在国际结算中应用的单据、文件和证书等，凭借这种文件来处理国际货物的交付、运输、保险、商检、报关和结汇等。从广义上讲，单证是指文件和凭证；从狭义上讲，单证是指单据和信用证。

由于国际贸易大多采用凭单交货、凭单付款的方式，因此，国际贸易单证是国际贸易的核心，在出口业务中做好制单工作，对安全及时收汇意义重大。

具体而言，单证的作用体现在以下几点。

1. 单证是国际结算的基本工具

在国际贸易实践中，结算方式可以有汇付、托收和信用证等，但无论采用何种方式，出口商要想收回货款，都必须向付款人提供所要求的结汇单据。由于大多数交易都采用"象征性交货"方式，因此，出口商签发、提交的单据正确与否，很大程度上影响着能否安全、顺利收汇。

UCP600 第五条规定：在信用证业务中，各有关当事人处理的是单据而不是有关的货物、服务或其他行为。也就是说，当开证行或其指定的银行收到单据时，必须审核单据，确定单据内容与信用证表面相符；否则，银行可以拒收单据，拒付货款。

URC522 指出：托收是指银行根据所收到的指示处理金融单据或商业单据，以便于取得付款或承兑。为此，银行必须确定它所收到的单据与托收指示书中所列内容表面相符，若发现单据有任何缺陷，都必须通知指示方，不得延误。

2. 单证是合同履行的必要手段和凭证

目前大多数的国际贸易主要表现为单据的买卖。在卖方履行备货、报验、报关、装运的各个环节，都有与之相对应的单据的缮制或取得，一是满足运输、银行、保险、商检、海关及政府有关部门对出口贸易的管理等多方面的要求，二是以此证明卖方按时、按质、按量交货和履行合同。按《联合国国际货物销售合同公约》的规定，出口商不仅有交付货物的义务，同时也有移交单据的义务，因此，出口商递交有关单据是其履行合同义务的一个方面。卖方交单意味着交付了货物，而买方付款则是以得到物权凭证为前提，以单证为核心。所以，单证和货款对流的原则是国际贸易中商品买卖的一般原则。

3. 单证是经营管理的重要环节

进出口企业经营与单证管理关系很大。在国际贸易中，企业一方面要在内部各部门之间协调工作，另一方面要与海关、商检、银行、保险、运输、国家外汇管理局和国家税务总局等多个部门打交道，需要与这些部门相互协调配合，任何一个环节出错，都可能影响到相应单证的及时出具，从而影响到结汇。因此单证工作既是为贸易全过程服务，也是为争取迅速安全收汇而进行的细致而又烦琐的工作。外贸企业经营管理的好坏与单证工作组织管理的优劣有很大的关系。管理得好，就能保障经营成果，加快结算速度，也能得到利息上的外汇收益；管理得差，导致延迟交单，必然有暗耗、利息等损失，甚至可能会导致无法收汇，给企业带来更大的经济损失。

因此，单证就是外汇。外贸企业对单证工作的管理好坏，直接关系到企业制单工作的效率和质量，单证制作的标准与否，直接关系到企业能否顺利收回货款。因此，单证工作是企业经营管理的重要环节，单证工作的管理能体现企业经营管理的质量。

4. 单证是融资的手段

由于单证是外贸结算的基本工具，特别在信用证支付方式下，单证中往往都有凭以提货的物权凭证。物权凭证即货物所有权的凭证，其特性是可以通过背书转让单据的权利。这样，如果进出口双方资金紧张，就可以通过背书的方法转让单据，提前获得融资。

二、国际贸易单证的分类

关于国际贸易单证的分类，不同的国际贸易惯例有不同的规则，同时，外贸界也有不同的分类方法。现介绍几种比较典型的分类方式。

1. 按《托收统一规则》（URC522）分类

（1）金融单证——具有货币属性，汇票、支票、本票或其他用于取得付款资金的类似凭证。

（2）商业单证——除了金融单据以外的所有单据，包括基本单证和附属单证。

1）基本单证是指在国际贸易中必不可少的单据，如商业发票、海运提单和保险单等。

2）附属单证是指在国际贸易中根据不同业务需要或规定，要求出口方特别提供的单证。一般因进口国家或地区、产品特性和运输方式的不同而异。

进口国官方要求的单证：领事发票、海关发票和原产地证明等。

买方要求的单证：装箱单、重量单、品质证书、寄单证明、寄样证明、装运通知和船龄证明等。

2. 按《跟单信用证统一惯例》（UCP600）分类

（1）运输单证——海运提单、非转让海运单、租船合约提单、多式联运单据、空运单据、公路铁路内河运输单据、快递和邮包收据、运输代理人的运输单据等。

（2）保险单证——保险单、保险凭证、承保证明和预保单等。

（3）商业发票。

（4）其他单证——装箱单、重量单和各种证明书。

3. 按 UN/EDIFACT❶ 分类

EDI 国际通用标准将国际贸易单证分为九大类：生产单证、订购单证、销售单证、银行单证、保险单证、货运代理服务单证、运输单证、出口单证、进口和转口单证。

4. 按单证的作用分类

下面以表 1-2 所列，展示国际贸易单证的分类。

表 1-2　国际贸易单证的分类

单证分类	主要单证
商业单证	商业发票、形式发票、包装单据
运输单证	海运提单、海运单、多式联运单据、航空运单、铁路运单
保险单证	保险单、预约保险单、保险凭证
金融单证	汇票、本票、支票
官方单证	出口许可证、商检证书、原产地证书、海关发票、领事发票
附属单证	受益人证明、寄单证明、装运通知、寄样证明、船公司证明

5. 按单证在结汇时的需要分类

按单证是否属于结汇时需要，分为结汇单证和非结汇单证。结汇单证是指在国际贸易结算中所使用的各种票据、单据和证明的统称。非结汇单证是指在国际贸易中，办理出口手续时所使用的各种单据、证书和文件。表 1-3 列出结汇单证与非结汇单证的关系。

表 1-3　结汇单证与非结汇单证的关系

序号	非结汇单证	结汇单证	涉及的机构
1	出口许可证		商务厅
2		商业发票、装箱单	外贸企业自行缮制
3	托运委托书、托运单	海运提单	运输（物流）公司
4	报检单	检验检疫证书	出入境检验检疫局
5	原产地证书申请书	一般原产地证书 普惠制原产地证书	出入境检验检疫局 国际贸易促进委员会
6	报关单		海关
7	货物运输投保单	保险单、保险凭证	保险公司
8		汇票	银行

---

❶ UN/EDIFACT 全称为 United Nations/Electronic Data Interchange for Administration, Commerce and Transport，是由联合国主导开发制定的国际通用 EDI 标准。

三、与单证相关的国际贸易惯例

1. UCP600

《跟单信用证统一惯例》（2007 年修订版，简称 UCP600），英文全称是 Uniform Customs and Practice for Documentary Credits。由国际商会（International Chamber of Commerce，ICC）起草，并在国际商会 2006 年 10 月巴黎年会通过，新版本于 2007 年 7 月 1 日起实施。

该惯例是信用证领域最权威、影响最广泛的国际商业惯例，包括了 39 个条款。它对信用证方式下各当事人的职责、权利和义务，主要信用证单据填写、提交的要求以及一些有关单据的特殊规定等都作了比较详尽的规定，对于统一、规范信用证支付的操作，起着不可替代的重要作用。

2. ISBP745

《国际标准银行实务》，全称为《关于审核跟单信用证项下单据的国际标准银行实务》（International Standard Banking Practice for the Examination of Documents under Documentary Credits，ISBP）。

ISBP 是国际商会在信用证领域编纂的国际惯例。ISBP 不仅是各国银行、进出口公司信用证业务单据处理人员在工作中的必备工具，也是法院、仲裁机构和律师在处理信用证纠纷案件时的重要依据，它的生效在各国的金融界、企业界、法律界产生重大影响。

国际商会银行委员会在 2013 年通过了最新修订版本的 ISBP745，中文全称为 UCP600 下信用证审单国际标准银行实务，这是 ISBP 在 2002 年根据 UCP500 基本规则制定的 ISBP645 和 2007 年根据 UCP600 基本规则制定的 ISBP681 之后的第三个版本，同时也是 UCP600 下的第二个版本。

3. URC522

国际商会《托收统一规则》英文全称是 Uniform Rules for Collections，ICC。国际商会为统一托收业务，减少托收业务各有关当事人可能产生的矛盾和纠纷，曾于 1958 年草拟《商业单据托收统一规则》。为了适应国际贸易发展的需要，国际商会在总结实践经验的基础上，1978 年对该规则进行了修订，改名为《托收统一规则》国际商会第 322 号出版物，1995 年再次修订，称为《托收统一规则》国际商会第 522 号出版物（简称 URC522），1996 年 1 月 1 日实施。《托收统一规则》自公布实施以来，被各国银行所采用，已成为托收业务的国际惯例。

《托收统一规则》（URC522）共 7 部分 26 条，包括总则及定义，托收的形式和结构，提示方式，义务与责任，付款，利息、手续费及其他费用，其他规定。根据《托收统一规则》规定，托收是指银行根据所收的指示，处理金融单证或商业单证，目的在于取得付款或承兑，凭付款或承兑交单，或者按其他条款及条件交单。上述定义中所涉及的金融单证是指汇票、本票、支票或其他用于付款或款项的类似凭证；商业单证是指发票、运输单据、物权单据或其他类似单证，或者除金融单证之外的任何其他单证。

4. Incoterms®2020

《国际贸易术语解释通则》（International Rules for the Interpretation of Trade Terms，INCOTERMS），是国际商会为统一各种贸易术语的不同解释于 1936 年制定的。随后，为适应国际贸易实践发展的需要，国际商会先后于 1953 年、1967 年、1976 年、1980 年、1990 年、

2000 年、2010 年和 2020 年进行八次修订，并于 2010 年取得注册商标 Incoterms®。

《2020 年国际贸易术语解释通则》（International Rules for the Interpretation of Trade Terms 2020，Incoterms®2020）是国际商会根据国际货物贸易的发展，对《2010 年国际贸易术语解释通则》的修订，Incoterms®2020 于 2020 年 1 月 1 日正式实施，与 Incoterms®2010 相比，Incoterms®2020 未有实质性改变，其中贸易术语的数量和种类不变，在具体操作细节上进行了适当调整和补充，解释更加详细和人性化。

Incoterms®2020 共有十一种贸易术语，见表 1-4。按照所适用的运输方式划分为两大类：

（1）适用于任何运输方式的七种术语：EXW、FCA、CPT、CIP、DPU、DAP、DDP。

（2）适用于水上运输方式的四种术语：FAS、FOB、CFR、CIF。

表 1-4　Incoterms®2020 的十一种贸易术语

适用于任何运输方式类（Any Mode of Transport）		
EXW	Ex Works	工厂交货
FCA	Free Carrier	货交承运人
CPT	Carriage Paid To	运费付至目的地
CIP	Carriage and Insurance Paid To	运费、保险费付至目的地
DPU	Delivered at Place Unloaded	目的地卸货后交货
DAP	Delivered At Place	指定目的地交货
DDP	Delivered Duty Paid	完税后交货
仅适用于水上运输方式类（Sea and Inland Waterway Transport Only）		
FAS	Free Alongside Ship	装运港船边交货
FOB	Free On Board	装运港船上交货
CFR	Cost and Freight	成本加运费
CIF	Cost Insurance and Freight	成本加运保费

第三节　国际贸易单证工作

一、UCP600 对国际贸易单证审核的要求

UCP600 第二条规定："信用证指一项不可撤销的安排，无论其名称或描述如何，该项安排构成开证行对相符交单予以承付的确定承诺。"UCP600 的特点确立了"相符交单"的原则，它不同于 UCP500 的"单证相符""单单相符"的原则。

对于单证的审核标准，UCP600 第二条同时指出："相符交单指与信用证条款、本惯例的相关适用条款以及国际标准银行实务一致的交单。"这里涉及与信用证条款、UCP600 的相关适用条款和国际标准银行实务的三个一致。

单证审核标准的不同是产生信用证纠纷的一个重要因素。长期以来，人们对不符点的认定存在较大的差异。例如，对"拼写错误、字母遗漏"等轻微的不符能否构成足以拒付的不符点存在不一致的看法。单证之间和单单之间相符到何种程度才算一致，形成两个标准：一个是"严格相符"；另一个是"实质相符"。"严格相符"要求单据和信用证之间逐字逐句完全

相同，然而实务中完全相符的单证并不多。"实质相符"是指实质性问题相符即可，只要单据中的不一致不会对申请人造成损害，就不构成不符点，但"实质相符"的标准难以掌握。在贸易实务中，当信用证项下的进口货物价格下跌，申请人认为无利可图时，会要求开证找出细微的、非实质性的不符点而拒付。这不仅会损害开证行的声誉，也极易给申请人以可乘之机，使银行卷入商务纠纷，违背信用证的独立性原则。

UCP600 第十四条"单据审核标准"d 款指出："单据中的数据，在与信用证、单据本身以及国际标准银行实务参照解读时，无须与该单据本身中的数据、其他要求的单据或信用证中的数据等同一致，但不得矛盾。"这就意味着，"相符交单"是指"实质相符"，而非"严格相符"。这就使 UCP600 的"相符交单"审单标准的掌握尺度，变得比较宽松了。这样，UCP600 就从理论和实践上解决了自 1994 年以来人们在执行 UCP500 中的难题。它将使信用证的拒付率大大降低，将有力地促进当代国际贸易的发展。

虽然审单的标准变得比较宽松了，但并不等于说可以无限制地放松标准，对于质量不好和极大短重的商品还是不能放过，必须拒付货款，拒收货物。

二、国际贸易单证工作的具体要求

1. 正确

单证的正确性是单证工作最重要也是最基本的一个要求。这里所说的正确，是指单证要符合合同和信用证的规定，同时也要符合有关国际惯例和法律的要求，即所谓"单证一致，单单一致"，其次是"单货一致"。从银行的角度来说，它们只控制"单证一致"和"单单相符"；而对于出口商来说，则除以上三个一致外，还有一个"单货一致"需要严密控制。只有这样，单证才能真实代表出运的货物，确保履约正常，安全收汇。具体表现为以下几个方面：

（1）单据与合同的规定相符。

（2）单据与信用证的规定相符。

（3）单据与单据的内容相符。

（4）单据与实际装运的货物相符。

（5）单据与有关国际惯例、法律的规定相符。

（6）单据与进口国/出口国有关法令、行政规章的规定相符。

2. 完整

单证的齐全和完整是构成单证合法性的重要条件之一。单证的完整性主要表现在以下几个方面：

（1）单证的份数完整。份数完整是指每一种单证要按要求制作正本××份，副本××份。例如，信用证规定提单的份数为"Full set of B/L"（全套提单），按照 UCP600 中的规定，卖方应提供包括一份或一份以上的正本提单，如果信用证规定"Sole B/L"（单份提单），则卖方提供一份正本提单即可。

（2）单证的内容完整。任何单证都有其特定的作用，这种作用是通过单据本身的格式、项目、文字和签章等体现的。所以要求制单时对其中内容描述、应列项目、文字拼写、语句表达以及签章或背书等都要完整、不可遗漏；否则就不能构成有效文件，也就不能为银行接受。

（3）单证的种类完整。各种所需的单证必须完备齐全，不可短缺。例如，按 FOB 成交的合同，卖方必须提供装运单据，而按 CIF 成交的合同，卖方除了提供装运单据以外，还必须提供保险单据。

3. 及时

单证工作的时间性强，如果制单工作不及时，将会影响运输、商检、海关监管和港口作业等多部门的工作，轻则打乱了工作秩序，重则造成巨大的经济损失。一方面，各种单据的出单日期须及时、有序和合理，要符合信用证规定的有效期或按商业习惯的合理日期。例如，保单的出单日不得迟于提单的签发日，提单的签发日不得晚于装运期，装运通知必须在货物装运后立即发出等。如果这些日期搞错了，就会造成单单不符或单证不符，影响安全及时收汇。另一方面，全部单据制作完毕，要及时交单议付，信用证条件下尤其应注意交单议付日期不得超过规定的信用证有效期。按 UCP600 中的规定，如果信用证没有规定交单议付日期，则银行将拒收迟于运输单据出单日期 21 天后提交的单据，并不得迟于信用证到期日。过期提单将遭拒付或造成利息损失。

各种单据的签发日期应符合逻辑性和国际惯例，通常提单日期是确定各单据日期的关键，汇票日期应晚于提单、发票等其他单据，但不能晚于 L/C 的有效期。各单据日期关系如下：

（1）发票日期应在各单据日期之首。

（2）提单日期不能超过 L/C 规定的装运期，也不得早于 L/C 的最早装运期。

（3）保险单的签发日期应早于或等于提单日期（一般早于提单日期 2 天），不能早于发票日期。

（4）装箱单应等于或迟于发票日期，但必须在提单日期之前。

（5）原产地证书不早于发票日期，但不迟于提单日期。

（6）商品检验检疫证书日期不晚于提单日期，但也不能过分早于提单日期，尤其是鲜货、容易变质的商品。

（7）受益人证明应等于或晚于提单日期。

（8）装船通知应等于或晚于提单日期后 3 天内。

（9）船公司证明应等于或早于提单日期。

4. 简明

单证内容要力求简洁明了，各项内容布局合理，层次分明，重点项目醒目突出，避免复杂烦琐。这样不仅可以减少工作量和提高工作效率，而且有利于提高单证质量，减少差错。例如，对于商品名称，除非信用证有特别规定，只要发票使用商品的具体名称即可，其他所有单据均可使用统称。

为防止单证内容复杂化引起混淆和误解，UCP600 中规定"为了防止混淆和误解，银行应劝阻在信用证或其他任何修改书中加入过多细节的内容"，并对"非单证化条款"作出"银行可不予置理"的规定。

5. 整洁

所谓整洁，是指单证表面的清洁、整齐、美观、大方；单证内容清楚易认，一目了然。单证内容记述的简明，从某种角度来说，反映了一个企业的业务水平。单证是否整洁，不但反映制单人制单的熟练程度和工作态度，而且会直接影响出单的效果。因此，要求在制作单据时，单据格式的设计和缮制力求标准化和规范化，单证内容的排列要行次整齐、主次有序、重点突出、字迹清晰、语法通顺、文句流畅、词句简明扼要、恰如其分。制作单据时，不能在一份单据上多次涂改，如果有更改处，一定要盖校对章或手签。如果涂改过多，应重新缮制单据。单证的整洁主要从以下几个方面反映出来：

（1）单证的表面整洁、清晰。

（2）单证内容的排列整齐。

（3）单证上的字迹清楚、易认。

（4）单证无更改或涂改。单证的整洁性要求尽量减少或避免差错，即使允许更改的，也不得随意更改。涂改、多次涂改会影响出单效果。对于一些重要的单证，如汇票、提单以及单据的主要项目（如货物的数量、重量、金额）等则不能改动，如果有差错，最好重新制作。

三、国际贸易单证工作的发展特点

早在 20 世纪 50 年代，国际上就出现单证改革的浪潮。近年来随着科学技术的进步，一些新的科学技术逐渐应用于国际贸易领域，为单证的改革创造了条件。例如，大量的信用证传递已经运用了环球银行金融电讯协会网络系统（Society for Worldwide Interbank Financial Telecommunication，SWIFT），国际电话和传真技术得到广泛应用。目前，由于网络技术的发展和网络应用的普及，电子商务正受到世界各国政府和企业的重视。电子数据交换（Electronic Data Interchange，EDI）作为电子商务的一项应用技术，在国际商务活动中得到越来越广泛的应用，使单证的制作、传递和交接更为快捷和方便。

1. 商务单证的简化

传统的国际商务单证都是手工制作，内容繁杂，形式多样，份数也多。一笔业务经常要填制数十种单据，加上副本更是达到上百份。费时费钱，而且非常容易出现差错。据联合国有关机构统计，全世界每年用于单证方面的经济消耗高达 16 亿美元，人力消耗更是不可胜数。

瑞典是世界上最早进行单证简化的国家，20 世纪 50 年代创造出一种"套合一致"的单据形式，减少了 70%制作费，并且降低了差错率。20 世纪 70 年代联合国贸易简化程序委员会出版《联合国贸易单据设计样式》，向世界各国推广发行。另外，《套合式国际贸易发票设计样式》《国际贸易程序简化措施》《简化运输标志》《贸易单证中的代码位置》等 19 个推荐项目也开展了工作，简化单证工作已经取得了很大的进展。

2. 推广使用国际标准代号和代码

为实现单证的简化和规范化，使各国各地区之间便于交流和沟通，为电脑制单创造条件，提高工作效率，国际商会和联合国等有关国际贸易的国际组织就出口单证的标准化和国际化做了大量基础性工作，联合国设计推荐使用下列国际标准化代号和代码。

（1）唛头代码：收货人简称、目的地、合同号（参考号）、件号。

（2）国家或地区代码（由两个英文字母组成）：CN（中国）、US（美国）、GB（英国）、KR（韩国）、HK（中国香港）、MO（中国澳门）、TW（中国台湾）。

（3）货币代码：由三个英文字母组成，前两个字母代表国名，后一个字母代表货币，如人民币 CNY、美元 USD、英镑 GBP、港币 HKD。

（4）地名代码：由五个英文字母组成，前两个字母代表国名，后三个字母代表地名，如上海 CNSHG、伦敦 GBLON、纽约 USNYC。

（5）用数字表示的日期代码：2005 年 5 月 6 日可写作 2005-05-06 或 05-05-06。

关于更加具体全面的标准代号和代码，参见书后附录。

3.　单证制作和管理的现代化

随着打印机、电子计算机及网络技术的发展和应用，目前很多国家的外贸单证制作和传递都实现了现代化，如电脑，尤其是 EDI 制单，其优点在于只要数据输入一次，核对正确，便可打印出多种单证，节约了制单、审单的时间，减少了人工制单造成的各种差错，降低了劳动强度，提高了工作效率，便于单证的归档和管理。而单证传递的现代化更是大大缩减了单证工作的时间。例如，美国一些银行采用一种称为加速贸易付款（Accelerated Trade Payment，ATP）的付款方法，银行与公司之间设有电讯联机，使用相互约定的密押，通过电讯把单证内容传递到对方，对方可以从荧光屏上看到传来的单证内容，也可以从联印机中取得文字式的单证。

4.　国际贸易单证标准化

国际贸易是当今世界最大的经济活动。国际贸易单证是国际贸易的核心。国际贸易单证标准化主要是指单证格式和所记录数据的标准化。联合国贸易和发展会议和 WTO 的测算结果表明，国际贸易单证的平均费用占国际贸易总额的 8%；如果严格实施国际贸易单证标准，将节省其中 50% 的费用。

1960 年成立的联合国贸易简化与电子业务委员会（UN/CEFACT），是研究、制定、发布和推广国际贸易程序简化与标准化的机构。1982 年，联合国贸易简化与电子业务委员会正式向联合国各成员国推荐使用《联合国贸易单证样式（UNLK）》。1985 年 ISO 将它采纳为国际标准，即 ISO 6422《国际贸易单证样式》。联合国贸易简化与电子业务委员会在随后几年又相继推出了若干项有关国际贸易单证的国际标准，这些标准均以《国际贸易单证样式》为基准。目前共发布了 35 份建议书、7 套标准和 5 套技术规范，形成了一套全球统一的单证标准体系。从 20 世纪 80 年代末开始，随着网络技术和信息技术的发展，国际贸易数据交换已经由过去传统的纸面数据交换过渡到电子数据交换。

为了与国际惯例接轨，我国于 1993 年根据 ISO 6422 起草了《国际贸易单证样式》国家标准（即 GB/T 14392—1993），同年发布实施。随着近年来我国国际贸易的发展，原标准部分内容已不适用。于是，我国于 2009 年 11 月对该标准进行了修订，修订后的标准（即 GB/T 14392—2009）于 2010 年 2 月 1 日起实施。

课后练习题

一、选择题

1．根据 URC522 的分类，（　　）不属于基本单据。
    A．商业发票　　　B．海运提单　　　C．保险单　　　　D．装箱单
2．根据 UCP600 将信用证项下的单据所作的分类，不包括在内的是（　　）。
    A．包装单据　　　B．保险单据　　　C．运输单据　　　D．商业发票
3．信用证支付方式下，银行处理单据时不负责审核（　　）是否相符。
    A．单据与有关国际惯例　　　　　　B．单据与信用证
    C．单据与贸易合同　　　　　　　　D．单据与单据

4．信用证支付方式下，制单和审单的首要依据是（　　）。

A．信用证 　　　　　　　　　　B．买卖合同

C．相关国际惯例 　　　　　　　D．有关商品的原始资料

二、简答题

1．国际贸易单证的种类有哪些？

2．国际贸易单证的要求是什么？

3．国际贸易单证的发展趋势有哪些？

三、实务题

1．以海运为例，制作出口单证工作的流程图。

2．以海运为例，制作进口单证工作的流程图。

3．请以图表的形式，描绘出口单证的时间顺序。

第二章　进出口业务成本的核算

本章导读：

在国际货物买卖中，如何确定进出口商品价格和规定合同中的价格条款，是交易双方关心的重要问题，进出口成本核算是确定价格的一个最重要环节。本章主要介绍了进出口业务成本核算的内容。通过学习，可以了解出口费用的基本构成，尤其是运费及保险费核算的相关内容，掌握佣金、折扣和出口商品经济效益的计算、表示和支付方法，熟悉进出口业务成本的核算方法。

**学习目标：**

通过本章的学习，学生能够正确掌握进出口业务成本的核算方法，在深入了解费用、出口运费及保险费计算内容的基础上，确定具有竞争力的进出口商品价格，适当地应用佣金和折扣，避免交易风险，促进对外贸易的发展，保证和提高对外贸易的经济效益。

**关键概念：**

- 费用（Expenses/Charges）
- 出口运费（Freight charges）
- 保险费（Insurance premium）
- 折扣（Discount）
- 佣金（Commission）
- 成本（Cost）

货物价格是国际货物买卖的最主要交易条件。正确计算出口货物的价格是出口贸易的重要环节。从理论上讲，货物价格主要包括出口商本身的经营成本和预期利润。但在出口实务中，因使用的贸易术语不同，其价格构成会有很大差别。此外，货物价格还可能会涉及出口运费、保险费、佣金和折扣等问题，从而使其更加复杂。因此，进出口商不仅应对交易商品的特性有所了解，还应在每种货物报价的情况下，对进出口贸易费用、成本计算及其出口盈亏额有所认识和掌握。

第一节　费用的计算

一、出口费用概述

出口货物价格中的费用（Expenses/Charges）主要是指商品流通费用，虽然比重不大，但内容繁多且计算方法不尽相同，因此是价格核算中较为复杂的因素。进出口业务中经常出现的费用有如下几种。

1. 国内费用

（1）包装费。包装费通常包括在采购成本中，但如果客户对货物的包装有特殊要求，由此产生的费用就要作为包装费另加。

（2）国内运输费。国内运输费是出口货物在装运前所发生的境内运输费，通常有卡车运输费、内河运输费、路桥费、过境费及装卸费。

（3）仓储费。仓储费是指需要提前采购或另外存仓的货物往往会发生仓储费用。

（4）认证费。认证费是出口商办理出口许可、配额、产地证明以及其他证明所支付的费用。

（5）港区港杂费。港区港杂费是出口货物装运前在港区码头所需支付的各种费用。

（6）商检费。商检费是出口商品检验机构根据国家的有关规定或应出口商的请求对货物进行检验所发生的费用。

（7）捐税。捐税是国家对出口商品征收、代收或退还的有关税费，通常有出口关税、增值税等。

（8）垫款利息。垫款利息是出口商由向国内供应商购进货物至从国外买方收到货款期间，由于资金的占用而造成的利息损失，也包括出口商给予买方延期付款的利息损失。

（9）业务费用。业务费用是出口商在经营中发生的有关费用，如通信费、交通费、交际费和广告费等，又称为经营管理费。出口商可根据商品、经营和市场等情况确定一个费用率，一般是在进货成本基础上计算业务费用。

（10）银行费用。银行费用是出口商委托银行向国外客户收取货款、进行资信调查等所支出的费用。

出口货物涉及的各种国内费用在报价时大部分还没有发生，因此该费用的核算实际是一种估算。其方法有两种：

第一，将货物装运前的各项费用根据以往的经验进行估算并叠加。

第二，由于此类费用在货价中所占比重较低，而且项目繁杂琐碎，贸易公司根据以往经营各种商品的经验，采用定额费用率的做法。所谓定额费用率，是指贸易公司在业务操作中对货物装运前发生的费用按公司年度支出规定一个百分比，一般为公司购货成本的 5%～10%，实际业务中，该费用率由贸易公司按商品的不同、交易额的大小及竞争激烈程度自行确定。

定额费用=出口商品购进价格×定额费用率（5%～10%不等，由各外贸公司按不同的出口商品实际经验情况自行核定。定额费用一般包括银行利息、工资支出、邮电通信费用、交通费用、仓储费用、码头费用以及其他的管理费用）

例 2-1 某出口公司出口某冷冻食品 20 吨，每吨的购进价格为 6000 元人民币，估计该批货物国内运输费共计 1500 元，商检费 300 元，报关费 100 元，港区港杂费 1000 元，其他各种费用共计 1800 元，另外银行费用为 800 元，求该冷冻食品的国内费用。

案例中已估算了装运前各项费用，故采用第一种方法：

该批出口货物的国内费用（各项装运前费用之和）=1500+300+100+1000+1800+800

=5500 元/吨

若采用第二种方法，假定定额费用率为购进价格的 5%，则

该批出口货物国内定额费用=20×6000×5%=6000 元/吨

究竟用哪一种方法确定货物的国内费用，应由所采集数据的准确性、价格的竞争性及定价策略等综合因素决定。在实践中，因为出口费用涉及项目繁杂，单位众多，各项费用不易精确估算，所以常用定额费用率方法加以核算。

2. 出口运费

出口运费（Freight charges）是货物出口时支付的海运、陆运、空运和多式联运费用，即承运人对所承运货物收取的报酬，它直接影响进出口商品的成本核算和经济效益，因此，正确掌握出口运费知识，对提高外贸企业的经济效益，具有重要的意义。

3. 保险费

保险费（Insurance premium）包括出口商向保险公司购买货运保险或信用保险支付的费用。在 CIF 和 CIP 价格条件中，保险费是售价的组成部分之一。

4. 佣金和折扣

佣金和折扣是国际贸易价格的构成要素之一，佣金（Commission）是出口商向中间商支付的报酬。折扣（Discount）是卖方在一定条件下给予买方的价格减让。

二、运费

进出口货物的运输通常采用的是海运方式，在采用 CIF 和 CFR 价格术语成交时，办理运输并支付运费是出口商的责任。这时，运费成为构成货价的要素之一。在海运方式中，根据承运货物船舶营运方法的不同可以分为班轮运输和租船运输两种。进出口贸易中除大宗初级产品的交易外，多数采用班轮运输方式。在班轮运输中，根据托运货物是否装入集装箱，又可分为件杂货物与集装箱货物两类，因此，班轮运费的核算分为以下几种：

- 件杂货物（散装）海运运费核算。件杂货物海运运费主要由基本运费和附加运费两部分组成。基本运费一般不常发生变动，但由于构成海运运费的各种因素会经常发生变化，各船公司就采取征收各种附加费的办法以维护其营运成本，附加运费主要有：燃油附加费、货币附加费、港口拥挤费、转船附加费、港口附加费等。
- 集装箱货物海运运费核算。国际标准化组织为了统一集装箱的规格，推荐了三个系列13 种规格的集装箱，而在国际货物运输中经常使用的是 20'集装箱（20 英尺）和 40'集装箱（40 英尺）。在进出口交易中，集装箱类型的选用，对于贸易商减少运费开支起着很大的作用。货物外包装箱的尺码、重量，货物在集装箱内的配装、排放以及堆叠，都有一定的讲究，需要在实践中摸索，当然，这些也和货物的种类、特性以及客户的要求有关。集装箱货物海运运费根据货量的大小，按拼箱货物和整箱货物分为不同的计算方法。第一种，件杂货物基本费率加附加运费，即以每运费吨为计算单位，按照传统的件杂货物基本费率收取基本运费外，再加收一定的附加运费。拼箱货物运输运费的计算通常采用这种方法。第二种，包箱费率，即以每个集装箱为计算单位，常用于整箱货物运输运费的计算。

1. 运费计算的基础

运费单位，是指船公司用来计算运费的基本单位。由于货物种类繁多，打包情况不同，装运方式有别，运费计算的标准不一。

（1）整箱装：以集装箱为运费单位，有 20'集装箱与 40'集装箱两种。20'集装箱有效容积为25CBM，限重 17.5TNE；40'集装箱有效容积为 55CBM，限重 26TNE，其中 1TNE=1000KGS。

（2）拼箱装：由船方以能收取较高运价为准，运价表上常注记 M/W 或 R/T，表示船公司将在货品的重量吨或体积吨中择其运费较高者计算。

拼箱装时的运费单位有以下两种。

1）重量吨（Weight Ton）：按货物总毛重，以 1 吨（1TNE=1000KGS）为一个运费吨。

2）体积吨（Measurement Ton）：按货物总毛体积，以 1 立方米（1 Cubic Meter；简称1MTQ、1CBM 或 1CUM）为一个运费吨。

在核算海运运费时，出口商首先要根据报价数量算出产品体积，找到对应该批货物目的港的运价。如果报价数量正好够装整箱（20'集装箱或 40'集装箱），则直接取其运价为基本运费；如果不够装整箱，则用产品总体积（或总重量，取运费较高者）×拼箱的价格来算海运运费。

2．运费分类计算方法

（1）整箱装：整箱运费分三部分，总运费=三部分费用的和。

1）基本运费：基本运费=单位基本运费×整箱数。

2）港口附加费：港口附加费=单位港口附加费×整箱数。

3）燃油附加费：燃油附加费=单位燃油附加费×整箱数。

（2）拼箱装：拼箱运费只有基本运费，分按体积与按重量计算两种方式。

1）按体积计算：X1=单位基本运费（MTQ）×总体积。

2）按重量计算：X2=单位基本运费（TNE）×总毛重。

注：取 X1、X2 中较大的一个。

例 2-2　飞达牌自行车出口到美国，目的港是波士顿港口，该商品的体积是每箱0.0576CBM，每箱毛重 21KGS，每箱装 6 辆。

运至美国波士顿港的基本运费：每 20'集装箱 USD3290，每 40'集装箱 USD4410，拼箱每体积吨（MTQ）USD151，每重量吨（TNE）USD216。

港口附加费：每 20'集装箱 USD132，每 40'集装箱 USD176。

燃油附加费：每 20'集装箱 USD160，每 40'集装箱 USD215。

假设美元兑换人民币的汇率为 7.70。试分别计算交易数量为 1000 辆和 2598 辆的海运运费。

（1）计算产品体积与重量。

1）报价数量为 1000 辆，则

总包装箱数=1000÷6=166.6≈167 箱

总体积=167×0.0576=9.6CBM

总毛重=1000÷6×21=3500KGS=3.5TNE

2）报价数量为 2598 辆，则

总包装箱数=2598÷6=433 箱

总体积=433×0.0576=24.940CBM

总毛重=2598÷6×21=9093KGS=9.093TNE

（2）查运价，计算运费。

根据（1）中计算出的结果来看，比照集装箱规格（已在运费计算的基础中写明，20'集装箱的有效容积为 25CBM，限重 17.5TNE；40'集装箱的有效容积为 55CBM，限重 26TNE，其中 1TNE=1000KGS），1000 辆的海运运费宜采用拼箱装，2598 辆的海运运费宜采用 20'集装箱。

1）报价数量为 1000 辆，则

$$按体积计算基本运费=9.6×151=1449.6 美元$$

$$按重量计算基本运费=3.5×216=756 美元$$

两者比较,体积运费较高,船公司收取较高者,则

$$基本运费为 USD1449.6$$

$$总运费=1449.6×7.70=11161.92 元$$

2)报价数量为 2598 辆,由于体积和重量均未超过一个 20'集装箱的有效体积与限重,因此装一个 20'集装箱即可,则

$$总运费=1×(3290+132+160)×7.70=27581.4 元$$

三、保险费

出口交易中,在以 CIF(或 CIP)价格术语成交的情况下,出口商就需要进行保险费的核算。保险费是按照货物的保险金额乘以一定的百分比(保险费率)来计算的,保险费率是按照不同商品、不同目的地、不同运输方式和不同险别分别制定的,计算时可参阅保险公司提供的费率表。有关公式如下:

$$保险费=保险金额×保险费率$$

$$保险金额=CIF(或 CIP)货价×(1+保险加成率)$$

由以上两公式可得

$$保险费=CIF(或 CIP)货价×(1+保险加成率)×保险费率$$

在外贸实务中,保险加成率又称投保加成率,由买卖合同确定,一般为 10%、20%和 30%,出口商也可根据进口商的要求与保险公司约定不同的保险加成率。保险金额按惯例是发票金额的 110%,一般不超过 30%。

1. 一般保险费计算

$$保险费=保险金额×保险费率$$

例 2-3 某商品的 CIF 总价为 9000 美元,进口商要求按成交价格的 110%投保协会货物保险条款(A)(保险费率 0.8%)和战争险(保险费率 0.08%),则出口商应付给保险公司的保险费用为

$$保险金额=9000×110%=9900 美元$$

$$保险费=9900×(0.8%+0.08%)=87.12 美元$$

若美元兑换人民币的汇率为 7.70,则

$$保险费=87.12×7.70=670.824 元$$

2. 含折扣价保险费的计算

除非合同规定或信用证订明,保险金额应以减除折扣后的净价为基数,计算公式如下:

$$保险费=CIF(或 CIP)货价×(1–折扣率)×(1+保险加成率)×保险费率$$

若上例 CIF 总价为 9000 美元,如含折扣 5%,则投保金额的基数和保险费应为

$$投保金额的基数=9000×(1–5%)=8550 美元$$

$$保险费=8550×110%×(0.8%+0.08%)=82.764 美元$$

若美元兑换人民币的汇率为 7.70,则

$$保险费=82.764×7.70=637.2828 元$$

四、佣金和折扣

佣金和折扣是国际贸易中普遍采用的习惯做法，它直接关系到价格，并在事实上改变了价格水平。在买卖双方磋商价格和估算构成价格的各种因素时，应把佣金和折扣考虑在内。

1. 佣金

（1）佣金、折扣的含义和作用。佣金（Commission）是卖方或买方付给中间商为介绍商品成交而提供服务的酬金。佣金一般由卖方付给，但有时也可由买方付给。在实际业务中，佣金的名目很多，如销售佣金、购货佣金和累计佣金等。

（2）佣金的表示方法。凡价格中包含佣金的，称为"含佣价"。含佣价的表示方法，可在价格条款中加注文字说明，如每打 300 英镑 CFR 伦敦包含佣金 1.5%（￡300 Per doz. CFR London including 1.5% Commission）；也可在贸易术语后加注佣金英文缩写"C"并注明佣金的百分比，如每打 300 英镑 CFRC1.5%伦敦（￡300 Per doz. CFRC1.5% London）。以上两种称为明佣。另外，有的合同表面不表示含有佣金，但买卖双方在合同之外另行协议价格中包括一定的佣金，通常把这种佣金称为暗佣，暗佣对实际买方保密，由卖方暗中支付给中间人，不在发票等有关单证上显示。

（3）佣金的计算方法。按照国际贸易的一般习惯，计算佣金时，不论使用何种贸易术语，都是以合同金额（即发票金额）为基础直接计算的。在我国出口业务中，如果我方原核定的基价是"净价"，或者双方本以净价磋商交易，但买方要求改报含佣价，为了不降低净收入，则应按以下公式计算：

$$佣金 = 含佣价 \times 佣金率$$
$$含佣价 = 净价 / (1 - 佣金率)$$

例如，CIF 发票金额为 15000 美元，佣金率 4%，则应付佣金 600 美元（15000×4%）；CFRC3%发票金额为 15000 美元，则应付佣金 450 美元（15000×3%）。也有些合同中规定，合同单价是 CIF 或 CFR，但以 FOB 金额作为计算佣金的基础，理由是运费和保险费不是出口商收入，不应支付佣金。这两种方法都可采用，看买卖双方如何约定；如果未约定，则按一般习惯做法。

（4）佣金的支付方法。买卖双方签订合同时，应就支付佣金的办法取得协议，在合同中订明。支付佣金的方法一般有三种：

1）从发票中直接扣除。有些中间商以买方身份同卖方签订合同，并承担履行合同的责任。为简化手续，卖方在履行交货、开具发票向买方收取货款时，在发票金额中直接扣除佣金，按净价收款。

2）由银行从汇票金额中扣除，直接汇付中间商。在信用证支付方式下，买方开来的信用证中规定，议付行议付受益人汇票时，从议付金额中扣除约定比率的佣金，由议付行直接汇给信用证中指定的中间商。这样，卖方实收货款为扣除佣金后的净价货值。

3）卖方收到货款后，按约定佣金率，将佣金汇给中间商。这种支付佣金的办法比较常用，特别是同那些贸易往来较多或有代理协议的客户，一般都是卖方收妥货款后另行汇付佣金，可以逐笔汇付，也可按月或按季累总汇付。

2. 折扣

（1）折扣的含义和作用。折扣（Discount）是卖方给予买方在价格上的一定比例的减让，习惯上以百分率表示。正确和灵活运用佣金和折扣，可调动中间商和进口商推销和经营我方货物的积极性，增强有关货物在国外市场的竞争力，从而扩大销售。在实际业务中，折扣的名目很多，如数量折扣、特别折扣、贸易折扣和回扣等。

（2）折扣的表示方法。如果价格中允许给予折扣，即折扣价，一般要用文字作具体表示。例如，每吨 150 美元 CIF 新加坡减 3%折扣（USD 150 Per M/T CIF Singapore Less 3%Discount）。如果有关价格未对含佣或有折扣作出表示，而且双方又无任何约定，则应理解为不含佣价或不给折扣。凡价格中不含佣金，也不给折扣的，称为"净价"（Net Price）。例如，每吨 150 美元 FOB 釜山（USD 150 Per M/T FOB Busan），一般情况下都视为净价。有时为了明确说明合同价格是净价，可在贸易术语后加注"净价"字样。例如，每吨 150 美元 FOB 釜山净价（USD 150 Per M/T FOB Net Busan）。

（3）折扣的计算方法。折扣的计算很简单，按照一般习惯做法，不论使用何种贸易术语，都是以合同金额（即发票金额）为基础直接计算，应按以下公式计算：

折扣=发票金额×折扣率

如 CIF 发票金额为 20000 美元，折扣率 4%，则应付折扣 800 美元（20000×4%）。

（4）折扣的支付方法。折扣一般是由卖方在发票金额中扣除，即按扣除折扣后的净价向买方收取货款。

第二节　成　本　核　算

在国际货物买卖中，进出口商品价格的确定直接影响企业的经济效益和产品市场竞争力，是企业对外开展业务时必须面临的问题。外贸企业在掌握出口商品价格时，要注意加强成本核算，以便采取措施不断降低成本，提高经济效益。

一、出口成本核算

在进出口商品价格的确定过程中，必须加强成本核算，防止出现不计成本、不计盈亏和单纯追求成交量的倾向。下面以出口为例，说明出口商品的成本核算。出口成本核算是指将出口商品所做出的投入与通过出口该商品所创造的 FOB 外汇净收入或 FOB 出口销售人民币净收入所进行的比较，即在计算出口总成本、出口销售外汇净收入和出口销售人民币净收入等数据的基础上，核算出出口盈亏额和出口换汇成本。

1. 出口总成本

出口总成本是指出口企业为出口商品支付的国内总成本。它由两个基本因素构成：进货成本和国内费用。如果是需要缴纳出口税的商品，出口总成本中还要包括出口税，但应扣除出口退税款。

出口总成本（退税后）=出口货物本身的成本+国内总费用–出口退税款

（1）出口货物本身的成本。货物本身的成本包括生产成本、加工成本和采购成本三种类型。其中，生产成本是生产厂商生产某一产品所需的投入；加工成本是加工商对成品或半成品进行加工所需的成本；采购成本是贸易商向供应商采购的价格，又称进货成本。出口货物的成本主要是指采购成本，它在出口价格中所占比重最大，是出口价格中的主要组成部分。

（2）国内总费用。国内总费用是指货物出口时所发生的除货物购进价（或生产成本）和国外费用（国际货物运费及其保险费等）之外的所有费用。

（3）出口退税款。出口退税款= [出口商品购进价（含增值税）/(1+增值税率)]×退税率

2. 出口销售外汇净收入

出口销售外汇净收入是指出口商品按 FOB 价出售所得的外汇净收入，即扣除运费和保险费后的 FOB 外汇净收入。根据上述这些数据，可以计算出出口盈亏额和出口换汇成本。

出口销售外汇净收入=出口商品 FOB 单价×出口商品总量

3. 出口换汇成本（换汇率）

出口换汇成本是指某种商品的出口总成本与出口外汇净收入之比。该指标反映用多少人民币换回一美元。如果出口换汇成本高于银行外汇牌价，则出口为亏损；反之，出口为盈利。出口换汇成本越低，出口的经济效益越好。其计算公式如下：

出口换汇成本=出口总成本（人民币）/出口外汇净收入（美元）

例 2-4　某商品国内进价为 7270 元，加工费 900 元，流通费 700 元，税金 30 元，出口外汇净收入为 1100 美元，计算出口总成本及出口换汇成本。

出口总成本=7270+900+700+30=8900 元

出口换汇成本=8900 元/1100 美元=8 元/美元

4. 出口盈亏额

出口盈亏额是指出口人民币净收入与出口总成本的差额。其中，出口人民币净收入是由该出口商品的出口外汇净收入按当时外汇牌价折成人民币的数额。它是衡量出口盈亏程度的一项重要指标，其计算公式如下：

出口盈亏额=出口人民币净收入–出口总成本

其中，出口人民币净收入=出口外汇净收入×银行外汇买入价

例 2-5　我国某企业向新加坡 A 公司出售一批货物，出口总价为 10 万美元 CIF 新加坡，其中从大连港运至新加坡的海运运费为 4000 美元，保险按 CIF 总价的 110%投保一切险，保险费率 1‰。这批货物的出口总成本为 72 万元。结汇时，银行外汇买入价为 1 美元折合人民币 8.30 元。试计算这笔交易的出口换汇成本和出口盈亏额。

1）出口外汇净收入。

FOB=CIF–F–I=100000–4000–(100000×110%×1‰)=94900美元

2）出口换汇成本。

出口换汇成本=出口总成本（元）/出口外汇净收入（美元）

=720000/94900=7.586 元/美元（或 7.59 元/美元）

3）出口盈亏额。

出口盈亏额=出口人民币净收入–出口总成本

=94900×8.3–720000=67670 元

答：此笔交易的出口换汇成本为 7.586 元/美元（或 7.59 元/美元）；出口盈亏额为 67670 元。

二、进口成本核算

进口成本由进口合同价格和进口费用组成。

即：货物的进口成本=进口合同价格+进口费用。

1. 进口合同价格

进口合同价格在进口合同成立之前是一种估价，是买卖双方通过磋商可以取得一致意见的合同价格，有时也是进口方争取以此为基础交易的价格。在合同成立后，就是合同写明的商品价格。

2. 进口费用

进口费用包括很多内容，如果以 FOB 条件从国外装运为基础，有如下内容：

（1）国外运输费用：从出口国港口、机构或边境到我国边境、港口、机场等的海、陆、空的运输费用。

（2）运输保险费：上述运输途中的保险费用。

（3）卸货费用：这类费用包括码头卸货费、起重机费、驳船费、码头建设费、码头仓租费等。

（4）进口税货物在进口环节由海关征收（包括代征）的税种：这类费用包括关税、产品税、增值税、工商统一税及地方附加税、进口调节税、车辆购置附加费、银行费用等。

1）关税：是货物在进口环节由海关征收的一个基本税种。

关税的计算公式：关税=完税价格（合同的到岸价格）×关税税率

2）产品税、增值税、工商统一税、地方附加税：都是在货物进口环节由海关代征的税种。

产品税、增值税和工商统一税三种税额的计算方法：

$$完税价格=(到岸价格+关税)/(1-税率)$$
$$应纳税额=完税价格×税率$$

3）进口调节税：是对国家限制进口的商品或其他原因加征的税种。其计算公式：

$$进口调节税=到岸价格×进口调节税税率$$

4）车辆购置附加费：进口大、小客车，通用型载货汽车，越野车，客货两用车，摩托车，牵引车，半挂牵引车以及其他运输车，均由海关代征车辆购置附加费，费率是 15%。其计算公式：

$$计费组合价格=到岸价格+关税+增值税$$
$$车辆购置附加费=计费组合价格×15\%$$

上述各种税金均以人民币计征。

5）银行费用。我国进口贸易大多通过银行付款。银行要收取有关手续费，如开证费、结汇手续等。

6）进口商品的检验费和其他公证费。

7）报关提货费。

8）国内运输费。

9）利息支出。从开证付款至收回货款之间所发生的利息。

10）外贸公司代理进口费。此外还包括其他费用，如杂费等。

例 2-6　甲公司向乙公司购买一批非彩色投影机，进口合同价格为 30 万美元，价格条款为 CIF 上海。丙外贸公司的进口代理费为 1%，海关关税税率为 20%，增值税税率为 17%，港口港杂费为 500 元，内陆运费需要 1000 元，当日外汇汇率为 8.28。试计算投影机的进口成本。

投影机的进口成本=进口合同价格+进口费用

=8.28×300000×(1+0.01+0.2+0.17+0.2×0.17)+500+1000

$$=2484000 \times 1.414 + 500 + 1000$$
$$=3513876 \ \text{元}$$

如果进口的货物以 FOB 价格条款报价，则 CIF 价格的计算公式为

$$CIF = C + I + F = FOB + I + F$$

其中：FOB 为货物的离岸价格；C 为进口货物成本即离岸价格；I 为保险费；F 为海运和空运费。

第三节　案 例 讨 论

一、运费计算案例

【案例 1】

某公司向北欧推销箱装货，原报价每箱 50 美元 FOB 上海，现客户要求改报 CFRC3%OSLO。问：在不减少收汇的条件下，应报多少？（该商品每箱毛重 40 千克，体积 0.05 立方米。在运费表中的计费标准为 W/M，每运费吨基本运费率为 200 美元，另加收燃油附加费 10%。）

讨论：

（1）计算运费

因 0.05 立方米>0.04 吨，应按体积吨计收。

$$F = 200 \times (1 + 10\%) \times 0.05 = 11 \ \text{美元}$$

（2）CFR 价格

$$CFR = FOB + F = 50 + 11 = 61 \ \text{美元}$$

（3）求 CFRC3 价

$$含佣价 = 净价/(1-佣金率)$$
$$CFRC3\% = 61/(1-3\%) = 62.88 \ \text{美元}$$

答：应报价为每箱 62.88 美元 CFRC3%OSLO。

二、保险费计算案例

【案例 2】

我公司出口一批货物，发票金额为 15000 美元，设加一成投保一切险和战争险，保险费率分别为 0.6% 和 0.4%。问该笔的保险金额和保险费各多少？

讨论：

保险金额：15000×110%=16500 美元

保险费：16500×(0.6%+0.4%)= 165 美元

【案例 3】

我公司对外报某商品每吨￡1300CFR London，外商要求改报 CIF London 价。设投保加一成投保一切险和战争险。保险费率分别为 0.65%、0.04%。问我公司应报多少？

讨论：

$$CIF = CFR/(1-投保加成率 \times 保险费率) = 1300/[1-110\% \times (0.65\% + 0.04\%)] = 1309.94 \ \text{英镑}$$

三、佣金和折扣计算案例

【案例 4】

国内某公司向国外出口 T 恤，单价每件 2.50 美元，共 2000 件。国外开来的信用证中规定的金额为 "about USD5000, CIF San Francisco, less 5% commission and 5% discount"（约 5000 美元，CIF 旧金山，减 5% 的佣金和 5% 的折扣）。该公司将 T 恤装船发运后、向银行交单议付时，该公司业务人员认为信用证规定了"减 5% 的佣金和 5% 的折扣"，那么 CIF 净价就是在 5000 美元的总价上直接减 10% 就可以了，因此出口商业发票 CIF 净额缮制为 4500 美元。试就该处理方式分析。

讨论：

由于公司经办人员对国际贸易中商品价格表示方法以及计算方法缺乏了解，因此在该笔业务中使公司蒙受了损失。按商业习惯做法，在既有折扣又有佣金的交易中，应先扣除折扣，然后再扣佣金，因为折扣部分是不应支付佣金的。

四、成本核算案例

【案例 5】

我国某公司出口商品，每吨出口总成本为 RMB7.25，出口价格为每吨 4.80 美元 CIFC3 某港口，设运费为 USD0.37，保险费为 USD0.03，佣金为 USD0.12。试计算该商品的出口换汇成本。

讨论：

$$出口换汇成本=出口总成本（人民币）/出口外汇净收入（美元）$$
$$=7.25/(4.80-0.37-0.03-0.12)=7.25/4.28=1.69 元/美元$$

【案例 6】

出口牙刷 100 万支，出口总价 USD76000 CIF 洛杉矶。其中，运费 USD1680，保险费 USD508。进价 400000 元（含增值税 17%），费用定额率 6%，出口退税率 9%。当时人民币市场汇价美元银行买入价为 7.60 元。试求该批商品的出口盈亏额。

讨论：

（1）出口人民币净收入（外汇折成本币）=(76000-1680-508)×7.60=560971.2 元。

（2）出口总成本（本币）=400000 元+(400000×6%)-[400000÷(1+17%)×9%]=393230.77 元。

（3）出口盈亏额=560971.2-393230.77=167740.43 元。

【案例 7】

一批进口货物的 FOB 总价是 12 万美元，从国外港口运到上海的海运运费为 2680 美元，保险费为 270 美元，该批货物的进口成本为多少？

讨论：进口成本=CIF=FOB+I+F=120000+2680+270=122950 美元

货物运至仓库后，仓库费用应由货物实现国内销售的日期而定。

课后练习题

一、选择题

1. 我某公司出口某商品，对外报价为 400 美元/台 CIF 纽约，外商要求将价格改报为 CIFC3%，我方应将价格改报为（　　）。

    A. 412 美元　　　　B. 388 美元　　　　C. 387.63 美元　　　D. 412.37 美元

2. 某公司对外发盘，200 台 1 匹空调机，每台 150 美元 FOB 广州，外商要求改报 CIF 汉堡，经查，运至汉堡的总运费为 3500 美元，保险费为 100 美元，则改报价应为（　　）。

    A. 3750 美元　　　B. 167.5 美元　　　C. 168 美元　　　　D. 184 美元

3. 如果 FOB 价格为 200 美元，运费为 22 美元，投保加一成，保险费率为 2%，CIF 价格应为（　　）。

    A. 226 美元　　　　B. 226.4 美元　　　C. 226.9 美元　　　D. 227 美元

4. 出口换汇成本高于当时的外汇牌价时，说明该次出口（　　）。

    A. 亏损　　　　　　B. 盈利　　　　　　C. 不能确定　　　　D. 不盈不亏

二、简答题

1. 进出口业务中经常出现的费用有哪几种？
2. 进出口业务中经常出现的费用中，国内费用包括哪些？
3. 运费分类计算方法有哪几种？
4. 出口总成本的定义和包含内容有哪些？

三、实务题

1. 某公司出口箱装货物，报价为每箱 50 美元 CFR 伦敦。英商要求改报 FOB 价，我方应报价多少？（已知：该货物体积每箱长 45 厘米、宽 40 厘米、高 25 厘米，每箱毛重 35 千克，运费计算标准为 W/M，每运费吨基本运费为 120 美元，并加收直航附加费 20%，港口附加费 10%）

2. 我国某出口商品报价为 USD300 Per Set CFRC3% New York，试计算 CFR 净价和佣金各为多少？如果对方要求将佣金增加到 5%，我方同意，但出口净收入不变，试问 CFRC5%应如何报价？

3. 某商品每吨 CIF 热那亚 £500，设运费每吨 £45，投保加一成，保险费率为 8‰，求 FOB 价。

4. 某商品的出口总成本为每吨 2100 元人民币，出口 FOB 价为 300 美元，按折算率 7.42 计算，求其出口换汇成本。

5. 我国某外贸公司出口某商品 1000 箱，该货每箱收购价人民币 200 元，国内费用为收购价的 15%，出口后每箱可退税人民币 14 元，外销价每箱 CFRC5%曼谷 38 美元，每箱货应付海运运费 2.35 美元，银行外汇牌价 100 美元=720 元人民币。试计算该商品的出口换汇成本及出口盈亏额，并按换算公式进行验算。

第三章　进出口合同

本章导读：

　　进出口合同是国际贸易活动的法律依据，也是进出口双方履行义务的依据，更是保障合同当事人权利的重要凭证。由于进出口合同在"国际贸易实务"课程中有详细讲解，因此，本章将主要针对进出口合同条款进行简要介绍，同时重点为读者提供一些典型的合同样本，便于读者从中了解一些有关进出口合同条款的起草和规定方法。

**学习目标：**

　　通过本章学习，学生能够了解国际贸易合同的类型，熟悉不同类型合同的区别，掌握国际贸易合同的内容条款。

**关键概念：**

- 合同（Contract）
- 销售确认书（Sales confirmation）
- 协议（Agreement）
- 订单（Order）
- 备忘录（Memorandum）

第一节　进出口合同的形式与类型

一、进出口合同的形式

　　1. 书面形式

书面形式包括合同书（Contract）、信件以及数据电文（如电报、电传、传真、电子数据交换和电子邮件）等可以有形地表现所载内容的合同形式。

　　2. 口头形式

口头形式是指当事人之间通过当面谈判或电话方式达成协议而订立的合同形式。

　　3. 其他形式

如以行为表示而订立的合同。

在现在的国际贸易中，一般以书面形式的合同作为双方都接受的合同形式。

二、书面合同的类型

　　1. 正式合同

正式合同，又称繁式合同，包括销售合同（Sales contract）和购买合同（Purchase contract）。

2．确认书

确认书（Confirmation），又称简式合同。确认书包括销售确认书和购货确认书。

合同确认书通常一式两份，由双方合法代表分别签字后各执一份，作为合同订立的证据和履行合同的依据。

正式合同的条款内容详实、全面和完整，几乎将买卖双方所有想到的内容都列在其中。正式合同的格式：正面填写主要条款，如合同的标题、进出口双方的名称及地址、品名品质条款、数量条款、包装条款、价格条款、装运条款、保险条款、支付条款等；背面印制固定的格式条款，如检验与索赔条款、仲裁条款、不可抗力条款、违约和罚金条款等。

其中，销售合同由卖方拟定，购货合同由买方拟定。谁草拟合同，谁就掌握着一定程度的主动权，合同条款会有利于己方的倾向。

确认书一般在成交金额较小、买卖双方比较熟悉、建立充分信任时使用。其内容较简略，只在文本正面印有主要交易条件。但是不论是合同，还是确认书，都是对买卖双方有约束力的有效法律文件。

3．协议（Agreement）

4．备忘录（Memorandum）

5．订单（Order）

后三者内容格式更为简单，但其性质同样是约束买卖双方的法律文件。

第二节　合同条款

一、合同条款概述

在国际货物买卖中，一项发盘被有效接受后，交易即告达成，买卖双方合同关系成立。合同是买卖双方达成交易的协议书，它明确了买卖双方的权利和义务，对买卖双方都具有法律约束力。从事进出口贸易的企业通常都有其固定的合同格式，出口交易达成以后，进口方或出口方应根据交易磋商的结果，将各项内容填入贸易合同中。

合同有正本和副本之分。在我国的对外贸易中，通常由我方缮制合同正本一式两份，经双方签字后，买卖双方各保存一份。合同副本无须签字，亦无法律效力。在国际贸易中，书面合同的主要形式有合同和确认书两种。

出口合同的内容一般包括三部分，即约首、主体和尾部。约首包括合同的名称、编号、订约日期、地点、双方当事人的名称、地址等；合同的主体包括货物名称、品质规格、数量、包装、单价、总价、交货、保险、支付方式、商检、索赔、仲裁和不可抗力等；合同的尾部包括合同的份数，使用的文字和效力以及双方的签字等。

二、进出口合同的基本条款

1．品名品质条款

品名品质条款是商品说明的重要组成部分，也是交易双方在交接货物时对货物品质界定的主要依据。在出口交易中表示货物品质的主要方法有用文字说明和用实物样品表示。合同中品名品质条款实例如下：

例 3-1　玩具熊，货号 S764，22 厘米，戴帽子和围巾

根据卖方于 2022 年 10 月 24 日寄送的样品。

S764 22cm toy bear with caps and scarf, as per the samples dispatched by the seller on OCT. 24,2022.

例 3-2　大豆水分（最高）7%杂质（最高）5%含油量（最低）49%（如果实际装运货物的油量高于或低于 1%，价格应相应增减 1%）

Soybean Moisture (max.) 7% Admixture (max.) 5% Oil Content (min.) 49% (Should the Oil content Of the goods actually shipped be 1% higher Or lower, the price will be accordingly increased Or decreased by 1%)

订立品质条款时应注意以下几个问题：

（1）要明确是按实物样品还是凭文字说明的方式买卖。在实际业务中，一般不宜采用既凭规格买卖又凭样品买卖的方式。

（2）要注意品质条款的科学性和灵活性，不能订得过高、过低、过繁、过死。

2．数量条款

合同中的数量条款一般包括商品的数量、计量单位及数量机动幅度的规定。在国际贸易实务中，根据商品的不同性质，通常使用的计量单位有重量、个数、长度、面积、体积和容积六种。重量的计算方法有按净重、毛重、公量和理论重量等。在签订合同时一般应明确规定买卖货物的具体数量作为买卖双方交接货物的数量依据。但在实际业务中，某些商品由于其本身的特性或受其他条件的限制，卖方的交货数量要做到与合同完全一致非常困难。为此，对一些难以严格计量的商品，通常在合同中规定溢短装条款或"约"量。常见的数量条款实例如下：

例 3-3　中国绿豆 12000 吨，6%上下由卖方决定

Chinese mung bean 12000 metric tons, 6% more or less at Seller's option

例 3-4　中国玉米 1200 吨，以毛作净，卖方可溢短装 6%，增减部分按合同价计算

Chinese maize, gross for net, 6% more Or less at Seller's option at contract price

订立数量条款时要注意以下几个问题：

（1）按重量计算的商品应明确用哪种计重方法，即按毛重、净重或以毛作净等；不能明确按毛重或净重计量时，按惯例应以净重计量。

（2）使用"约"量必须注意其机动幅度及适合的情况。

（3）在使用溢短装条款时，应注明溢短装部分的百分比、溢短装部分的选择权及溢短装部分的作价原则等。

3．包装条款

合同中的包装条款一般包括包装的材料、包装的方式、包装的费用及包装的标志等内容。常见的包装条款实例如下：

例 3-5　×××商品，木箱装，每箱 35 匹，每匹 42 码

××× to be packed in Wooden Cases containing 35 pcs. of 42yds. each

例 3-6　用涤纶袋包装。27 英镑装一袋，6 袋装一箱。箱子需用以金属作衬里的木箱。包装费用由卖方承担。

To be packed in poly bags, 27 pounds in a bag, 6 bags in a sealed Wooden Case which is lined with metal. The cost Of packing is for seller's account.

国际贸易用标准运输标志：

（1）标准运输标志的构成。标准运输标志（shipping marks 或 mark and number）由收货人（买方）、参考号、目的地、件数编号四个数据元组成。

1）收货人（买方）是收货人（买方）名称的首字母缩略名或简称。

2）参考号只可使用托运单号、合同号、订单号或发票号中的一个编号，并且避免在编号后跟随日期信息。

3）目的地是货物最终抵达的港口或地点。

4）件数编号是件数的连续编号和已知的总件数，如"1/50，2/50，…，50/50"。制单时，给出 1/50 即可。

（2）标准运输标志的制作规则。

1）标准运输标志最多不应超过 10 行，每行不应超过 17 个字符。

2）标准运输标志应使用下列字符：

大写英文字母（A～Z）

数字（0～9）

空格（ ）

句点（.）

连字符（-）

圆括号［( )］

斜线（/）

逗号（,）

3）标准运输标志不允许使用下列字符：

加号（+）

冒号（:）

单引号（' '）

等号（=）

问号（? ）

星号（*）

4）标准运输标志中不允许使用几何图形或其他图案，如菱形、三角形、正方形等。

5）标准运输标志中不允许使用颜色编码。

6）当需要两种及两种以上文字标识标准运输标志时，至少有一个标准运输标志要使用罗马字母，用其他语言标识的标准运输标志用括号标在一旁或标在包装的另一面。单证上的标准运输标志应使用罗马字母。

标准运输标志的式样见例 3-7。

例 3-7　.D.D.T.P.

02-5688

SAN FRANCISCO

NO.1—100

订立包装条款时应注意的几个问题如下：

（1）条款中必须包括包装材料、包装方式，有时还要规定包装费用的支付等，所在国对包装的特殊要求应特别注意。

（2）除非买卖双方对包装方式的具体内容经事先充分交换意见，或者由于长期的业务交往已经取得一致认识，在合同中一般以采用具体的规定方法为宜。

（3）标准运输标志中的唛头一般由卖方提供，无须在合同中规定，如果买方要求提供也可接受，但必须在装运前一定时间将唛头通知卖方，否则卖方有权自行决定。

4. 价格条款

合同中的价格条款由两部分组成：单价和总值。

常见的价格条款实例如下：

例 3-8　每吨 600 港元 CIFC5 香港（或 CIF 香港包含 5%的佣金）

HK￥600 PER M/T CIFC5 HONGKONG (Or CIF HongKong including 5% commission)

例 3-9　每纸箱 900 美元 FOB 南京，以毛作净

USD900 PER CARTON FOB NANJING, GROSS FOR NET

例 3-10　每件 75 美元成本加运保费至纽约港减 1%的折扣

USD75 PER PC.CIF NEW YORK LESS 1% DISCOUNT

订立价格条款时应注意的几个问题如下：

（1）单价条款由四部分组成，即计价的数量单位、单位价格金额、计价货币和贸易术语等。四者缺一不可，并且前后左右顺序不能随意颠倒。

（2）单价与总值的金额要吻合，并且币别保持一致。

（3）如果数量允许增加，则合同中的总金额也应有相应的增减。

5. 装运条款

合同中的装运条款主要包括装运时间、装运港和目的港及分批装运、转运等。

常见的装运条款实例如下：

例 3-11　2022 年 9 月 25 日或 25 日前装运；收到信用证后 30 天内装运，相关的信用证必须最迟于××天开到卖方。

例 3-12　2023 年 1/2 月每月平均装运

装运港：上海/南京/南通

目的港：伦敦/汉堡/鹿特丹

Shipment during Jan./Feb.2022 in two equal monthly lots

Port Of loading: Shanghai/Nanjing/Nantong

Port Of destination: London/Hamburg/Rotterdam

订立装运条款时应注意的几个问题如下：

（1）一般在合同中应明确规定具体的装运时间。

（2）一般应选择费用低、装卸效率高的港口作为装运港或目的港。

（3）注意分批装运、转运，尤其是特殊的分运、转运条款的规定。

6. 保险条款

合同中的保险条款因不同的贸易术语而异。

（1）FOB、CFR 合同下，保险条款可规定为

保险由买方办理。

Insurance to be covered by the Buyers.

（2）CIF 合同下，保险条款一般包括四方面的内容：由何方办理保险、投保金额、投保险别和以哪一个保险公司保险条款为准。

常见的保险条款实例如下：

由卖方按发票金额的 110%投保一切险加战争险，按 1981 年 1 月 1 日中国人民保险公司海洋运输货物保险条款为准。

Insurance is to be covered by the Sellers for 110% of the invoice value against All Risks and War Risks as per or subject to ocean Marine Cargo Clause of the People's Insurance Company of China dated 01/01 1981.

7. 支付条款

合同中的支付条款，依据不同的付款方式或支付方式内容各异。常见的支付条款实例如下：

（1）汇付方式。在采用汇付方式时，应在合同中明确规定汇付的时间、方式及金额等。

例 3-13　买方应在 2022 年 10 月 25 日前将 100%的货款以电汇方式预付给卖方。

The Buyer should pay 100% of the contract value by T/T before Oct.25th,2022.

例 3-14　买方应于收到卖方寄交的正本提单后立即将 100%的货款用电汇付交卖方。

The Buyer should pay 100% of the contract value by T/T upon the receipt of the original Bills of Lading sent by the seller.

（2）托收方式。在采用托收方式时，要具体说明使用即期付款交单、远期付款交单还是承兑交单。

例 3-15　即期付款交单

买方凭卖方开具的即期跟单汇票，于第一次见票时立即付款，付款后交单。

Upon first presentation, the Buyer shall pay against documentary draft drawn by the Seller at sight. The shipping documents are to be delivered against payment Only.

三、合同样本

式样 3-1　销售确认书

销 售 确 认 书

SALES CONFIRMATION

编号：　NO:
日期：　DATE:
地点：　PLACE:

卖方：　　　　　　　　　　　　　　　　买方：
The seller:　　　　　　　　　　　　　The buyer:
Address:　　　　　　　　　　　　　　Address:

确认售予你方下列货物，其条款如下：

We hereby confirm having sold to you the following goods on terms and conditions as stated below:

（1）货物名称及规格，包装及装运唛头 Name of commodity & specification, Packing and shipping marks	（2）数量 Quantity	（3）单价 Unit price	（4）总值 Total amount

（5）装运：

Shipment:

（6）保险：

Insurance:

（7）付款：

Payment:

备注：

Remarks:

请签退一份以供存档。

Please sign and return one for our file.

（买方　Buyers）　　　　　　　　　　　　（卖方　Sellers）

式样 3-2　合同

合同
Contract

No.

Date:

Signed At:

卖方：Sellers:

地址：Address:

传真：Fax:

买方：Buyers:

地址：Address:

传真：Fax:

兹买卖双方同意成交下列商品订立条款如下：

The undersigned Sellers and Buyers have agreed to close the following transactions according to the terms and conditions stipulated below:

1. 货物名称及规格 Name of Commodity and Specification	2. 数量 Quantity	3. 单价 Unit Price	4. 金额 Amount	5. 总值 Total Value

数量及总值均得有_____%的增减，由卖方决定。

With _% more or less both in amount and quantity allowed at the Seller's option.

　　6. 包装：Packing:

　　7. 装运日期：收到信用证_____天内装运。允许转船及分批装运。

Time of Shipment: Within _____days after receipt of L/C allowing transshipment and partial shipment.

　　8. 装运港：Port of Loading:

　　9. 目的港：Port of Destination:

　　10. 付款条件：开给我方 100%不可撤销即期付款及可转让可分割之信用证，并须注明可在上述装运日期后 15 天内在中国议付有效。

Terms of Payment: By 100% confirmed, Irrevocable, Transferable and Divisible Letter of Credit to be available by sight draft and to remain valid for negotiation in China until the 15th day after the aforesaid Time of Shipment.

　　11. 保险：按中国保险条款，投保综合险及战争险（不包括罢工险）。

Insurance: Covering all risks and war risk only (excluding S.R.C.C.) as per the China Insurance Clauses.

　　由客户自理。

To be effected by the buyers.

　　12. 装船标记：Shipping Mark:

　　13. 双方同意以装运港中国进出口商品检验局签发的品质和数量（重量）检验证书，作为信用证项下议付所提出单据的一部分。买方有权对货物的品质和数量（重量）进行复验，复验费由买方负担。如果发现品质或数量（重量）与合同不符，买方有权向卖方索赔。但须提供经卖方同意的公证机构出具的检验报告。

It is mutually agreed that the Inspection Certificate of Quantity (Weight) issued by the China Import and Export Commodity Inspection Bureau at the port of shipment shall be part of the documents to be presented for negotiation under the relevant L/C. The buyers shall have the right to reinspect the Quality and Quality (Weight) of the cargo. The reinspection fee shall be borne by the Buyers. Should the Quality and/or Quantity (Weight) be found not in conformity with that of the contract, the Buyers are entitled to lodge with the Sellers a claim which should be supported by survey reports issued by a recognized Surveyor approved by the Sellers.

　　14. 备注：REMARKS:

　　（1）买方须于____年____月____日前开到本批交易的信用证（或通知售方进口许可证号码）；否则，售方有权不经通知取消本确认书，或接受买方对本约未执行的全部或一部分，或对因此遭受的损失提出索赔。

The buyers shall have the covering Letter of Credit reach the Sellers (or notify the Import. License Number) before _____ otherwise the Sellers reserve the right to rescind without further notice or to accept whole or any part of this Sales Confirmation not fulfilled by the Buyers, or to lodge a claim for losses this sustained of any.

　　（2）凡以 CIF 条件成交的业务，保额为发票的 110%，投保险别以本售货确认书中所开列的为限，买方要求增加保额或保险范围，应于装船前经售方同意，因此而增加的保险费由买方负责。

For transactions concluded on C.I.F.basis, it is understood that the insurance amount will be for 110% of the invoice value against the risks specified in the Sales Confirmation. If additional Insurance amount of coverage is required, the buyers must have the consent of the Sellers before Shipment and the additional premium is to be borne by the buyers.

　　（3）品质数量异议：如果买方提出索赔，凡属品质异议须于货到目的港之日起 3 个月内提出，凡属数量异议须于货到目的港之日起 15 天内提出，对所装运物所提任何异议属于保险公司、轮船公司及其他有关运输机构或邮递机构所负责者，售方不负任何责任。

QUALITY/QUANTITY DISCREPANCY: In case of quality discrepancy, claim should be filed by the Buyers within 3 months after the arrival of the goods at port of destination, while of quantity discrepancy, claim should be filed by the Buyers within 15 days after the arrival of the goods at port of destination. It is understood that the Sellers shall not be liable for any discrepancy of the goods shipped due to causes for which the Insurance Company, Shipping company, other transportation, organization/or Post Office are liable.

（4）本确认书所述全部或部分商品，如果因人力不可抗拒的原因，以致不能履约或延迟交货，售方概不负责。

The Sellers shall not be held liable for failure or delay in delivery of the entire lot or a portion of the goods under this Sales Confirmation on consequence of any Force Major incidents.

（5）买方开给售方的信用证上请填注本确认书号码。

The buyers are requested always to quote THE NUMBER OF THIS SALES CONFIRMATION in the Letter of Credit to be opened in favour of the Sellers.

（6）仲裁：凡因执行本合同或与本合同有关事项所发生的一切争执，应由双方通过友好的方式协商解决。如果不能取得协议，则在被告国家根据被告仲裁机构的仲裁程序规则进行仲裁。仲裁决定是终局的，对双方具有同等约束力。仲裁费用除非仲裁机构另有决定外，均由败诉一方负担。

Arbitration:All disputes in connection with this Contract or the execution thereof shall be settled by negotiation between two parties. If no settlement can be reached, the case in dispute shall then be submitted for arbitration in the country of defendant in accordance with the arbitration regulations of the arbitration organization of the defendant country. The decision made by the arbitration organization shall be taken as final and binding upon both parties. The arbitration expenses shall be borne by the losing party unless otherwise awarded by the arbitration organization.

（7）买方收到本售货确认书后立即签回一份，如果买方对本确认书有异议，应于收到后 5 天内提出，否则认为买方已同意本确认书所规定的各项条款。

The Buyers are requested to sign and return one copy of this Sales Confirmation immediately after receipt of the same. Objection, if any, should be raise by the Buyers within five days after the receipt of this Sales Confirmation, in the absence of which it is understood that the Buyers have accepted the terms and conditions of the Sales Confirmation.

卖　方	**买　方**
THE SELLER	**THE BUYER**

式样 3-3　销货确认书

北京欧孚精密轴承制造有限公司

Beijing Oufu Precision Bearing Manufacture Co.,Ltd
Room 216&217, Pufa Building, No.309 Changjiang Road, Pinggu District,
Beijing, China 101200

销货确认书

Sales Confirmation

编号（Code）：37JB-FJ-03

日期（Date）：2022-12-01

买卖双方按照下列条件于 2022 年 12 月 1 日签订本销货确认书。

The Seller and the Buyer below named have this 1st day of Dec.,2022,entered into this Sales Confirmation on the following terms and Conditions.

Item No.	Description of Goods	Quantity(pcs)	Unit Price(USD)	Amount(USD)
Cylindrical Roller Bearings	NJ212	200	3.48	696.00
Tapered Roller Bearings	30207	200	0.87	174.00
Brand: HPB	30208	500	1.04	520.00
Rings and Rollers:100% Chromium	30209	500	1.17	585.00
Steel GCr-15 Conform With AISI52100	30210	200	1.30	260.00
Cages Made of Pressed Carbon Steel	30215	200	3.12	624.00
Standard: China Standard(ABEC1)	32309	1000	2.67	2670.00
Delivery Date:	32310	300	3.47	1041.00
Tt is about 40-50 Days	32212	1000	2.42	2420.00
	32215	500	3.88	1940.00
	32219	50	7.88	394.00
	32220	100	9.58	958.00
	LM48548/LM 48510	2000	0.76	1520.00
	LM11949/LM 11910	1000	0.51	510.00
	25590/25520	1000	1.35	1350.00
	LM67048/LM 67010	2000	0.65	1300.00
	462/453X	200	2.25	450.00
	575/572	200	4.85	970.00
	TOTAL	11150		18382.00

Terms of Delivery: CFR Keamari Karachi

Packing: In Strong HPB Brand Printed Individual Box Than Strong Seaworthy HPB Printed Cartons Than Strong Pallets

    In Plastic Ploy bag Of Good Quality.

Port of Loading: Dalian, China Seaport

Port of Discharge: Keamari Karachi Seaport

Terms of Payment: 50% Payment By L/C and Remaining 50% By Advance Before Shipment

Shipping Documents: Full Documents On Board

Insurance: To Be Effected By The Buyer

Buyer   Seller

                                           Beijing Oufu Precision Bearing Manufacture Co.,Ltd

F.J .Trading Corporation

Karachi, Pakistan

Signature   Signature

第三节　案　例　讨　论

一、进出口合同履行案例

【案例1】

我公司有一批货，通过中间商转卖给俄罗斯一客户，合同要求 FOB 大连，买方先付 20% 货款，到货后对方再付 80% 余款。但到货后，对方迟迟不付 80% 余款。我公司决定从俄罗斯运回货物，但俄罗斯海关采取地方保护主义，货物不予运回，也不协助清关。现提单等货权文件在我方。

对这一贸易纠纷，应如何处理？

【案例2】

中国某进出口公司向美商报出某农产品，在发盘中列明各必要条件，还表示：Packing in sound bags.在发盘有效期内美商复电；Refer to your telex first accepted,packing in new bags.我方收到复电后，即开始备货。

数日后，该农产品国际价格猛跌，美方来电称：对包装作了变更，你方未确认，合同未成立。而我方坚持合同成立。应如何解决此问题？

讨论：

包装的改变不属于实质性改变。美商复电已构成接受，合同成立。如果美商拒不履约，我方可按《联合国国际货物销售合同公约》的有关规定向美方索赔。

【案例3】

我方出口荷兰港口的 CFR 马铃薯合同，合同中规定商品的品质以到目的港品质为准。货物到目的港时，目的港港口卫生检疫局发现该批货物含有大量细菌，属于官方禁止入境的品种，因而被海关扣留。在货物被扣留期间，不幸被火灾焚毁，此时买方和卖方发生了纠纷。

如何来解决纠纷及处理货损？

讨论：

损失应由卖方承担。这是因为，尽管这是一个 CFR 合同，但卖方所交货物的品质严重违反合同，构成了根本违约。

但如果卖方的违约属于非根本违约或轻微违约，则损失应由买方承担。

二、进出口合同条款案例

【案例 4】

下列合同条款不完善，请用英文写出正确完整的合同条款品名及规格：

中国大米 Chinese Rice

不完善率（Broken Grains）15%

杂质（Admixture）1%

水分（Moisture）14%

1000 吨麻袋装

每吨 420 美元 CIFC2 净价英国

2011 年 9 月份交货卖方并需保证货物于 2011 年 10 月 15 日前到达买方

一切险、战争险、受潮受热险

信用证方式支付。

操作评析：

上述合同条款的主要问题如下：

（1）品质条款规定太死，不科学也无法履约。

（2）数量条款应有一定的机动幅度。

（3）包装条款过于笼统。

（4）贸易术语使用不正确。CIFC2 与净价相矛盾；CIF 后应接目的港而非国家。

（5）卖方不能保证货物于确定时间内到达，否则风险太大并且与 CIF 贸易术语的性质相矛盾。

（6）一切险已包含受潮受热险，重复投保。

（7）支付方式的规定不具体。

课后练习题

一、选择题

1. 出口报关的时间应是（   ）。

    A．备货前   B．装船前

    C．装船后   D．货到目的港后

2. 信用证修改通知书的内容在两项以上者，受益人（   ）。

    A．要么全部接受，要么全部拒绝　　B．可选择接受

    C．必须全部接受　　　　　　　　　D．只能部分接受

3. 审核信用证和审核单据的依据分别是（   ）。

    A．开证申请书　　　　　　　　　　B．合同及 UCP500 的规定

    C．一整套单据　　　　　　　　　　D．信用证

4. 在交易过程中，卖方的基本义务是（   ）。

    A．提交货物　　　　　　　　　　　B．提交与货物有关的单据

    C．转移货物的所有权　　　　　　　D．支付货款

5. 在我国的进出口业务中，出口结汇的方法有（   ）。

    A．收妥结汇　　　B．买单结汇　　　C．定期结汇　　　D．预付结汇

二、简答题

1. 国际货物贸易合同的形式有哪几种？

2. 国际货物贸易书面合同有哪些主要形式？

3. 国际货物贸易合同的定义是什么？

三、实务题

根据合同回答问题：

（1）合同的签约日期。

（2）合同标的。

（3）交易数量。

（4）单价和总价。

（5）装运港和目的港。

（6）装运日期。

（7）保险由谁办理。

（8）支付方式。

Sales　Contract

No.:ss03

Date: May 20.2022

Seller: Shanghai stationery and sporting goods Imp. and Exp. Corp.

Address: 5-15 mansion 1230-1240 Zhongshan road, shanghai

Buyer: Smith Co. Ltd.

Address:The Jane street, Kong zone, London, England

This contract is made by and between the buyers and the sellers, whereby the buyers agree to buy and the sellers agree to sell the undermentioned commodity according to the terms and conditions stipulated below:

    1.Name of commodity: men's gloves

    2.Specification: Model No. 5

    3.Quantity: 2000 dozens

    4.Unit Price : CFR Amsterdam USD 45.00 Per dozen

    5.Amount : USD90000.00 (Say U.S. Dollars Ninety Thousand Only)

    6.Shipment : From Shanghai, China To Amsterdam, Holland Not Later Than July 30, 2022 with transshipment and partial shipment not allowed

    7.Packing: By Seaworthy cartons (CTNS)

    8.Insurance: To be covered by buyers

    9.Terms of Payment: By irrevocable letter of Credit at Sight

    10.Shipping Marks: At sellers' option

第四章　结算方式

本章导读：

国际结算方式直接涉及进出口双方的根本利益，是国际贸易中进出口双方最为关注的问题之一。国际贸易中所运用的结算方式主要为汇付、托收和信用证。其中，汇付与托收属于商业信用，进出口双方都面临一定风险，银行信用的介入能使贸易风险大大降低；信用证是一种建立在银行信用基础上的结算方式，得到进出口双方的认可，在国际贸易中广泛应用，并成为国际结算领域中最重要的贸易结算方式。不同结算方式下制单的要求和单证的流转都有所不同。本章主要介绍汇付、托收和信用证结算方式的基本知识、业务流程、特点及相关单据的处理。

学习目标：

通过本章的学习，学生可以深入了解汇付、托收和信用证的概念、种类及特点，掌握汇付、托收支付的业务流程及申请单据的填制，有利于掌握信用证结算的业务流程、开立申请书的填制及其审核信用证的规则和技巧。

**关键概念：**

- 汇付（Remittance）
  - 电汇（Telegraphic Transfer，T/T）
  - 信汇（Mail Transfer，M/T）
  - 票汇（Demand Draft，D/D）
- 托收（Collection）
  - 托收申请书（Application for Collection）
  - 托收指示（Collection Instruction）
  - 即期付款交单（Documents against Payment at Sight，D/P at Sight）
  - 远期付款交单（Documents against Payment after Sight or Date，D/P after Sight or Date）
  - 承兑交单（Documents against Acceptance，D/A）
- 信用证（Letter of Credit，L/C）
  - 《托收统一规则》（Uniform Rules for Collection，简称 URC522）
  - 《跟单信用证统一惯例》（Uniform Customs and Practice for Documentary Credits 600，简称 UCP600）

在国际贸易业务中，进出口双方要采用一定的结算工具并通过一定的结算方式，才能实现资金从债务人向债权人的转移。结算方式的种类很多，按资金的流向和结算工具的传递方向来划分，可以分为顺汇法和逆汇法两大类。顺汇法是指付款人主动委托银行使用某种支付工具，将款项支付给收款人，资金和结算工具的流动方向是一致的，这实际上就是银行的汇付业务。逆汇法是指收款人出具某些票据作为结算工具，委托银行向付款人收取款项。由于资金和结算工具的流动方向相反，这种结算方法称为逆汇法。托收和信用证方式都属于逆汇法。

第一节　汇　付

一、汇付的含义及当事人

1. 汇付的含义

汇付（Remittance），也称汇款，是指银行接受客户的委托，通过其自身建立的通汇网络，将客户的款项交付给收款人。汇款是国际贸易中最古老、最简单，也是最灵活的支付方式。

国际贸易货款的收付若采用汇付方式，一般是由买方按买卖合同约定的条件（如收到单据或货物）和时间，将货款通过银行汇交给卖方。通常是由付款人向付款地银行填写汇付申请书，银行通过使用汇票、支付委托书和划账凭证等将货款转移至收款地银行付给收款人，实现货款的收付。这种方式下，进口方需主动按合同规定通过银行汇款给出口方。由于结算工具的传递方向与资金的流动方向相同，因此，汇付属于顺汇方式。

2. 汇付的当事人

在汇付业务中通常有四个基本当事人：

（1）汇款人（Remitter）。汇款人是拥有款项并申请汇出的一方。在进出口贸易中，汇款人为负有债务的进口商。

汇款人在委托汇出行办理汇款时，首先，要填制汇款申请书（Application for Remittance），汇款申请书的格式与内容见式样 4-1。此申请书是汇款人和银行之间的一种契约。汇款申请书一般一式两联：一联为汇款申请书；另一联为汇款回执。在申请书中汇款人应标明收款人的名称、地址、国别，收款人账号，汇款货币及金额，使用的汇款方式等内容。其次，要交付与汇款金额一致的汇出款项及办理汇款的手续费。如果以人民币汇出外币，除应交付等值的人民币现金或支款凭证外，还应提交按国家规定准许使用外汇的证明；如果以他行支票汇款，应待汇出行通过交换等途径收妥后才能办理汇出手续。

式样 4-1　汇款申请书

日期（Date）：_____

汇　款　申　请　书　　　□电汇（Telegraphic Transfer）
APPLICATION FOR OUTWARD REMITTANCE　　□信汇（Mail Transfer）
（请用正楷填写及在合适的方格内用"×"记号标明）　□票汇　付款地点
（PLEASE FILL IN BLOCK LETTERS AND TICK APPROPRIATE BOXES）Demand Draft, drawn on _____

敬启者

Dear Sirs

　　本人（等）已详阅、了解和同意列于此页背面的各条款，兹委托贵行根据该等条款代办下列汇款。

We hereby request you to effect the following remittance subject to the conditions overleaf, to which I/we have read, understood and agreed.

收款人 Beneficiary	
收款人账号 A/C No.of Beneficiary	
收款行名称及地址 Name & Address of Beneficiary's Bank	
收款行之代理行 Correspondent of Beneficiary's Bank	
汇款人 Remitter	

汇款货币及金额 Currency & Amount		国外银行费用由"×"支付，如果未注明，则由收款人负担 (All foreign bank's charges for "×" account, If not specified, all charges are to be borne by beneficiary) □ 收款人（Beneficiary） □ 汇款人（Remitter）
密押 Test key		
附言 Message		

* 汇往境外汇款，请以英文填写汇款申请书。

* 开立汇票，请注明取票人姓名及有效证件号：＿＿＿＿＿＿＿＿＿＿＿＿＿＿＿＿＿＿＿＿

有关上述汇款的总额，兹
In payment of the above remittance and charges
请付本人（等）账户号
Please debit my/our account NO. ＿＿＿＿＿＿＿＿＿＿＿＿＿＿＿with you.

＿＿＿＿＿＿＿＿＿＿＿＿
申请人签署 Applicant's Signature

姓名
Name ＿＿＿＿＿＿＿＿＿＿＿＿＿＿＿
身份证明文件号码
Identity Document NO. ＿＿＿＿＿＿＿＿＿＿
地址
Address ＿＿＿＿＿＿＿＿＿＿＿＿＿
电话
Tel. NO. ＿＿＿＿＿＿＿＿＿＿＿＿＿

银 行 专 用（For Bank Use Only）

（2）收款人（Payee）。收款人也称受益人，是汇付款项的最终接受者。在进出口贸易中，收款人通常是出口商。当收款人接受了解付的汇款后，意味着该笔款项支付或债权债务清偿

的完成。如果银行完全按汇款人的汇款申请书办理了该笔汇款，款项已入收款人账户或收款人已根据汇款通知接受了款项并未提出任何异议，这笔汇款对汇出行和汇入行的责任则终止。

（3）汇出行（Remitting Bank）。汇出行是受汇款人委托而汇出款项的银行。在进出口贸易中，通常是进口商所在地的银行，多为进口商的开户行。

一旦接受汇款人的汇款申请书，汇出行与汇款人之间的委托契约就宣告成立，并发生效力。因此，汇出行必须严格按汇款人在汇款申请书中委托的内容，缮制支付授权书（Payment Order，以下简称 P. O.，见式样 4-2），选择好汇款线路，指示其在收款人所在国的联行或代理行（即汇入行），办理该项汇出汇款的解付，直到收款人从汇入行那里收妥汇款为止。

（4）汇入行（Paying Bank）。汇入行也称解付行，是受汇出行委托并协助办理汇款业务的银行，汇入行通常是汇出行在出口国的联行或与之有代理协议的代理行。在国际贸易中，汇入行通常是出口商所在地的银行。

式样 4-2　支付授权书

中国农业银行
支付授权书
Payment Order

信汇号码
MT Ref. 180MT920667

敬启者
Dear Sirs,
下列汇款请即照解划付我册为荷。
Please advise and effect the following payment to the debit of out/our head office account, less your charges if any.

汇出地点时期
Place and Date: Changsha, Aug. 12, 2004

此致　　Kincheng Banking Corp.
To　　Hong Kong
敬礼

收款人 Beneficiary	Multi-Profit Co. Ltd	金额 Amount
地址或账号及收款银行 Address or A/C No. & Beneficiary's Banker	A/C No. 234567 with your fine bank	HKD 500,000.00
大写金额 Amount in Words	Hong Kong Dollars Five Hundred Thousand Only	
汇款人 By Order of	China Native Produce and Animal By-products I/E Corp.	
附言 Details of Payment	Freight under B/L No. JPXM008	

IN CASE OF CASH PAYMENT, KINDLY SEND US THE BENEFICIARY'S RECEIPT

For THE AGRICULTURAL BANK OF CHINA
Authorized　　Signatures

二、汇付的种类

根据银行发出委托付款指示的传递方式不同，汇付可以分为电汇、信汇和票汇三种类型。

1. 电汇

电汇（Telegraphic Transfer，T/T）是指汇出行应汇款人的申请，通过加押电报或电传的方式指示汇入行解付一定金额给收款人。汇出行在发电后，为防止传递电文有误，通常还以航空信件形式向汇入行寄发"电汇证实书"（Cable Confirmation），供汇入行查对。

电汇的最大特点是交款迅速、安全可靠。它是三种汇付方式中使用最广的一种。在进出口贸易中，如果付款人付款的时间紧迫或付款金额较大，多采用这种方式对外付款。

2. 信汇

信汇（Mail Transfer，M/T）是指汇出行应汇款人的申请，通过信函指示汇入行解付一定金额给收款人。信汇与电汇相比具有节省费用的特点，因为用信函通知汇款比用电报或电传通知所发生的直接成本低，而且资金在途时间长，所以银行收取的手续费较低。但信汇汇款所需时间比电汇要长，这直接影响收款人的收款时间。因此，信汇在进出口贸易中的使用不如电汇广泛。

3. 票汇

票汇（Demand Draft，D/D）是指汇出行应汇款人的申请，开立以汇入行为付款人的银行汇票，交汇款人由其自行携带出国或寄给收款人凭票取款。

票汇与电汇、信汇的不同是具有较大的灵活性。根据汇款人的需要，汇出行签发不同抬头的银行汇票，汇款人可将汇票带到国外亲自取款，也可以将汇票寄给国外的债权人由其取款；票汇的汇入行无须通知收款人前来取款，收款人自行持票到汇入行取款；票汇的收款人可以通过背书转让汇票，而电汇和信汇方式下因不签发汇票，在汇入行付款前不存在票据的流通转让问题，并且由于票汇使用的汇票是银行汇票，经收款人背书后，可以在市场上流通，如果汇票在到达汇入行要求其付款前，经过多次的转让，那么银行可以利用这期间的汇款资金。汇票在流转时持续的时间愈长，对银行愈有利，所以，票汇为银行提供了更多的利润。

三、汇付的业务流程

在国际贸易中，汇付方式具体用于预付货款和赊销业务，进出口双方通常采用电汇方式收付货款。此种情况下，前者在实务中经常称为"前 T/T"，后者称为"后 T/T"。

1. 电汇、信汇业务流程

电汇、信汇业务流程如图 4-1 所示。

图示说明：

①汇款人填写汇款申请书，声明采用 T/T（M/T）方式汇款并交款付费。

②汇出行接受汇款委托后，向汇款人出具 T/T 回执（M/T 回执）。

③汇出行按汇款申请书的要求缮制 P.O.，注明为电汇（信汇），然后用电报或电传（航空邮寄）等方式通知汇入行解付款项给收款人。

④汇入行核对 P.O. 上的密押，无误后缮制电汇通知书（信汇通知书），通知收款人取款。

⑤收款人在电汇通知书（信汇通知书）上签章，汇入行解付汇款。

⑥汇入行付款后，将付讫借记通知书寄给汇出行。

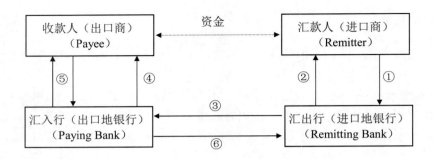

图 4-1　电汇、信汇业务流程

2. 票汇业务流程

票汇业务流程如图 4-2 所示。

图示说明：

①汇款人填写汇款申请书，声明采用 D/D 方式汇款并交款付费。

②汇出行开出以汇入行为付款人的银行汇票交给汇款人。

③汇出行缮制 P.O.（注明为票汇），通知汇入行向持票人付款。

④汇款人将银行汇票寄给收款人，由其凭票取款或自行携带汇票出境上门取款。

⑤收款人或汇款人向汇入行提示汇票，汇入行核对无误后付款。

⑥汇入行付款后将付讫借记通知书寄给汇出行。

票汇与其他汇付方式相比较，票汇的汇兑速度取决于汇款人寄发汇票的时间及邮递速度，银行通常可占用在途汇款资金。此外，票汇汇费与信汇汇费水平大体一致。

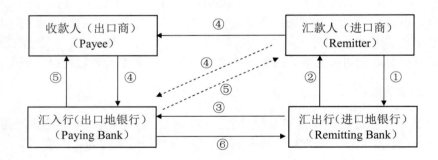

图 4-2　票汇业务流程

第二节　托　收

托收（Collection）是国际贸易中一种常见的结算方式，用于货款结算时，托收是出口方委托银行向进口方收款的一种方法。目前，在我国外贸实践中，有些交易的货款结算也采用托收方式进行。

一、托收的含义及当事人

1. 托收的含义

托收是指债权人为向国外的债务人收取销售货款或劳务报酬，开出以债务人为付款人的汇票，委托其所在地银行通过其在国外的联行或代理行向债务人提示票据、收取货款。

在实际业务中，托收的一般做法是，出口商根据买卖合同先行发运货物后，开立以进口商为付款人的汇票（或不开汇票），连同商业单据（主要是指提单、商业发票和保险单等）一起向出口地银行提出托收申请，委托出口地银行（托收行）通过其在进口地的联行或代理行（代收行）向进口商收取货款。托收方式下，结算工具的传递方向与资金的流动方向相反，称为"逆汇"。托收是一种比较有利于买方的结算方式。

2. 托收的当事人

在托收方式中，最基本的当事人一般有如下四个：

（1）委托人（Principal）。委托人又称出票人，即将单据交给银行委托其向国外的债务人收取票款的人。在进出口贸易中，委托人即出口商。委托人应严格按合同约定向进口商按质、按量及时交运货物，向进口商提交符合合同规定的各种单据。

作为委托人，出口商与托收行依据托收申请书（Collection Application）（见式样4-3）建立委托代理关系。托收申请书是委托人与托收行之间关于该笔托收业务订立的契约性文件，也是银行进行该笔托收业务的依据，委托人应明确托收申请书中的各项指示。

式样 4-3　托收申请书

托收申请书

致　　　　　银行

银行填写
日期_____

敬启者：<u>兹附下列单据请贵银行与通汇银行按下列项目予以托收。</u>

金　　额_____

受票人_____

地　　址_____

装　　船_____

由_____至_____载船名称

应附单据

海运提单	发票	保险单	装箱单	原产地证书

指　　示

受票人付款交单/承兑交单

未获承兑或付款，免作拒绝证书，采用电挂/航邮方式通知

委托人所指派代表查询处

所需银行费用由托收申请人/受票人承担

当款额收讫采用电挂/航邮方式汇出

特别指示_____

在运用条款前方格 作 "×" 标记		请转递托收汇款并将托收款额记入申请人账户
		请购买托收汇款并将托收款额记入申请人账户

本申请人向银行偿付由受票人应付而未付的全部银行费用。

兹同意并授权选择其代收银行，依上述所列事项予以托收。贵银行对代收银行及其分理行的任何疏忽行为，不履行责任。延迟、无力偿还债务或倒闭等，不承担责任。

> 本申请书依《托收统一规则》（1995 年国际商会出版物第 522 号）开立

授权签章_____

（2）托收行（Remitting Bank）。托收行是接受委托人委托而办理转托收款的银行。在进出口贸易中，托收行为出口商所在地银行且多为其开户行。

托收行在托收业务中完全处于代理人的地位。作为代理人，托收行必须按委托人的指示办事，具体体现为严格按照委托人的托收申请书缮制托收指示（Collection Instruction）（见式样 4-4）。托收指示是指由托收行根据托收申请书缮制，授权代收行处理单据的法律文件，是寄送托收单据的面函；托收行按照托收申请书核实所收单据种类和份数是否相符；托收行应谨慎从事，并承担因自身过失造成的损失。

式样 4-4　托收指示

Collection Instruction

To:　　　　　　　　　　　　　Date:

We hand you the under mentioned items for disposal in accordance with the following instructions and subject to the items and conduction set out overleaf for

☐COLLECTION　　　　☐Please advance against the bill/documents

☐NEGOTIATION under　☐Please do not made any advance

Documentary Credit

Please make number of DOCUMENTS ATTACHED							
Draft	B/L	Airway Bill	Cargo Receipt	Commercial Invoice	Cert. Quality and Quantity	Cert. Of Origin	Ins. Policy

OTHER DOCUMENTS

OUR A/C NO.

DRAWEE

ISSUING BANK	DOCUMENTARY CREDIT NO.

TENOR	DRAFT NO./DATE	DRAFT AMOUNT

FOR "BILLS NOT UNDER L/C", PLEASE FOLLOW INSTRUCTIONS MARKED "×"

☐Deliver documents against PAYMENT

☐Deliver documents against ACCEPTANCE

☐Acceptance/Payment may be deferred pending arrival of carrying vessel

Collection charges outside HONG KONG for account of Drawee

☐Please collect interest at   % p.a. from Drawee

☐Please waive interest/charge

☐Do not waive interest/charge if refused

In the event of dishonor

Please warehouse and insure goods for our account

☐Please do not protest   ☐Protest

☐Advise dishonor by   ☐Airmail   ☐Cable

☐In case of need refer to _____ who will assist you to obtain acceptance/payment but who has no authority to amend the terms of the bill

☐Designated Collecting Bank (if any)

PAYMENT INSTRUCTIONS
☐Please credit proceeds to our A/C NO.
☐Others

OTHER INSTRUCTION
In case of any queries, please contract our Mr./Miss
_____ Tel No._____

（3）代收行（Collecting Bank）。代收行是受托收行委托向债务人收取款项的银行，一般为托收行设在债务人所在地的国外联行或代理行。在进出口贸易中，代收行为进口商所在地的银行。

在实际业务中，如果代收行同意代收，应严格按托收指示履行代收义务，并确认所收到的单据与托收指示所列是否一致；代收行必须及时向托收行通知代收情况，并将收妥的款项按托收指示无延误地拨交给托收行。

（4）付款人（Payer/Drawee）。付款人即债务人，在进出口贸易中，付款人即进口商。托收项下付款人的主要责任是履行贸易合同项下的付款义务。

在出口商提交了足以证明其履行合同义务的单据时，付款人应按合同规定汇款。如果付款人在规定期限内不付款或承兑，必须向提示行说明理由，否则便构成违约。付款人在付款前，有权按照合同审核单据，如果有不符合合同要求的，有权拒付。

以上四个是托收的主要当事人，在此基础之上，国际商会还规定了提示行和"需要时的代理"作为托收结算方式的当事人。

（5）提示行（Presenting Bank）。提示行也称交单行，是跟单托收中向付款人提示汇票和单据的银行。一般情况下，代收行委托与付款人有往来账户关系的银行为提示行，也可以由自己作提示行。

（6）"需要时的代理"（Principal's Representative in Case-of-Need）。"需要时的代理"是指委托人为了防止因付款人拒付，而发生无人照料货物的情形，在付款地事先指定的代理人。此代理人通常被授权当发生拒付时，代为料理货物的存仓、保险、转售或运回等事宜。

二、托收的种类及业务流程

托收又分为光票托收（Clean Collection）和跟单托收（Documentary Collection）。跟单托收就是卖方将跟单汇票（附有货运单据）或不带汇票的货运单据交银行代为向买方收取货款的方式。国际贸易中主要使用跟单托收。

1. 光票托收

光票托收是指委托人仅凭金融单据而不附商业单据，委托银行代为收款的托收方式。常见的金融单据有银行汇票、本票、支票、旅行支票和商业汇票等。如果托收以汇票为收款凭证，则使用光票托收。

光票托收不随附货运单据，不涉及货物的转移和处理，银行只根据票据收款，业务处理比较简单。在进出口贸易中，光票托收的金额一般都不大，主要用于收取货款的尾数及样品费、佣金、代垫费用、赔款以及其他贸易从属费用等小额款项。

2. 跟单托收

跟单托收是指附带商业单据（主要指货运单据）的托收。如果跟单托收以汇票作为收款凭证，则使用跟单汇票。这种方式可以附带金融单据，也可以不附带金融单据。国际贸易一般把货运单据的交付和货款的支付当作对流条件，通常的托收多指跟单托收，在进出口贸易中使用最广。

跟单托收根据交付单据的条件不同，区分为付款交单（Documents against Payment，D/P）和承兑交单（Documents against Acceptance，D/A）两种。

（1）付款交单。付款交单是指委托人指示代收行在付款人付清款项后将单据交出，即付款人"付款在先，取单在后"，付款是取单的先决条件。付款交单按委托人所开出的汇票的付款期限不同，又可分为即期付款交单（Documents against Payment at Sight，D/P at Sight）和远期付款交单（Documents against Payment after Sight or Date，D/P after Sight or Date）两种形式。

即期付款交单是指委托人开立即期汇票，代收行收到单据和汇票后，立即向付款人提示，付款人审单无误付清票款后，代收行交出单据。采用这种方式，原则上代收行第一次提示单据时，付款人就应立即付款。但在实际业务中，进口商有时为减少风险，往往坚持在货物到达后再履行付款义务。对此，出口商为避免延期收款，在委托银行收款时，应对付款交单的时间做出严格的限定。即期付款交单业务流程如图 4-3 所示。

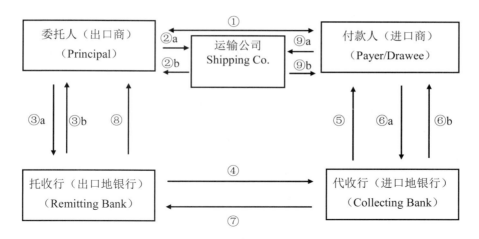

图 4-3 即期付款交单业务流程

图示说明：

① 进出口双方签订贸易合同，约定采用即期付款交单的方式结算货款。

② a. 出口商按合同规定向运输部门发运货物；b. 运输部门收到货物后向出口商签发运输单据。

③ a. 出口商缮制符合合同规定的各种单据，开立即期汇票，填写托收申请书（Application for Collection），声明"即期付款交单"，连同全套货运单据交托收行委托其代收货款；b. 托收行审单无误后，向委托人出具回单，作为收到汇票及单据的凭证。

④ 托收行缮制托收指示（Collection Instruction），连同汇票及货运单据等交代收行委托其代收货款。

⑤ 代收行按托收指示向进口商提示单据和汇票。

⑥ a. 进口商审核单据付款；b. 代收行交单给进口商。

⑦ 代收行根据指示，通知托收行款已收妥。

⑧ 托收行将收妥的款项付给出口商。

⑨ a. 进口商携单据到指定的运输部门提货；b. 运输部门付货。

远期付款交单是指代收行收到远期付款的汇票和单据后，立即向付款人提示，付款人见票先办理承兑手续，汇票到期代收行再提示，付款人付清货款后代收行交出单据。

在远期付款交单条件下，付款人承兑了汇票，但还不能拿到代表物权的单据，在汇票到期支付前这段时间，所有单据都由代收行保管，出口商仍可以通过代收行控制物权。在交单条件这点上，远期付款交单与即期付款交单是没有区别的。

需要说明的是，在远期付款交单条件下，如果货物与单据均已到达进口地，但付款期限未到，代收行可以允许进口商在付款之前凭出具的信托收据（Trust Receipt，T/R），向代收行借取货运单据，提货并销售，到期时再偿还代收行换回信托收据。信托收据是进口商表示愿意以代收行受托人的身份先行提货，并承认货权属于银行，保证在汇票到期时向银行付清货款的一种书面担保文件。在远期付款交单条件下，进口商要求代收行对其提供资金融通时，必须提供这种担保文件。远期付款交单业务流程如图 4-4 所示。

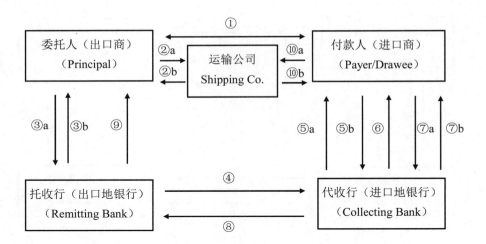

图 4-4 远期付款交单业务流程

图示说明如下：

① 进出口双方签订贸易合同，约定采用远期付款交单的方式结算货款。

② a．出口商按合同规定向运输部门发运货物；b．运输部门收到货物后向出口商签发运输单据。

③ a．出口商缮制符合合同规定的各种单据，开立远期汇票，填写托收申请书，声明"远期付款交单"，连同全套货运单据交托收行委托其代收货款；b．托收行审单无误后，向委托人出具回单，作为收到汇票及单据的凭证。

④ 托收行缮制托收指示，连同汇票及货运单据等交代收行委托其代收货款。

⑤ a．代收行按托收委托书向进口商提示单据和汇票；b．进口商经审核无误在汇票上承兑后，代收行收回票据与单据。

⑥ 代收行到期再向进口商提示单据和汇票。

⑦ a．进口商付款；b．代收行交单给进口商。

⑧ 代收行根据指示，通知托收行款已收妥。

⑨ 托收行将收妥的款项付给出口商。

⑩ a．进口商携单据到指定的运输部门提货；b．运输部门付货。

（2）承兑交单。承兑交单是指委托人开立远期汇票，代收行收到汇票和单据，立即向付款人提示，付款人承兑后，代收行即交出单据，等到汇票到期进口商再履行付款义务。承兑交单业务流程如图 4-5 所示。

图示说明：

① 进出口双方签订贸易合同，约定采用承兑交单方式支付货款。

② a．出口商按合同规定发运货物；b．运输部门向出口商签发运输单据。

③ a．出口商缮制符合合同规定的各种单据，开立远期汇票，填写托收申请书，声明"承兑交单"，连同全套货运单据交托收行；b．托收行向委托人出具回单，作为收到汇票及单据的凭证。

④ 托收行缮制托收指示，连同汇票及货运单据等交代收行委托其代收货款。

⑤ 代收行向付款人提示单据和汇票。

⑥ a. 进口商审核单据并承兑远期汇票；b. 代收行交单。

⑦ a. 进口商携单据到指定的运输部门提货；b. 运输部门付货。

⑧ a. 代收行到期再向进口商提示汇票；b. 进口商付款。

⑨ 代收行根据指示，通知托收行款已收妥。

⑩ 托收行将收妥的款项付给出口商。

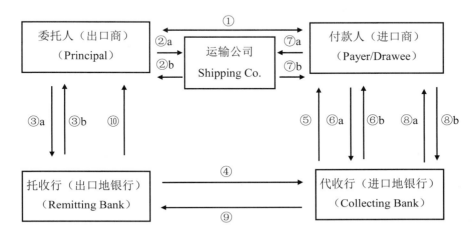

图 4-5　承兑交单业务流程

承兑交单与付款交单的最大区别是：代收行交出单据的先决条件是付款人在远期汇票上作承兑表示，而不是付款。这样，如果付款人凭承兑取得单据并将货物提走后，汇票到期时不履行付款义务，委托人就可能因此遭受"钱、货两空"的风险。因此，承兑交单的风险远远大于付款交单，委托人使用这种方式时一定要谨慎。综上可见，不同的交单方式对进出双方的影响是不同的。对出口商而言，最理想的托收结算方式是即期付款交单，其次是远期付款交单，最后是承兑交单。

第三节　信　用　证

信用证（Letter of Credit，L/C）结算方式产生于 19 世纪后期，是在第二次世界大战后随着国际贸易、航运、保险以及国际金融的发展而逐渐发展起来的一种结算方式。它以银行信用为基础，由进口地银行向出口商提供付款保证，使出口商的收款风险降低，而出口商必须提交与信用证相符的单据，才可以获得付款，进口商的收货风险也相对减少。因此，信用证在一定程度上解决了进出口商之间互不信任的矛盾。自出现以来，信用证结算方式发展迅速，并在国际贸易中被广泛应用。

一、信用证的含义及性质

1. 信用证的含义

简而言之，信用证是银行开立的有条件承担第一性付款责任的书面文件。具体地说，它是银行（开证行）根据进口方（开证申请人）的要求和指示，向出口方（受益人）开立的，在一定期限内凭符合信用证条款规定的单据，即期或在可以确定的将来日期，对出口方支付一定金额的书面保证文件。

2007 年最新修订的《跟单信用证统一惯例》（即国际商会第 600 号出版物，简称 UCP600）第二条中对信用证的定义是：信用证指一项不可撤销的安排，无论其名称或描述如何，该项安排构成开证行对相符交单予以承付的确定承诺。

本定义中的承付指：

（1）如果信用证为即期付款信用证，则即期付款。

（2）如果信用证为延期付款信用证，则承诺延期付款并承诺到期日付款。

（3）如果信用证为承兑信用证，则承兑受益人开出的汇票并在汇票到期日付款。

UCP600 对信用证的定义与以往的《跟单信用证统一惯例》相比有所不同：一是它强调了信用证存在着以银行自身名义开出这种情况；二是它强调开证行对信用证的义务是付款，或承兑并付款，或授权另一家银行付款或承兑并付款，或授权另一家银行议付。

信用证是一种在汇付和托收等商业信用结算方式基础上演变而来的比较完善的结算方式。信用证与这两者最大的不同是银行充当了进出口方之间转移货运单据和货款的中间人与保证人，因而它解决了进出口方之间互不信任，不愿意冒风险预先发货或预付货款的问题，保证了交易的安全性。

2. 信用证的性质

根据信用证含义及 UCP600 的规定，信用证具备如下三个基本性质：

（1）信用证是银行承担第一性付款责任的书面承诺。在信用证结算方式下，开证行以自己的信用作出付款保证，处于第一付款人的地位。UCP600 规定，信用证一经开出，只要受益人按信用证规定提交相符单据，就保证能从银行取得货款。所以，出口商发货后，不是向进口商收款，而是向开证行或其指定银行收款。信用证是开证行的付款承诺，开证行对受益人的责任是一种独立的责任。这也正是信用证与汇付和托收两种商业信用结算方式的本质区别。

（2）信用证是一份独立的、自足性的文件。UCP600 规定，信用证与其可能依据的买卖合同或其他合同，是相互独立的交易。信用证是依据货物销售合同或其他合同开出的，但信用证一经开立，即成为独立于此类合同之外的、不依附于此类合同的另一个合同，即使信用证中提及该合同，开证行也与该合同无关且不受其约束。因此，银行关于承付、议付或履行信用证项下其他义务的承诺，不受申请人基于其与开证行或与受益人之间的关系而产生的任何请求或抗辩的影响。因此，银行只对信用证负责，只凭信用证所规定的单据向出口商付款，而不管出口商是否履行买卖合同，所提交的单据是否符合合同的要求。

（3）信用证业务是一种纯粹的单据业务。UCP600 规定，银行处理的是单据，而不是单据所涉及的货物、服务或其他行为。信用证业务是一种纯粹的单据业务，银行虽有义务"合理小心地审核一切单据"，但这种审核，只是用以确定单据表面上是否符合信用证条款，开证行只根据表面上符合信用证条款的单据付款，因此，银行对任何单据的形式、完整性、准确性、真实性以及伪造或法律效力，或者单据上规定的或附加的一般或特殊条件概不负责。信用证业务实行的是严格相符原则，不仅要做到"单证一致"（受益人提交的单据在表面上与信用证规定的条款一致），还要做到"单单一致"（受益人提交的各种单据之间的表面上一致），单内相符。只要出口商按信用证条款履行交货责任，并向银行提交符合信用证条款的单据，银行必须履行付款义务；反之，如果出口商提交的单据与信用证有不符之处，即使货物完全符合合同要求，银行也有权拒付货款，此时出口商只能与进口商交涉。

二、跟单议附信用证的业务流程

信用证结算方式程序比较复杂，从进口商向银行申请开立信用证，一直到开证行付款后又向进口商收回垫款，要经过多道环节，并办理各种手续。图4-6是跟单议付信用证的业务流程。议付信用证一般要依次经过五个主要环节：进口商申请开立信用证；银行接受申请并开出信用证；通知行审证并向受益人通知信用证；受益人提交符合信用证条款规定的单据要求银行付款；开证行付款后向进口商提交单据要求进口商付款赎单。

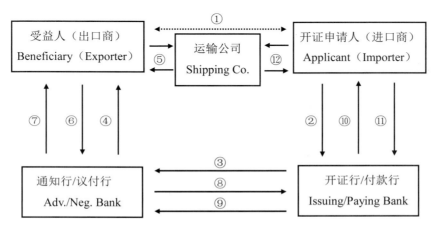

图4-6 跟单议付信用证的业务流程

图示说明：

① 进出口双方签订贸易合同，约定采用信用证方式支付货款。

② 进口商填写开证申请书，向其所在地银行申请开立不可撤销跟单议付信用证，并交纳开证押金或提供开证担保。

③ 进口商所在地银行根据开证申请书，开立以出口商为受益人的不可撤销跟单议付信用证。

④ 通知行审核信用证印鉴或密押，无误后交给出口商。

⑤ 出口商审核无误后（受益人若对信用证有异议，可提出修改要求），按贸易合同与信用证规定发运货物，并从运输部门取得货运单据。

⑥ 出口商缮制符合信用证规定的各种单据，开立汇票，持全套货运单据在信用证规定的有效期内向议付行请求议付。

⑦ 议付行审核单据无误后，向受益人垫付款项（即议付）。

⑧ 议付行付款后，将汇票与货运单据等寄交开证行或付款行索取垫付款项。

⑨ 开证行或付款行审核单据无误后，向议付行付款。

⑩ 开证行付款后，通知进口商付款赎单。

⑪ 进口商审单无误后，付款赎单。

⑫ 进口商凭货运单据提货。

三、信用证的基本内容

1. 信用证的开立形式

根据开立形式，信用证可分为信开本信用证（简称"信开本"）和电开本信用证（简称"电开本"）。

（1）信开本信用证。信开本信用证（Mail Credit）是指以信函格式开立，并用航空挂号方式传递的信用证。信开本信用证银行一般都有印制好的格式，开立时填入具体内容即可。这种信用证传送速度比较慢，容易被不法分子伪造，所以目前大多数银行已经不再采用。

（2）电开本信用证。电开本信用证（Cable Credit）是指开证行以电报（Cable）、电传（Telex）或 SWIFT 等电信方式传递和开立的信用证。随着现代电信业务的飞速发展，电开本信用证（尤其是 SWIFT 信用证）在实务操作中被广泛使用。

2. 信用证的内容

无论信用证的形式、名称有何不同，其主要内容（以 SWIFT 信用证为例，见式样 4-5；信开本信用证见式样 4-6）还是基本一致的，根据 UCP600 规定，信用证一般包括以下内容：

（1）信用证本身固有的内容。

1）电文页次。

2）信用证类型。

3）信用证号码。

4）信用证开证日期。

5）信用证金额。

6）信用证有效期和到期地点。

7）信用证兑付方式。

8）开证申请人。

9）受益人。

（2）汇票条款。

1）汇票的付款人。

2）汇票期限。

（3）运输条款。

1）分批装运和转运。

2）装船、发运和接收监管的地点、目的港和最迟装运期。

（4）货物条款。货物描述和包装等。

（5）单据条款。主要包括单据的种类，如商业发票（COMMERCIAL INVOICE）、提单（BILL OF LADING）、保险单（INSURANCE POLICY）、产地证（CERTIFICATE OF ORIGIN）和其他单据等；单据的份数，如一份（IN ONE COPY）、二份（IN DUPLICATE）、三份（IN TRIPLICATE）、四份（IN QUADRUPLICATE）；单据填制要求；单据出单人要求等。

（6）其他条款。主要包括交单期限、费用、保兑指示、给付款行、承兑行、议付行的指示、寄单方法、索汇方法、开证行付款保证、惯例适用条款、开证行签字或电开本信用证中的密押等。

式样 4-5   SWIFT 格式信用证

FROM:INDUSTRY BANK TORONTO
TO: BANK OF CHINA HANGZHOU BRANCH
    50 HUQIU ROAD, SHANGHAI
    PEOPLE'S REP. OF CHINA
ISSUING BANK: INDUSTRY BANK,TORONTO

SEQUENCE OF TOTAL	27:	1/1
DOC. CREDIT NO	40A:	IRREVOCABLE
CREDIT NUMBER	20:	ETN-CXLC06
DATE OF ISSUE	31C:	220414
EXPIRY	31D:	DATE 220615 PLACE IN CHINA
APPLICANT	50:	GLOBAL ELECTRON LTD.
		336 SEASHORE ROAD TORONTO,PA 19446 CANADA
BENEFICIARY	59:	ZHEJIANG ELECTRON I/E CORP
		NO.33 WENSAN ROAD HANGZHOU CHINA
AMOUNT	32B:	CURRENCY USD AMOUNT 380312.50
AVAILABLE WITH/BY	41D:	ANY BANK BY NEGOTIATION
DRAFT AT...	42C:	DRAFTS AT SIGHT FOR FULL INVOICE VALUE
DRAWEE	42D:	INDUSTRY BANK, TORONTO
PARTIAL SHIPMENTS	43P:	ALLOWED
TRANSHIPMENT	43T:	ALLOWED
LOADING IN CHARGE	44A:	NINGBO, CHINA
FOR TRANSPORT TO	44B:	TORONTO
SHIPMENT PERIOD	44C:	220531
DESCRIP. OF GOODS	45A:	COMMODITY ART.NO. QUANTITY

MICROWAVE:
    ART.NO.BXW-1061   1000 DOZENS
WASHING MACHINE:
    ART.NO.PCV-1703   250 DOZENS
                SHIPPING TERMS: CIF TORONTO
                SHIPPING MARK: ETN-CXLC06/ GLOBAL ELECTRON /TORONTOK/NO.1-UP

DOCUMENTS REQUIRED 46A:
+ 3 COPIES OF COMMERCIAL INVOICE SHOWING VALUE IN U.S. DOLLARS AND INDICATING L/C NO. AND CONTRACT NO..
+ 2 COPIES OF SIGNED PACKING LIST SHOWING GROSS/NET WEIGHT AND MEASUREMENT OF EACH CARTON.
+ CERTIFICATE OF ORIGIN IN TRIPLICATE ISSUED BY CHINA CHAMBER OF INTERNATIONAL COMMERCE.
+ 2 COPIES OF INSURANCE POLICY OR CERTIFICATE ENDORSED IN BLANK FOR THE INVOICE VALUE OF THE GOODS PLUS 10% COVERING ALL RISKS AND WAR RISK AS PER AND SUBJECT TO OCEAN MARINE   CARGO CLAUSES OF THE PEOPLE'S INSURANCE COMPANY OF CHINA DATED 1/1/1981.
+ 3/3 SET AND ONE COPY OF CLEAN ON BOARD OCEAN BILLS OF LADING MADE OUT TO ORDER AND BLANK ENDORSED MARKED FREIGHT PREPAID AND NOTIFY APPLICANT.

PRESENTATION PERIOD   48: 15 DAYS AFTER ISSUANCE DATE OF SHIPPING DOCUMENT
CONFIRMATION   49: WITHOUT
INSTRUCTIONS   78: ALL DOCUMENTS ARE TO BE REMITTED IN ONE LOT BY
                INSTRUCTIONS TO THE PAYING/ACCEPTING /NEGOTIATING BANK NEGOTIATING BANK IS TO FORWARD ALL DOCUMENTS IN ONE AIRMAIL TO INDUSTRY BANK TORONTO, 55 WATER STREET, ROOM 1702, TORONTO, TORONTO 10041 CANADA ATTN: LETTER OF CREDIT DEPARTMENT.

式样 4-6 信开本信用证

ORIGINAL _____ BANK

          Address_____

                                        Date_____

To

Dear Sirs,

      We hereby open our Irrevocable Letter of Credit No _____ in favor of _____ for account of up to an aggregate amount of _____

(say _____ for ____% of the invoice value relative to the shipment of :

from your port_____to_____

Draft (s) to be drawn at _____ days _____ on our bank & accompanied by the following documents marked "X":

☐ Signed Commercial Invoice in duplicate

☐ Insurance Policy or Certificate for full invoice plus_____% covering:

    ☐FPA/WA/All Risks and War Risks.

    ☐Overland Transportation Risks All Risks & Breakage.

☐ Full set of clean "on board" ocean Bills of Lading made out to our order marked freight prepaid notify accountee.

☐ Other Documents

    ☐Certificate of Origin

    ☐Weight List

    ☐Parking List

    Partial shipments are permitted / prohibited.

    Transshipment is permitted / prohibited.

Shipment (s) must be effected not later than_____

This L/C is irrevocable and valid in your port _____ until _____inclusive

Draft (s) so drawn must be inscribed with the number and date of this L/C other condition:_____

_____

We hereby agree with the drawers, endorsers and bona-fide holders of the draft(s) drawn under and in compliance with the terms of this credit that such draft(s) shall be duly honored on due presentation and delivery of documents as here in specified. Instructions to Negotiation Bank: The draft(s) and documents take up under this credit are to be forwarded direct to us by you.

Name and signature   Advising bank's notification

of the Issuing Bank   Name and signature

                               of the Advising Bank

四、信用证的审核与修改

1. 信用证的审核

    信用证的付款原则是"单单相符、单证相符"，如果受益人提交的单据不能做到严格相符，就会遭到开证行的拒付，对安全、及时收汇带来很大的风险，所以，认真审核和处理信用证中的问题直接关系到出口商的合同履行和安全收汇。在实践中，信用证审核是银行和出口商

（受益人）的共同任务，但银行和受益人对信用证的审核各有侧重。其中，银行着重审核开证行的政治背景、资信能力、付款责任和索汇路线等（与买卖合同无关）；受益人则以货物买卖合同为依据，将信用证条款与合同条款逐项逐句进行对照，审核信用证内容与买卖合同条款是否一致。下面就两者审核信用证的范围及要点分述如下：

（1）银行审证。银行对信用证的审核主要从下述方面进行：

1）从政策上审核。包括开证行所在国是否与我国有正常的外交关系，对我国政治态度是否友好，开证行的政治背景，信用证中是否有歧视性内容等。

2）对开证行的经营作风和资信情况进行审查。例如，审核信用证的金额是否与开证行的资信状况相称。在保兑信用证下，还包括对保兑行的资信及经营作风的审查。

3）索汇路线是否合理。如果索汇路线和索汇方法迂回曲折，就会影响收汇时间甚至不能安全收汇。例如，某银行开立的美元信用证由美国之外的分行偿付和付款，这样收汇速度较慢，对卖方不利。

4）对信用证性质和开证行付款责任的审查。信用证的付款责任取决于信用证的种类，不能接受来证上有"可撤销"字样的信用证或软条款信用证。例如，虽然某国外来证注明了"不可撤销"，但同时也注明了"以领到进口许可证/样品后通知时方能生效"，这样的信用证只能在接到生效通知书后才能使用。

5）对信用证的印鉴、密押的审核。凡是信开本信用证都须审核印鉴是否相符，电开本信用证须核对密押是否正确，但对于通过 SWIFT 开立的信用证，则无须核对密押。

6）对信用证的有效期和到期地点的审核。有效期和到期地点直接关系到我国出口商和银行能否及时交单和索汇。信用证有效期应与合同的装运期相协调，一般要比最迟装运期晚 15 天左右。另外，因银行和出口商通常难以准确地控制寄单所需要的时间，对在国外开证行所在地到期的信用证一般不宜接受。

7）审核信用证条款之间是否存在矛盾。信用证条款应前后一致，不能相互矛盾。如果采用 CFR 或 FOB 贸易术语，就不能同时要求卖方提供保险单。另外，提单份数必须是"全套"的，不能漏掉任何一份。

（2）受益人审证。受益人在银行审证基础上，主要依据买卖合同，从信用证与合同的一致性、信用证条款的操作性（可接受性）等方面进行审核，主要包括以下内容：

1）信用证是否不可撤销。

2）信用证当事人（开证申请人、受益人）名称、地址是否正确。

3）信用证金额（含大、小写）以及支付货币种类是否与合同相符。

4）信用证有效期及到期地点（包括交单期限）是否合理。

5）汇票付款期限、付款人等是否合理或与合同一致。

6）商品名称、规格、数量、包装（包括唛头）和价格（包括贸易术语）等是否与合同一致。

7）装运期、起运港（地）、目的港（地）以及分批、转运等规定是否与合同相符。

8）提交单据的名称和份数（包括内容、签发）等规定是否符合业务实际或惯例。

9）有关银行费用或其他特殊或附加条款是否合理。

10）其他可能影响受益人交单结汇的内容，如适用的惯例和信用证软条款等。

（3）信用证软条款的审核。信用证软条款削弱了信用证付款保证的完整性和可靠性，以致被不法分子利用，作为行骗的工具或赖账的手段，所以受益人必须对此提高警惕。信用证的软条款有两类。

一类软条款是在单据上做文章。例如，信用证规定：

1）受益人须提交买方或其代理人签发的货物收据，其签字必须与开证行或通知行持有的签字样本相符。

2）受益人须提交买方或其指派人员出具的货物检验证明，其签字必须与开证行或通知行持有的签字样本相符。

3）受益人须提交买方出具的证明书，证明货物与形式发票相符或证明货物已通关等，其签字必须与开证行或通知行持有的签字样本相符。

4）商检证或其他单据须由买方或其指派的人员会签，其签字必须与开证行或通知行持有的签字样本相符。

以上各种条款，买方或其代理人是否会签发或会签这些单据，其签字是否与开证行或通知行持有的签字样本相符，都不是受益人能主动控制的。

5）信用证规定 2/3 套正本提单交单议付，1/3 套正本提单直接寄送开证申请人。对于这样的条款也要根据客户所在地距离的远近和客户的信誉如何认真加以分析，以判断其合理性，分析其真实的用意所在。

另一类软条款是在付款条款上做文章。例如，信用证规定：

1）只有在货物再出口得到货款后才付款。

2）只有在货物清关后或由主管当局批准进口后才付款。

3）本信用证为背对背信用证，只有在原信用证项下货款收进以后才付款。

4）本信用证货款用某国政府的贷款（或援助款）支付，我行在得到该贷款（或援助款）以后才付款。

以上各种条款所规定的付款条件能否实现，均非受益人能主动控制。如果接受上述条款，受益人正常处理信用证业务的主动权很大程度上掌握在对方手里，影响安全收汇。

2. 信用证的修改

通过对信用证的全面审核，如果发现问题，应分别情况及时处理。对于影响安全收汇、难以接受或难以做到的信用证条款，必须要求国外客户进行修改。关于信用证修改应明确下列问题：

（1）凡是需要修改的内容，应做到一次性向对方客户提出，避免多次修改信用证的情况。

（2）对于不可撤销信用证中任何条款的修改，都必须取得当事人的同意后才能生效。

（3）接受修改信用证和接受信用证的修改的权利。只有进口方（开证申请人）有权决定是否接受修改信用证。只有出口方（受益人）有权决定是否接受信用证的修改。

（4）接受或拒绝信用证的修改内容有两种表示形式。受益人作出接受或拒绝该信用证修改的通知；受益人以行动按照信用证的内容办事。

（5）收到信用证修改后，应及时检查修改内容是否符合要求，并分别情况表示接受或重新提出修改。

（6）对于修改内容要么全部接受，要么全部拒绝；部分接受修改中的内容是无效的。

（7）有关信用证修改必须通过原信用证通知行通知才算真实、有效；通过客户直接寄送的信用证修改申请书或修改申请书复印件不是有效的修改。

（8）明确修改费用由谁承担，一般按照责任归属来确定修改费用由谁承担。

五、开证申请书

1. 信用证开证申请书介绍

信用证是银行根据开证申请人的申请开立的。银行开立信用证的依据是开证申请人缮制的不可撤销信用证开证申请书。进口方与出口方签订国际贸易货物进出口合同并确认以信用证为结算方式后，即由进口方向有关银行申请开立信用证。开证申请是整个进口信用证处理实务的第一个环节，进口方应根据合同规定的时间或在规定的装运前一定时间内申请开证，并填制开证申请书，开证行根据有关规定收取开证押金和开证费用后开出信用证。

开证申请人（进口方）在向开证行申请开证时必须填制开证申请书。开证申请书是开证申请人对开证行的付款指示，也是开证申请人与开证行之间的一种书面契约，它规定了开证申请人与开证行的责任。在这一契约中，开证行只是开证申请人的付款代理人。开证申请书主要依据贸易合同中的有关主要条款填制，申请人填制后附合同副本一并提交银行，供银行参考、核对。但信用证一经开立则独立于合同，因此在填写开证申请书时应审慎查核合同的主要条款，并将其列入开证申请书中。

一般情况下，开证申请书都由开证银行事先印就，见式样 4-7，以便申请人直接填制。开证申请书通常为一式两联，申请人除填写正面内容外，还须签具背面的"开证申请人承诺书"。

式样 4-7 不可撤销开证申请书

Irrevocable Documentary Credit Application

To: Date:

Beneficiary(full name and address)		L/C No. Ex –Card No. Contract No.
		Date and place of expiry of the credit
Partial shipments □allowed □not allowed	Transshipment □allowed □not allowed	□Issue by airmail □With brief advice by teletransmission □Issue by express delivery □Issue by teletransmission(which shall be the operative instrument)
Loading on board/dispatch/taking in charge at/from not later than for transportation to		Amount (both in figures and words)
Description of goods: Packing:		Credit available with □by sight payment □by acceptance □by negotiation □by deferred payment at against the documents detailed herein □and Beneficiary' draft for % of the invoice value at On □FOB □CIF □CFR □or other terms

Documents required: (marked with ×)

1.( ) Signed Commercial Invoice in____Copies indicating L/C No. and Contract No.

2.( ) Full set of clean on board ocean Bills of Lading made out to order and blank endorsed, marked "freight[ ] to collect/[ ]prepaid [ ]showing [ ]freight amount" notifying.

3.( ) Air Waybills showing "freight [ ] to collect/[ ]prepaid [ ] indicating freight amount "and consigned to___.

4.( ) Memorandum issued by_____.

5.( ) Insurance Policy/Certificate in ___Copies for_____% of the invoice value showing claims payable in China in currency of the draft, blank endorsed .covering ([ ]Ocean Marine Transportation/ [ ]Air Transportation / [ ]Over Land Transportation) All Risks, War Risks.

6.( ) Packing List/Weight Memo. In___ Copies indicating quantity/ gross and net weights of each package and packing conditions as called for by the L/C.

7.( ) Certificate of Quantity/Weight in___Copies issued by an independent surveyor at the loading port, indicating the actual surveyed Quantity/Weight of shipped goods as well as the packing condition.

8.( ) Certificate of Quality in __Copies issued by [ ]manufacturer/[ ]public recognized surveyor/[ ].

9.( ) Beneficiary's certified copy of cable /telex dispatched to the accountees within___hours after shipment advising [ ]name of vessel/[ ] flight No./[ ] wagon No., date, quantity, weight and value of shipment .

10.( ) Beneficiary' certificate certifying that extra copies of the documents have been dispatched according to the contract terms.

11.( ) Shipping Co's Certificate attesting that the carrying vessel is chartered or booked by accountee or their shipping agents .

12.( ) Other documents, if any:

Additional Instructions:

1.( ) All banking charges outside the opening bank are for beneficiary' account.

2.( ) Documents must be presented within   days after the date of insurance of the transport documents but within the validity of this credit.

3.( ) Third party as shipper is not acceptable. Short Form/Blank B/L is not acceptable.

4.( ) Both quantity and amount   % more or less are allowed.

5.( ) Prepared freight drawn in excess of L/C amount is acceptable against presentation of original charges voucher issued by shipping Co./or it's agent.

6.( ) All documents to be forwarded in one cover, unless otherwise stated above.

7.( ) Other terms, if any:

Account No:　　　　　With　　　　　　　　　　　(name of bank)

Transacted by:

Telephone No:　　　　　(Applicant: name, signature of authorized person)

开证申请人承诺书

致：××商业银行

我公司已依法办妥一切必要的进口手续，兹谨请贵行为我公司依照本申请书所列条款开立不可撤销跟单信用证，并承诺如下：

一、同意贵行依照国际商会第 600 号出版物《跟单信用证统一惯例》办理该信用证项下的一切事宜，并同意承担由此产生的一切责任。

二、及时提供贵行要求我公司提供的真实、有效的文件及资料，接受贵行的审查监督。

三、在贵行规定期限内支付该信用证项下的各种款项，包括货款及贵行和有关银行的各项手续费、杂费、利息以及国外受益人拒绝承担的有关银行费用等。

四、在贵行到单通知书规定的期限内，书面通知贵行办理对外付款/承兑/确认迟期付款/拒付手续；否则，贵行有权自行确定对外付款/承兑/确认迟期付款/拒付，并由我公司承担全部责任。

五、我公司如因单证有不符之处而拟拒绝付款/承兑/确认迟期付款，将在贵行到单通知书规定期限内向贵行提出拒付请求，并附拒付理由书一式两份，一次列明所有不符点。对单据存在的不符点，贵行有独立的终结认定权和处理权。经贵行根据国际惯例审核认为不属可据以拒付的不符点的，贵行有权主动对外付款/承兑/确认迟期付款，我公司对此放弃抗辩权。

六、该信用证如需修改，由我公司向贵行提出书面申请，贵行可根据具体情况确定能否办理修改。我公司确认所有修改当受益人接受时才能生效。

七、经贵行承兑的远期汇票或确认迟期付款，我公司无权以任何理由要求贵行止付。

八、按上述承诺，贵行在对外付款时，有权主动借记我公司在贵行的账户款项。若发生任何形式的垫付，我公司将无条件承担由此而产生的债务、利息和费用等，并按贵行要求及时清偿。

九、在收到贵行开出信用证、修改书的副本之后，及时核对，如果有不符之处，将在收到副本后的两个工作日内书面通知贵行；否则，视为正确无误。

十、该信用证如因邮寄、电信传递发生遗失、延误、错漏，贵行概不负责。

十一、本申请书一律用英文填写。如果用中文填写而引发歧义，贵行概不负责。

十二、因信用证申请字迹不清或词意含混而引起的一切后果均由我公司负责。

十三、如果发生争议需要诉讼，同意由贵行所在地法院管辖。

十四、我公司已对开证申请书及开证申请人承诺书各印就条款进行审慎研阅，对各条款含义与贵行理解一致。

同意受理

银行盖章　　　　　　　　　　　　　　申请人（盖章）

负责人　　　　　　　　　　　　　　　法定代表人
或授权代理人　　　　　　　　　　　　或授权代理人

　　　　　　　　　　　　　　　　　　年　　月　　日

2．不可撤销开证申请书缮制
（1）TO：开证行名称。
即致_____行。
（2）Date：申请开证日期。
（3）开证方式。
1）Issue by airmail：以"信开"的形式开立信用证。
选择此种方式，开证行以航邮方式将信用证寄给通知行。

2）With brief advice by teletransmission：以"简电开证"的形式开立信用证。

选择此种方式，开证行将信用证主要内容发电预先通知受益人，银行承担必须使其生效的责任，但以"简电开证"形式开立的并非信用证的有效文本，不能凭以议付或付款，银行随后寄出的"证实书"才是正式的信用证。

3）Issue by express delivery：以"信开"的形式开立信用证。

选择此种方式，开证行以航空挂号方式（如 DHL）将信用证寄给通知行。

4）Issue by teletransmission (which shall be the operative instrument)：以"全电开证"的形式开立信用证。

选择此种方式，开证行将信用证的全部内容加注密押后发出，该电信文本为有效的信用证正本。如今大多用"全电开证"的方式开立信用证。

（4）Date and place of expiry：信用证有效期及地点。

地点填受益人所在国家。如 100606 IN THE BENEFICIARY'S COUNTRY。

（5）Applicant：开证申请人名称及地址。

开证申请人（Applicant）又称开证人，是指向银行提出申请开立信用证的人，一般为进口方。开证申请人为信用证交易的发起人。

（6）Beneficiary (Full name and address)：受益人全称和详细地址。

受益人是指信用证上所指定的有权使用该信用证的人。一般为出口人，即买卖合同的卖方。

（7）Advising Bank：通知行名址。

如果该信用证需要通过收报行以外的另一家银行转递、通知或加具保兑后给受益人，该项目内填写该银行。

（8）Amount：信用证金额。

分别用数字小写和文字大写。以数字小写输入时须包括币种与金额。

如 USD89600

　　U.S.DOLLARS EIGHTY NINE THOUSAND SIX HUNDRED ONLY。

（9）Partial shipments：分批装运条款。

填写跟单信用证项下是否允许分批装运。

（10）Transshipment：转运条款。

填写跟单信用证项下是否允许货物转运。

（11）Loading on board/dispatch/taking in charge at/from：装运港。

（12）Not later than：最后装运期，如 100616。

（13）For transportation to：目的港。

（14）价格条款：根据合同内容选择或填写价格条款。

（15）Credit available with：押汇银行（出口地银行）名称。

此信用证可由_____银行即期付款、承兑、议付、延期付款，如果信用证为自由议付信用证，银行可用"ANY BANK IN…（地名/国名）"表示。如果该信用证为自由议付信用证，而且对议付地点也无限制时，可用"ANY BANK"表示。

（16）付款方式。

1）Sight payment：开具即期付款信用证。

即期付款信用证是指受益人（出口商）根据开证行的指示开立即期汇票或无需汇票仅凭

运输单据即可向指定银行提示请求付款的信用证。

2）Acceptance：开具承兑信用证。

承兑信用证是指信用证规定开证行对受益人开立以开证行为付款人或以其他银行为付款人的远期汇票，在审单无误后，应承担承兑汇票并于到期日付款的信用证。

3）Negotiation：开具议付信用证。

议付信用证是指开证行承诺延伸至第三当事人，即议付行，其拥有议付或购买受益人提交信用证规定的汇票/单据权利行为的信用证。如果信用证不限制某银行议付，可由受益人（出口商）选择任何愿意议付的银行，提交汇票和单据给所选银行请求议付的信用证称为自由议付信用证，反之为限制性议付信用证。

4）Deferred payment at：开具延期付款信用证。

如果开具这类信用证，需要写明延期多少天付款。例如：at 60 days from payment confirmation（60 天承兑付款）、at 60 days from B/L date（提单日期后 60 天付款）等。

延期付款信用证是指无需汇票，仅凭受益人交来单据，审核相符，指定银行承担延期付款责任起，延长直至到期日付款。该信用证除了能够为欧洲地区进口商避免向政府交纳印花税而免开具汇票外，其他都类似于远期信用证。

（17）Against the documents detailed herein and beneficiary's draft(s) for____% of invoice value；at____sight drawn on____：受益人按发票金额___%，做成限制为___天，付款人为___的汇票。

"at____sight"为付款期限。如果是即期，需要在"at__sight"之间填"****"或"----"，不能留空。远期有几种情况：at ×× days after date（出票后××天），at ×× days after sight（见单后××天）或 at ×× days after date of B/L（提单日后××天）等。"见单后××天"是指从银行见到申请人提示的单据时间算起；"提单日后××天"是指从提单上的出具日开始计算的××天。所以如果能尽量争取到以"见单后××天"的条件成交，等于又争取了几天迟付款的时间。

"drawn on"为指定付款人。汇票的付款人应为开证行或指定的付款行。

例如：Against the documents detailed herein and beneficiary's draft(s) for 100% of invoice value at **** sight drawn on THE CHARTERED BANK。

（18）Documents required (marked with ×)：信用证需要提交的单据。

根据 UCP600 规定，信用证业务是纯单据业务，与实际货物无关，所以信用证申请书上应按合同要求明确写出所应出具的单据，包括单据的种类，每种单据所表示的内容，正、副本的份数，出单人等。一般要求提示的单据有提单（或空运单、收货单）、发票、箱单、重量证明、保险单、数量证明、质量证明、产地证、装船通知、商检证明以及其他申请人要求的证明等。

注意：如果按 CFR 或 CIF 成交，则要求对方出具的提单为"运费已付"（Freight Prepaid），如果按 FOB 成交，则要求对方出具的提单为"运费到付"（Freight Collect）。如果按 CIF 成交，申请人应要求受益人提供保险单且注意保险险别，赔款偿付地点应要求在目的港，以便一旦出现问题，方便解决。汇票的付款人应为开证行或指定的付款行，不可规定为开证申请人，否则会被视作额外单据。

1）经签字的商业发票一式_____份，标明信用证号_____和合同号_____。

2）全套清洁已装船海运提单，作成空白抬头、空白背书，注明"运费[ ]待付/[ ]已付"，

[　]标明运费金额，并通知＿＿＿＿＿＿＿＿＿。空运提单收货人为＿＿＿＿＿＿，注明"运费[　]待付/[　]已付"，[　]标明运费金额，并通知＿＿＿＿＿＿＿。

3）保险单/保险凭证一式＿＿＿＿份，按发票金额的＿＿＿%投保，注明赔款偿付地点在＿＿＿＿＿＿，以汇票同种货币支付，空白背书，投保＿＿＿＿＿＿＿。

4）装箱单/重量证一式＿＿＿＿份，注明每一个包装的数量、毛重和净重。

5）数量/重量证一式＿＿＿＿份，由＿＿＿＿＿＿＿出具。

6）品质证一式＿＿＿份，由[　]制造商/[　]公众认可的检验机构＿＿＿＿出具。

7）产地证一式＿＿＿份，由＿＿＿＿＿＿＿出具。

8）受益人以传真/电传方式通知申请人装船证明副本，该证明须在装船后＿＿＿＿日内发出，并通知该信用证号、船名、装运日以及货物的名称、数量、重量和金额。

（19）Other documents, if any：其他单据。

（20）Description of goods：货物描述。

例如：01005 CANNED SWEET CORN, 3060Gx6TINS/CTN

　　　　QUANTITY: 800 CARTON

　　　　PRICE: USD14/CTN

（21）Additional instructions：附加条款。

附加条款是对以上各条款未述之情况的补充和说明，并且包括对银行的要求等。

1）开证行以外的所有银行费用由受益人担保。

2）所需单据须在运输单据出具日后＿＿＿＿天内提交，但不得超过信用证有效期。

3）第三方为托运人不可接受，简式/背面空白提单不可接受。

4）数量及信用证金额允许有＿＿＿%的增减。

5）所有单据须指定＿＿＿＿＿＿船公司。

第四节　案例讨论

一、托收结算方式案例

【案例1】

我国 ABC 公司与美国 XYZ 公司签订一笔 6 万美元的出口合同，XYZ 公司要求以 D/P at sight 付款。XYZ 公司要求将提单的托运人和收货人均注明为 XYZ 公司，并将海运提单副本寄给它。货到目的港后，XYZ 公司以货款不够等原因拒绝付款赎单，并要求将付款方式改为 D/A，否则就拒收货物。由于提单的收货人已记名为 XYZ 公司，我国 ABC 公司无法将货物再转卖他人，只能答应其要求。货物被提走转卖后，XYZ 公司逃走，ABC 公司钱货两空。

讨论：

在本案例中，XYZ 公司使用了一个连环套：D/P 见票即付→记名提单→D/A。XYZ 公司要求托运人和收货人均注明为 XYZ 公司，使该提单只能由该 XYZ 公司提货，不能用背书的方式转让给第三者，不能流通，即使该批货物有别的客户要，也提不了货。一旦货物的进口商成为海运提单的托运人，就意味着货物所有权的转移，出口商失去了要求进口商必须付款的制约。

二、信用证结算方式案例

【案例2】

我某服装进出口公司向中东某国出口服装一批，合同规定：出口数量为2000箱，价格为1000美元/CIF中东某港，3—5月份分三批装运，即期不可撤销信用证付款，买方应在装运月份开始前30天将信用证开抵卖方。合同签订后，买方按合同的规定按时将信用证开抵卖方，其中汇票各款载有"汇票付款人为开证行/开证申请人"字样。我方在收到信用证后未留意该条款，即组织生产并装运，待制作好结汇单据到付款行结汇时，付款行以开证申请人不同意付款为由拒绝付款。问：付款行的做法有无道理？为什么？我方的失误在哪里？

讨论：

（1）银行的做法是有道理的。本案例中，信用证条款规定"汇票付款人为开证行/开证申请人"，该条款改变了信用证支付方式下，开证行承担第一性付款责任的性质，使本信用证下的第一付款人为开证行/开证申请人，只要开证申请人不同意付款，开证行就可以此为由拒绝付款。因此，银行的拒付是有道理的。

（2）我方的失误在于在收到信用证后，没有对信用证进行认真审核，导致未发现该条款，使我方丧失了修改信用证的机会。

【案例3】

我某玩具进出口公司与国外某商人于9月9日签订了一份出口玩具的合同，合同中规定采用信用证付款方式付款，装运期为11月份。由于双方的疏忽，合同中未对信用证的种类予以规定。我方收到国外客户开来的信用证后，发现该证也未规定信用证可否撤销的种类。问：该证是否要经过修改才可适用？UCP600对此是如何规定的？

讨论：

该证不需要修改就可以使用。UCP600第三条规定："信用证是不可撤销的，即使未如此表明。"也就是说，UCP600已经取消了可撤销信用证的使用。

【案例4】

2022年1月底，昌龙公司收到古巴GLOBE公司开来的信用证，信用证内容如下，请翻译该信用证。

```
APPLICATION HEADER   *BANCO NACIONAL DE CUBA
                     * LA HABANA
SEQUENCE OF TOTAL        *27: 1/1
FORM OF DOC. CREDIT      *40A: IRREVOCABLE
DOC. CREDIT NUMBER       *20: 698114516
DATE OF ISSUE            31C: 220124
EXPIRY                   *31D: DATE 220424 PLACE IN CHINA
APPLICANT                *50: GLOBE TRADING CO. LTD.
                         HAVANA
                         CUBA
BENEFICIARY              *59: CHANGLONG TRADING CO. LTD.,
                             66 HONGQI ROAD,
```

HUZHOU,

CHINA

AMOUNT *32B: CURRENCY USD AMOUNT 40.000,00

AVAILABLE WITH/BY *41D: ANY BANK

BY NEGOTIATION

DRAFT AT … 42C: AT SIGHT FOR 100 PERCENT OF INVOICE VALUE

DRAWEE *42D: FLEET NATIONAL BANK

PARTIAL SHIPMENT 43P: NOT ALLOWED

TRANSSHIPMENT 43T: NOT ALLOWED

LOADING IN CHARGE 44A: SHANGHAI

FOR TRANSPORT TO… 44B: HAVANA

LATEST DATE OF SHIP. 44C: 070401

DESCRIPT. OF GOODS 45A:

8000 PCS 100 PERCENT COTTON MEN'S SHIRTS

USD 5.00 PER PC CIF HAVANA INCOTERMS 2010.

DOCUMENTS REQUIRED 46A:

+ORIGINAL SIGNED INVOICE PLUS THREE COPIES CERTIFIED THE GOODS ARE OF CHINESE ORIGIN.

+PACKING LIST IN ONE ORIGINAL AND TWO COPIES INDICATING DETAILED PACKING OF EACH CARTON.

+FULL SET OF ORIGINAL CLEAN ON BOARD MARINE BILL OF LADING MADE OUT TO SHIPPER'S ORDER AND BLANK ENDORSED, MARKED FREIGHT PREPAID AND NOTIFY APPLICANT QUOTING FULL NAME AND ADDRESS.

+MARINE INSURANCE POLICY FOR 120PCT OF INVOICE VALUE, BLANK ENDORSED, COVERING FPA AND WAR RISK, CLAIMS PAYABLE AT DESTINATION.

+BENEFICIARY SIGNED STATEMENT CERTIFYING THAT COPIES OF INVOICE, BILL OF LADING AND PACKING LIST HAVE BEEN FAXED TO APPLICANT ON FAX NO. 09589. 434708 WITHIN 3 DAYS OF BILL OF LADING DATE.

ADDITIONAL COND. 47A:

+UNLESS OTHERWISE EXPRESSLY STATE, ALL DOCUMENTS MUST BE IN ENGLISH.

+EXCEPT SO FAR AS OTHERWISE EXPRESSLY STATE, THIS DOCUMENTARY CREDIT IS SUBJECT TO UNIFORM CUSTOMS AND PRACTICE FOR DOCUMENTARY CREDIT ICC PUBLICATION NO.600.

DETAILS OF CHARGES 71B: ALL BANKING CHARGES OUTSIDE CUBA ARE FOR BENEFICIARY'S ACCOUNT.

PRESENTATION PERIOD 48: WITHIN 15 DAYS AFTER THE DATE OF SHIPMENT BUT WITHIN THE VALIDITY OF THE CREDIT.

CONFIRMATION   *49: WITHOUT
INSTRUCTION   78: IN REIMBURSEMENT OF YOUR PAYMENTS WE SHALL COVER YOU
                              AT MATURITY
SEND. TO REC. INFO.   72: DOCUMENTS TO BE DESPATCHED BY COURIER SERVICE IN ONE LOT
                              BY DHL TO BANCO NACIONAL DE CUBA
                              AGUIAR NO. 456 ENTRE AMARGURAY
                              LAMPARILLA, HABANA VIEJA,
                              CIUDAD DE LA   HABANA
                              CUBA

课后练习题

一、单选题

1. 具有双重付款保证的信用证是（   ）。
   A. 可转让信用证   B. 可撤销信用证
   C. 对开信用证   D. 保兑信用证
2. T/T 指的是（   ）。
   A. 提单   B. 电汇   C. 信汇   D. 票汇
3. 在进出口交易的汇付业务中，解付行通常是（   ）。
   A. 进口方   B. 出口方
   C. 进口地银行   D. 出口地银行
4. 据《跟单信用证统一惯例》的规定，如果一个信用证未标明该信用证是否可转让，应
理解为（   ）。
   A. 可转让   B. 不可转让
   C. 由开证行来决定   D. 由信用证申请人来决定
5. 在进出口业务中，信用证开立的依据是（   ）。
   A. 合同   B. 发票   C. 汇票   D. 本票
6. 托收中的委托人通常是（   ）。
   A. 进口人   B. 出口人   C. 进口地银行   D. 出口地银行
7. 出口人的交单以进口人在汇票上承兑为条件，称为（   ）。
   A. 付款交单   B. 收款交单   C. 承兑交单   D. 支付交单
8. 对买方而言，最好的支付方式是（   ）。
   A. 信用证   B. 即期付款交单
   C. 远期付款交单   D. 承兑交单
9. D/P 表示（   ）。
   A. 承兑交单   B. 付款交单   C. 收入交单   D. 支付交单
10. 信用证是一种（   ）。
    A. 银行信用   B. 个人信用   C. 公司信用   D. 国家信用

二、简答题

1. 信用证支付方式与其他常用的支付方式有什么异同？

2. 审核信用证有何意义？如何进行审证和改证？

3. 使用 L/C、D/P、D/A 三种支付方式结算货款，就卖方的收汇风险而言，从小到大依次排序。

4. 我某公司向日本某商以 D/P 见票即付方式推销某商品，对方答复，如果我方接受 D/P 见票后 90 天付款，并通过对方指定的 A 银行代收，则可接受。试分析日方提出此项要求的出发点是什么？

三、实务题

1. 根据下面合同资料和相关资料指出下列开证申请书中错误的地方。

2022 年 6 月 20 日，上海华联皮革制品有限公司（SHANGHAI HUALIAN LEATHER GOODS CO., LTD. 156 CHANGXING ROAD, SHANGHAI, CHINA）向 SVS DESIGN PLUS CO., LTD. 1-509 HANNAMDONG YOUNGSAN-KU, SEOUL, KOREA 出口 DOUBLE FACE SHEEPSKIN 一批，达成以下主要合同条款：

(1) COMMODITY: DOUBLE FACE SHEEPSKIN
       COLOUR CHESTNUT

(2) QUANTITY: 3175.25SQFT(平方英尺)

(3) PACKING: IN CARTONS

(4) UNIT PRICE: USD7.40/SQFT CIF SEOUL

(5) AMOUNT: USD23496.85

(6) TIME OF SHIPMENT: DURING NOV.2022

 PORT OF LOADING: SHANGHAI, CHINA

 PORT OF DESTINATION: SEOUL, KOREA

 PARTIAL SHIPMENT: ALLOWED

 TRANSSHIPMENT: PROHIBITED

(7) INSURANCE: TO BE COVERED BY THE SELLER FOR 110% INVOICE VALUE COVERING
     ALL RISK AND WAR RISK AS PER CIC OF THE PICC DATED 01/01/1981.

(8) PAYMENT: BY IRREVOCABLE LETTER OF CREDIT AT 45 DAYS SIGHT TO REACH
    THE SELLER NOT LATER THAN JUNE 24, 2022, VALID FOR NEGOTIATION
    IN CHINA UNTIL THE 15TH DAY AFTER TIME OF SHIPMENT

DOCUMENT: 1) SIGNED COMMERCIAL INVOICE IN 3 FOLD.

   2) SIGNED PACKING LIST IN 3 FOLD.

   3) FULL SET OF CLEAN ON BOARD OCEAN B/L IN 3/3 ORIGINALS ISSUED
    TO ORDER AND BLANK ENDORSED MARKED "FREIGHT PREPAID" AND
    NOTIFY THE APPLICANYT.

   4) CERTIFICATE OF ORIGIN IN 1 ORIGINAL AND 1 COPY ISSUED BY THE
    CHAMBER OF COMMERCE IN CHINA

   5) INSURANCE POLICY/CERTIFICATE IN DUPLICATE ENDORSED IN BLANK

FOR 110% INVOICE VALUE COVERING ALL RISKS AND WAR RISKS OF
CIC OF PICC (1/1/1981).SHOWING THE CLAIMING CURRENCY IS THE
SAME AS THE CURRENCY OF CREDIT

相关资料：

（1）信用证号码：MO722111057。

（2）合同号码：HL20220315。

SVS DESIGN PLUS CO., LTD 国际商务单证员金浩于 2022 年 6 月 23 日向 KOOKMIN BANK, SEOUL, KOREA 办理申请电开本信用证手续，通知行是 BANK OF CHINA, SHANGHAI BEANCH。

IRREVOCABLE DOCUMENTARY CREDIT APPLICATION

TO: BANK OF CHINA   Date: JUNE 25, 2022

Beneficiary(full name and address) SVS DESIGN PLUS CO., LTD. 1-509 HANNAMDONG YOUNGSAN-KU, SEOUL, KOREA		L/C No. MO722111059
		Contract No. HL20220315
		Date and place of expiry of the credit NOV. 15, 2022 in CHINA
Partial shipment not allowed	Transshipment allowed	Issued by teletransmission (which shall be the operative instrument)
Loading on board/dispatch/taking in charge at/from SEOUL, KOREA Not late than OCT. 31, 2022 For transportation to SHANGHAI, CHINA		Amount (both in figures and words) EUR23496.85 SAY EURO TWENTY THREE THOUSAND FOUR HUNDRED NINETY SIX POINT EIGHTY FIVE ONLY
Description of goods: DOUBLE FACE SHEEPSKIN COLOUR CHESTNUT 3175.25PCS Packing: IN GUNNY BAGS		Credit available with ANY BANK IN CHINA by negotiation against the documents detailed herein and beneficiary's draft for 100% of the invoice value AT SIGHT drawn on US.
		CFR

Documents required: (marked with ×)

1. (×) Signed Commercial invoice in **5** copies indicating invoice No., contract No.

2. (×) Full set of clean on board ocean Bill of Lading made out to order of issuing bank and blank endorsed, marked "freight" (×) to collect / (　)prepaid showing freight amount notify the applicant.

3. (×) Insurance Policy / Certificate in **2** copies for **120%** of the invoice value showing claims payable in China in currency of the draft, blank endorsed, covering (×)Ocean Marine Transportation / (　)Air Transportation / (　) Over Land transportation All risks.

4. (×) Packing List / Weight Memo in **5** copies indication quantity /gross and net weights for each package and packing conditions as called for by the L/C.

5. (　) Certificate of Quantity / Weight in＿＿＿ copies issued by an independent surveyor at the loading port, indicating the actual surveyed quantity / weight of shipped goods as well as the packing condition.

6. (　) Certificate of Quality in＿＿＿ copies issued by (　) manufacturer / (　) public recognized surveyor / (　).

7. (　) Beneficiary's Certified copy of FAX dispatched to the accountee within＿＿＿ after shipment advising (　)
name of vessel / (　　) date, quantity, weight and value of shipment.

8. (　) Beneficiary's Certificate certifying that extra copies of the documents have been dispatched according to
the contract terms.

9. (✕) Other documents, if any:

　a) Certificate of Origin in **3** copies issued by authorized institution.

Additional Instructions:

....

Advising bank:

KOOKMIN BANK, SEOUL, KOREA

　　　指出以上开证申请书中错误的地方：

1 ＿＿＿＿＿＿＿＿＿＿＿＿＿＿＿＿＿＿＿＿＿ .

2 ＿＿＿＿＿＿＿＿＿＿＿＿＿＿＿＿＿＿＿＿＿ .

3 ＿＿＿＿＿＿＿＿＿＿＿＿＿＿＿＿＿＿＿＿＿ .

4 ＿＿＿＿＿＿＿＿＿＿＿＿＿＿＿＿＿＿＿＿＿ .

5 ＿＿＿＿＿＿＿＿＿＿＿＿＿＿＿＿＿＿＿＿＿ .

6 ＿＿＿＿＿＿＿＿＿＿＿＿＿＿＿＿＿＿＿＿＿ .

7 ＿＿＿＿＿＿＿＿＿＿＿＿＿＿＿＿＿＿＿＿＿ .

8 ＿＿＿＿＿＿＿＿＿＿＿＿＿＿＿＿＿＿＿＿＿ .

9 ＿＿＿＿＿＿＿＿＿＿＿＿＿＿＿＿＿＿＿＿＿ .

10 ＿＿＿＿＿＿＿＿＿＿＿＿＿＿＿＿＿＿＿＿ .

2．根据给出的条件填写开证申请书，要求格式清楚、条款明确、内容完整。

DATE: MAY 25, 2022

THE BUYER: NANJING FORGIGN TRADE IMP. AND EXP. CORP.

ADDRESS: 318 TIANSHI ROAD NANJING, CHINA

THE SELLER: DES INTERNATION CORPORATION

ADDRESS: 333 BARRON BLVD., INGLESIDE, ILLINOIS (UNITED STATES)

NAME OF COMMODITY: MEN'S DENIM UTILITY SHORT

SPECIFICATIONS: COLOR: MEDDEST SANDBLAS

FABRIC CONTENT: 100% COTTON

QUANTITY: 4000 CARTONS

PRICE TERM: CIF SHANGHAI

USD 180/ CARTON

TOTAL AMOUNT: USD720,000.00

COUNTRY OF ORIGIN AND MANUFACTURERS: UNITED STATES OF AMERICA, VICTORY FACTORY

PARTIAL SHIPMENT AND TRANSSHIPMENT ARE PROHIBITTED

SHIPPING MARK:　　NFT

　　　　　　NO.1…UP

TIME OF SHIPMENT: BEFORE JULY 15,2022

PLACE AND DATE OF EXPIRY: CHINA, JULY 30,2022

PORT OF SHIPMENT: NEW YORK

PORT OF DESTINATION: SHANGHAI PORT

INSURANCE: TO BE COVERED BY THE SELLER FOR 110% INVOICE VALUE COVERING

　　　　　　ALL RISK AND WAR RISK AS PER CIC OF THE PICC DATED 01/01/1981.

PAYMENT: BY IRREVOCABLE FREELY NEGOTIABLE L/C AGAINST

SIGHT DRAFTS FOR 100 PCT OF INVOICE VALUE AND THE

DOCUMENTS DETAILED HEREUNDER.

DOCUMETNS:

1. SIGNED COMMERCIAL INVOICE IN 3 COPIES.

2. PACKING LIST IN 3 COPIES.

3. FULL SET OF CLEAN ON BOARD BILLS OF LADING MADE OUT TO ORDER OF SHIPPER AND BLANK ENDORSED NOTIFYING THE APPLICANT WITH FULL NAME AND ADDRESS MARKED FREIGHT PREPAID.

4. BENEFICIARY'S CERTIFIED COPY OF FAX TO THE APPLICANT WITHIN 1 DAY AFTER SHIPMENT ADVISING GOODS NAME OF VESSEL, INVOICE VALUE, DATE OF SHIPMENT, QUANTITY AND WEIGHT.

OTHER TERMS AND CONDITIONS:

1. L/C TO BE ISSUED BY TELETRANSMISSION.

2. THE BUYER SHALL BEAR ALL BANKING CHARGES INCURRED OUTSIDE THE ISSUING BANK.

3. ALL DOCUMENTS MUST BE MAILED IN ONE LOT TO THE ISSUING BANK BY COURIER SERVICE.

4. PRESENTATION PERIOD:WITHIN 10 DAYS AFTER THE DATE OF SHIPMENT.

IRREVOCABLE DOCUMENTARY CREDIT APPLICATION

TO:	Date:
□Issue by airmail　　□With brief advice by teletransmission □Issue by express delivery □Issue by teletransmission (which shall be the operative instrument)	Credit No. Date and place of expiry
Applicant	Beneficiary (Full name and address)
Advising Bank	Amount

Partial shipments □allowed　　□not allowed	Transshipment □allowed　　　□not allowed	Credit available with By
Loading on board/dispatch/taking in charge at/from not later than For transportation to: □FOB　　　□CFR　　　□CIF □or other terms		□sight payment　　　　　□acceptance □negotiation □deferred payment at against the documents detailed herein □and beneficiary's draft(s) for _____% of invoice value at_____sight drawn on

Documents required: (marked with X)

1. (　　) Signed commercial invoice in _____ copies indicating L/C No. and Contract No.

2. (　　) Full set of clean on board Bills of Lading made out to order and blank endorsed, marked "freight [　　] to collect / [　　] prepaid [　　] showing freight amount" notifying _____.

3. (　　) Airway bills/cargo receipt/copy of railway bills issued by _____ showing "freight [　　] to collect/ [　　] prepaid [　　] indicating freight amount" and consigned to_____.

4. (　　) Insurance Policy/Certificate in _____ copies for _____% of the invoice value showing claims payable in _____ in currency of the draft, blank endorsed, covering All Risks, War Risks and _____.

5. (　　) Packing List/Weight Memo in _____ copies indicating quantity, gross and weights of each package.

6. (　　) Certificate of Quantity/Weight in _____ copies issued by _____.

7. (　　) Certificate of Quality in _____ copies issued by [　　] manufacturer/[　　] public recognized surveyor _____.

8. (   ) Certificate of Origin in _____ copies .

9. (   ) Beneficiary's certified copy of fax / telex dispatched to the applicant within _____ days after shipment advising L/C No., name of vessel, date of shipment, name, quantity, weight and value of goods.

Other documents, if any

Description of goods:

Additional instructions:

1. (   ) All banking charges outside the opening bank are for beneficiary's account.

2. (   ) Documents must be presented within _____ days after date of issuance of the transport documents but within the validity of this credit.

3. (   ) Third party as shipper is not acceptable, Short Form/Blank back B/L is not acceptable.

4. (   ) Both quantity and credit amount _____ % more or less are allowed.

5. (   ) All documents must be sent to issuing bank by courier/speed post in one lot.

6. (   ) Other terms, if any

3. 根据所给信用证回答问题。

FROM: INDUSTRIAL BANK OF JAPAN, LIMITED, TOKYO

TO: BANK OF CHINA, SHANGHAI

SQUENCE OF TOTAL:	27:	1/1
FORM OF DOC. CREDIT:	40A:	IRREVOCABLE
DOCU. CREDIT NO.:	20:	ILC136107800
DATE OF ISSUE:	31C:	221015
DATE AND PLACE OF EXP.:	31D:	221215 IN THE COUNTRY OF BENEFICIARY
APPLICANT:	50:	ABC COMPANY, 1-3 MACHI KU STREET, OSAKA, JAPAN
BENEFICIARY:	59:	SHANGHAI DA SHENG CO., LTD. UNIT C 2/F JINGMAO TOWER, SHANGHAI, CHINA.
CURRENCY CODE, AMOUNT:	32B:	USD21240.00
AVAILABLE WITH /.BY ...	41D:	BANK OF CHINA BY NEGOTIATION
DRAFTS AT...:	42C:	SIGHT FOR 100PCT INVOICE VALUE
DRAWEE:	42D:	THE INDUSTRIAL BANK OF JAPAN,HEAD OFFICE
PARTIAL SHIPMENT:	43P:	ALLOWED
TRANSSHIPMENT:	43T:	NOT ALLOWED
LOAD/DISPATCH/TAKING:	44A:	SHANGHAI
TRANSPORTATION TO...:	44B:	OSAKA
LATEST DATE OF SHIPMET:	44C:	221130
DESCRIP GOODS/SERVICE:	45A:	4,000 PCS "DIAMOND" BRAND CLOCK ART NO. 791 AT USD5.31 PER PIECE CIF OSAKA PACKED IN NEW CARTONS

DOCUMENTS REQUIRED: 46A:

IN 3 FOLD UNLESS OTHERWISE STIPULATED:

+SIGNED COMMERCIAL INVOICE.

+ SIGNED PACKING LIST.

+ CERTIFICATE OF CHINESE ORIGIN.

+ BENEFICIARY'S CERTIFICATE STATING THAT ONE SET OF N/N SHIPPING DOCUMENTS INCLUDING ORIGINAL "FORM A" HAS BEEN SENT DIRECTLY TO THE APPLICANT.

+INSURANCE POLICY OR CERTIFICATE ENDORSED IN BLANK FOR 110 PCT OF CIF VALUE, COVERING W.P.A RISKS AND WAR RISK.

+3/3 PLUS ONE COPY OF CLEAN "ON BOARD" OCEAN BILLS OF LADING, MADE OUT TO ORDER AND BLANK ENDORSED MARKED "FREIGHT PREPAID" AND NOTIFY APPLICANT.

ADDITIONAL CONDITION: 47A:

+ALL DRAFTS DRAWN HEREUNDER MUST BE MARKED "DRAWN UNDER INDUSTRIAL BANK OF JAPAN, LTD., HEAD OFFICE, CREDIT NO. ILC136107800 DATED OCT.15, 2022" AND THE AMOUNT OF SUCH DRAFTS MUST BE ENDORSED ON THE REVERSE OF THIS CREDIT.

+T/T REIMBURSEMENT IS NOT ACCEPTABLE

DETAILS OF CHARGES 71B: ALL BANKING CHARGES OUTSIDE JANPAN ARE FOR BENEFICIARY'S ACCOUNT

PRESENTAION PERIOD 48: DOCUMENTS MUST BE PRESENTED WITHIN 15 DAYS AFTER THE DATE OF ISSUANCE OF THE SHIPPING DOCUMENTS BUT WITHIN THE VALIDITY OF THE CREDIT.

CONFIRMATION 49: WITHOUT

SPECIAL INSTRUCTION TO THE ADVISING BANK: ALL DOCUMENTS INCLUDING BENEFICIARY'S DRAFTS MUST BE SENT BY COURIER SERVICE DIRECTLY TO OUR HEAD OFFICE. MARUNOUCHI, CHIYODA-U, TOKYO, JAPAN 100, ATTN. INTERNATIOANL BUSINESS DEPT. IMPORT SECTION, IN ONE LOT. UPON OUR RECEIPT OF THE DRAFTS AND DOCUMENTS, WE SHALL MAKE PAYMENT AS INSTRUCTED BY YOU.

SEND. TO REC, INFO. 72: ACKNOWLEDGE RECEIPT

TRAILER ORDER IS IT IS SUBJECT TO THE UNIFORM CUSTOMS AND PRACTICE FOR DOCUMENTARY CREDITS (2007 REVISION), INTERNATIONAL CHAMBER OF COMMERCE PUBLICATION NO.600.

根据上述信用证内容，回答下列问题：
（1）本信用证的种类为（至少四种）

_____

_____。

（2）该信用证的有效期、交单期分别为_____。

（3）如果已装船提单的签发日为 11 月 15 日，则受益人最迟应在几月几日向银行交单？_____。

（4）该信用证项下，汇票的种类是_____；汇票的付款人是_____。

（5）信用证所要求的单据种类及其份数为_____。

（6）请指出信用证的受益人、开证申请人、开证行、付款行、有效期。

4．根据所给合同审核信用证。

资料 1：SALES CONTRACT

BUYER: JAE & SONS PAPERS COMPANY　　　　NO. ST05-016

　203 LODIA HOTEL OFFICE 1546, DONF-GU,　DATE: AUGUST 08, 2020

　BUSAN, KOREA　　　　　　　　　　SIGNED AT: NANJING, CHINA

SELLER: WONDER INTERNATIONAL COMPANY LIMITED

　　　NO. 529, QIJIANG ROAD HE DONG DISTRICT,

　　　NANJING, CHINA

THIS CONTRACT IS MADE BY AND AGREED BETWEEN THE BUYER AND SELLER, IN ACCORDANCE WITH THE TERMS AND CONDITIONS STIPULATED BELOW.

1. COMMODITY: UNBLEACHED KRAET LINEBOARD

　UNIT PRICE: USD390.00/PER METRIC TON, CFR BUSAN KOREA

　TOTAL QUANTITY: 100 METRIC TONS

　PAYMENT TERM: BY IRREVOCALE L/C 90 DAYS AFTER B/L DATE

　TOTAL VALUE: USD39,000.00 (SAY U.S. DOLLARS THIRTY NINE THOUSAND ONLY.

2. PACKING: TO BE PACKED IN STRONG WOODEN CASE(S), SUITABLE FOR LONG DISTANCE OCEAN TRANSPORTATION.

3. SHIPPIING MARK:　ST05-016

　　　　BUSAN KOREA

4. TIME OF SHIPMENT: BEFORE OCTOBER 02, 2020

5. PORT OF SHIPMENT: MAIN PORTS OF CHINA

6. PORT OF DESTINATION: BUSAN, KOREA

7. INSURANCE: TO BE COVERED BY THE BUYER AFTER SHIPMENT.

8. DOCUMENTS:

　+SIGNED INVOICE INDICATING LC NO. AND CONTRACT NO.

　+FULL SET (3/3) OF CLEAN ON BOARD OCEAN BILL OF LADING MARKED "FREIGHT PREPAID" MADE OUT TO ORDER BLANK ENDORSED NOTIFYING THE APPLICANT.

　+PACKING LIST/WEIGHT LIST INDICATING QUANTITY/GROSS AND NET WEIGHT.

　+CERTIFICATE OF ORIGIN

9. OTHER CONDITIONS :

　+ALL BANKING CHARGES OUTSIDE THE OPENING BANK ARE FOR BENEFICIARY'S A/C.

　+PARTIAL AND TRANSSHIPMENT ALLOWED.

10. REMATKS: THE LAST DATE OF L/C OPENING: 20 AUGUST, 2020.

资料 2：LETTER OF CREDIT

BANK OF KOREA LIMITED, BUSAN

SEQUENCE OF TOTAL	*27:	1/1
FORM OF DOC. CREDIT	*40:	IRREVOCALE
DOC. CREDIT NUMBER	*20:	S100-108085
DATE OF ISSUE	31C:	200818
EXPIRY	*31D:	DATE 201020 PLACE APPLICANT'S COUNTRY
APPLICANT	*50:	JAE & SONS PAPERS COMPANY
		203 LODIA HOTEL OFFICE 1546, DONF-GU,
		BUSAN, KOREA
BENEFICIARY	*59:	WONDER INTERNATIONAL COMPANY LIMITED
		NO. 529, QIJIANG ROAD HE DONG DISTRICT,
		NANNING, CHINA
AMOUNT	*32B:	CURRENCY HKD AMOUNT 39,000.00
AVAILABLE WITH/BY	*41D:	ANY BANK IN CHINA BY NEGOTIATION
DRAFTS AT…	42C:	DRAFTS AT 90 DAYS after SIGHT
DRAWEE	42A:	BANK OF KOREA LIMITED, BUSAN
PARTIAL SHIPMENTS	43P:	NOT ALLOWED
TRANSSHIPMENT	43T:	ALLOWED
LOADING IN CHARGE	44A:	MAIN PORTS OF CHINA
FOR TRANSPORT TO…	44B:	MAIN PORT OF KOREA
LATEST DATE OF SHIP.	44C:	201002
DESCRIPT. OF GOODS	45A:	

　　　+COMMODITY: UNBLEACHED KRAET LINEBOARD

　　　　　U/P: USD390.00/MT CIF BUSAN KOREA

TOTAL: 100MT

COUNTRY OF ORIGIN: P.R.CHINA

PACKING:To be packed in strong wooden case(s), suitable for long distance ocean transportation.

SHIPPING MARK: ST05-016

　　　　　BUSAN KOREA

DOCUMENTS REQUIRED　　　46A:

　　1. SIGNED COMMERCIAL INVOICE IN 3 COPIES INDICATING LC NO. & CONTRACT NO. ST05-018

　　2. FULL SET (3/3) OF CLEAN ON BOARD OCEAN BILL OF LADING, MADE OUT TO ORDER AND BLANK ENDORSED, MARKED FREIGHT TO COLLECT, NOTIFYING THE APPLICANT.

　　3. PACKING LIST/WEIGHT LIST IN 3 COPIES INDICATING QUANTITY/GROSS AND NET WEIGHT

　　4. CERTIFICATE OF ORIGIN IN 3 COPIES.

ADDITIONAL COND.　　　47B: ALL DOCUMENTS ARE TO BE PRESENTED TO US IN ONE LOT BY
　　　COURIER / SPEED POST.

DETAILS OF CHARGES　　　71B: ALL BANKING CHARGES OUTSIDE OF OPENING BANK ARE FOR
　　　BENEFICIARY'S ACCOUNT.

PRESENTATION PERIOD　　　48: DOCUMENTS TO BE PRESENTED WITHIN 21 DAYS AFTER THE
　　　DATE OFSHIPMENT BUT WITHIN THE VALIDITY OF THE CREDIT

CONFIRMATION　　　*49: WITHOUT

INSTRUCTIONS　　　78:
　　　+WE HEREBY UNDERTAKE THAT DRAFTS DRAWN UNDER AND IN COMPLY WITH THE
　　　TERMS AND CONDITIONS OF THIS CREDIT WILL BE PAID MATURITY.

SEND. TO REC. INFO.　　　72: /SUBJECT U.C.P. 2007 ICC PUBLICATION 600

指出信用证中存在的问题：

1 _____.

2 _____.

3 _____.

4 _____.

5 _____.

6 _____.

7 _____.

8 _____.

9 _____.

10 _____.

第五章 发 票

本章导读:

　　在国际贸易单证中,发票发挥着重要的作用,是国际贸易程序履行过程中必不可少的单据之一。发票的种类比较多,如商业发票、海关发票、形式发票和厂商发票等,其中应用最普遍的是商业发票。值得注意的是,在中国,对于商业发票的格式,早已有国家标准出台,然而各企业仍旧按实际需要和商业习惯自主设计发票格式。本章将介绍国家标准商业发票格式,同时提供目前企业自行设计使用的商业发票,以供参考。

学习目标:

　　通过本章学习,学生能够了解国际贸易业务中发票的含义及种类,重点掌握商业发票的作用及缮制方法,熟悉不同国家对商业发票的不同规定,了解UCP600及相关国际贸易惯例中对商业发票的要求与规定。

关键概念:

● 发票(Invoice)
● 商业发票(Commercial Invoice)
● 海关发票(Customs Invoice)
● 形式发票(Proforma Invoice)
● 领事发票(Consular Invoice)
● 厂商发票(Manufacturer's Invoice)
● 样品发票(Sample Invoice)

第一节 商 业 发 票

一、商业发票的含义及作用

　　商业发票(Commercial Invoice),简称发票(Invoice),是在货物装出时,卖方开立的凭以向买方索取货款的价目清单和对整个交易和货物有关内容的总体说明。它全面反映了合同内容,虽不是物权凭证,但是进出口贸易结算中使用的最主要的单据之一。

　　商业发票是整套单据的核心,其他单据均是以商业发票为核心来缮制的,在外贸制单工作程序中,一般先缮制好商业发票,然后才制作其他单据。

　　商业发票的作用主要如下:

　　(1)便于进、出口商核对已发货物是否符合合同或信用证规定。

　　(2)作为进口方和出口方记账的依据。

（3）在出口地和进口地作为报关、清关及纳税的凭据。

（4）在不用汇票的情况下，可代替汇票作为付款依据。

（5）凭光票付款时，通常用以确定有关交易的细节。

（6）是整套出口单据的中心及其填制和审核的依据。

（7）可作为索赔和理赔的凭据。

二、商业发票的内容及缮制方法

商业发票的内容既要符合合同的规定，其文字描述又必须和信用证完全一致，见式样 5-1～式样 5-3。缮制发票是一项复杂而细致的工作，缮制时要求符合规范，保证质量，做到正确无误、排列合理、缮制清楚、整洁美观。

1. 发票抬头

除信用证有其他要求之外，发票抬头（MESSRS/TO:...）一般缮制为开证申请人（APPLICANT）或托收的付款人。信用证中一般表示为"FOR ACCOUNT OF×××"或"TO THE ORDER OF ×××"，其中的"×××"部分就是发票抬头。当采用托收或其他方式支付货款时，填写合同买方的名称和地址。填写时需注意的是，公司名称和地址要分两行填，而且必须填上名称和地址的全称。名称一般一行填完，不能换行，地址则可合理分行。例如，发票抬头可填成 FOR ACCOUNT OF×××、TO THE ORDER OF ×××、TO MESSERS、TO ×××等。

2. 发票出票人的名称和地址

填写出口商名称和地址，有时包括电传、电话号码等，该项目必须同货物买卖合同的签约人及信用证对受益人的描述一致。信用证项下即为受益人，一般表示为"BENEFICIARY: ×××"。通常出口商名称和地址都已事先印好。

3. 装运工具及起讫地点

在填写装运工具及起讫地点（MEANS OF TRANSPORT AND ROUTE）时，应一并填写货物的实际起运港（地）、目的港（地）以及运输方式，如果货物需经转运，应把转运港的名称填上。例如：

Shipment from Shanghai to Hamburg with transshipment at Hong Kong by vessel（装运自上海到汉堡，在香港转运）。

4. 发票名称

商业发票上应明确标明"INVOICE"（发票）或"COMMERCIAL INVOICE"（商业发票）字样。在信用证项下，为防止单、证不符，发票名称应与信用证一致。另外，还需注意，发票名称中不应有联合发票（COMBINED INVOICE）、宣誓发票（SWORN INVOICE）等字样。

5. 发票号码和日期

发票号码和日期（INVOICE NUMBER AND DATE）由出口公司根据实际情况自行编制，一般在编制时，在发票号码的顺序数字中能看出这一票业务是哪个部门及谁做的，具体年份，以便于日后查找。发票日期最好不要晚于提单的出具日期，而且要在信用证规定的议付期之前。此外，卖方经常签订合同后即开立发票，出具日期也就早于信用证开立日期，根据 UCP600 的规定，这是允许的，但必须在信用证及 UCP600 规定的期限内提交。

6. 信用证号码

当采用信用证结算方式时，填写信用证号码（L/C NO.）。如果信用证没有要求在发票上标明信用证号码，此项可以不填，当采用其他支付方式时，此项也可不填。

7. 合同号码

合同号码（SALES CONTRACT NO.）应与信用证上所列的相一致，如果一笔交易牵涉几个合同时，应在发票上全部表示出来。

8. 支付方式

填写交易合同所采用的支付方式（TERMS OF PAYMENT），如信用证、汇付和托收等。

9. 唛头及件数编号

唛头及件数编号（MARKS AND NUMBERS）包括客户名称缩写、合同号、目的港和件数号等部分，如果货物还要转运到内陆目的地，可填上"IN TRANSIT TO 某地"等字样，一般由卖方自行设计。如果信用证或合同中有规定，必须按规定填写，并与提单、托运单等单据严格一致。如果无唛头，或者裸装货、散装货等，则应填写"NO MARK"（缩写 N/M）。

10. 商品描述

商品描述（DESCRIPTION OF GOODS）包括货物的品名、规格、等级、尺寸和颜色等，一般用列表的方式将同类项并列集中填写。内容必须与信用证规定的商品描述（DESCRIPTION OF GOODS）完全一致，必要时要照信用证原样打印，不得随意减少内容，否则有可能被银行视为不符点。但有时信用证中的商品描述表述非常简单，此时按信用证打印完毕后，再按合同要求列明货物具体内容。信用证中此栏所用的词汇或词组一般有：

DESCRIPTION OF GOODS

COVERING SHIPMENT OF

DESCRIPTION OF MERCHANDISE

SHIPMENT COVERING FOLLOWING GOODS

SHIPMENT OF GOODS AS FOLLOWING

COVERING VALUE OF

COVERING

COVERING THE FOLLOWING GOODS BY

11. 数量

数量（QUANTITY）与信用证严格一致，如果货物品种规格较多，则每种货物应写明小计数量，最后再进行合计。

12. 单价和总值

单价（UNIT PRICE）须显示计价货币、计量单位、单位金额和贸易术语四部分内容。发票的总值（AMOUNT）不能超过信用证规定的最高金额。但是信用证总值前有"约""大概""大约"或类似词语的，允许有 10%的增减幅度。单价和总值是发票的主要项目，必须准确计算，正确缮打，并认真复核，特别要注意小数点的位置是否正确，金额和数量的横乘、竖加是否有矛盾。如果来证规定的数量已装完，而发票金额还有一些多余，在议付行表示接受的情况下，可采取"扣除""放弃"的办法处理，即在总值下面减除差额零头，减除后的发票总值不超过信用证所允许的金额。

如果信用证规定发票金额要扣除相应佣金，如信用证条款规定"5% COMMISSION TO

BE DEDUCTED FROM INVOICE VALUE"或有其他类似的条款规定，商业发票总值应按规定表示扣除佣金，同时在扣除后计算净额。另外，有的信用证并没有明确规定这样的扣佣条款，但信用证总值中已经扣除了佣金，则商业发票仍要计算扣除佣金。

发票扣佣的表示方法：

QTY　Unit Price　Amount

CIFC5　NEW　YORK

100pcs　USD 100/pc　USD10,000.00

Less 5% Commission:　USD500.00

CIF NET VALUE:　USD9,500.00

13. 其他

其他（Other Contents）位于信用证下方的空白处，可填写信用证的规定或特别需要在发票上注明的内容声明文句，是根据不同国家（地区）及不同信用证的要求缮打的，要求确切、通顺和简洁。

例如：WE CERTIFY THAT THE GOODS NAMED ABOVE HAVE BEEN SUPPLIED IN CONFORMITY WITH ORDER NO.12345.（兹证明本发票所列货物与12345号合同相符。）

THIS IS TO CERTIFY THAT THE GOODS NAMED HEREIN ARE OF CHINESE ORIGIN.（兹证明所列商品系中国产。）

WE HEREBY CERTIFY THAT THE ABOVE MENTIONED GOODS ARE OF CHINESE ORIGIN.（兹证明上述产品在中国制造。）

WE HEREBR CERTIFY THAT WE ARE THE ACTUALLY MANUFACTURER OF THE GOODS INVOICED.（兹证明发票所列产品确为本厂制造。）

WE HEREBY CERTIFY THAT THE ABOVE MENTIONED PARTICULARS AND FIGURES ARE TRUE AND CORRECT.（兹证明发票所述详细内容真实无误。）

WE CERTIFY THAT THE GOODS MENTIONED IN THIS INVOICE HAVE NOT BEEN SHIPPED ON BOARD OF ANY VESSEL FLYING ISRAELI FLAG OR DUE TO CALL AT ANY ISRAELI PORT.（兹证明本发票所列货物不装载于悬挂以色列国旗或驶靠任何以色列港口的船只。）

THIS IS TO CERTIFY THAT TWO COPIES OF INVOICE, PACKING LIST AND BILL OF LADING HAVE BEEN AIRMAILED DIRECT TO APPLICANT IMMEDIATELY AFTER SHIPMENT EFFECTED.（兹证明发票、箱单和提单各两份副本，已于装运后立即直接航空邮寄开证人。）

IT IS HEREBY CERTIFIED THAT THIS INVOICE SHOWS THE ACTUAL PRICE OF THE GOODS DESCRIBED, THAT NO OTHER INVOICE HAS BEEN OR WILL BE ISSUED AND THAT ALL PARTICULARS ARE TRUE AND CORRECT.（兹证明本发票的价格系所述商品的真实价格，并未签发其他发票。）

14. 出票人签章

根据UCP600第三十七条的规定，商业发票无须签署，但如果信用证要求提交签署的发票"SIGNED COMMERCIAL INVOICE…"或手签的发票"MANUALLY SIGNED…"，则发票必须签署，并且后者还必须由发票授权签字人手签。我国出口企业一般手签或手签并盖章。

式样 5-1 发票

	COMMERCIAL INVOICE			
TO:	INVOICE NO.:			
	INV. DATE:			
	LC NO.:			
	S/C NO.:			
FROM:	TO:			
MARKS & NO.S	DESCRIPTIONS OF GOODS	QUANTITY	UNIT PRICE	AMOUNT
	TOTAL:			
SAY TOTAL:				

三、部分国家对发票的特殊规定

1. 智利

发票内要注明运费、保险费和 FOB 价值。

2. 墨西哥

发票要手签。一般发票要求领事签证，可由中国国际贸易促进委员会（China Council for the Promotion of International Trade，CCPIT，简称贸促会）代签，并注明"THERE IS NO MEXICAN CONSULAR HERE"（本地无墨西哥领事），在北京可由墨西哥驻华使馆签证。

3. 澳大利亚

发票内应加发展中国家声明，可享受优惠关税待遇。声明文句：

DEVELOPING COUNTRY DECLARATION THAT THE FINAL PROCESS OF MANUFACTURE OF THE FOODS FOR WHICH SPECIAL RATES ARE CLAIMED HAS BEEN PERFORMED IN CHINA AND THAT NOT LESS THAN ONE HALF OF THE FACTORY OR

WORKS COST OF THE GOODS IS REPRESENTED BY THE VALUE OF THE LABOUR OR MATERIALS OR OF LABOR AND MATERIALS OF CHINA AND AUSTRALIA.

4. 黎巴嫩

发票应加证实其真实性的词句。例如：

WE HEREBY CERTIFY THAT THIS INVOICE IS AUTHENTIC, THAT IT IS THE ONLY ONE ISSUED BY US FOR THE GOODS HEREIN, THAT THE VALUE AND PRICE OF THE GOODS ARE CORRECT WITHOUT ANY DEDUCTION OF PAYMENT IN ADVANCE AND ITS ORIGIN IS EXCLUSIVELY CHINA.

5. 科威特

发票内要注明制造厂商名称和船名，并注明毛、净重（以千克表示）。

6. 巴林

发票内应加注货物原产地证明，并且手签。

7. 巴拿马

可由贸促会签证并须注明："此地无巴拿马领事。"

四、缮制商业发票的注意事项

1. UCP600 中对商业发票的规定

UCP600 第十八条 商业发票

（1）商业发票：

1）必须看似由受益人出具（第三十八条规定的情形除外）；

2）必须出具成以申请人为抬头（第三十八条 g 款规定的情形除外）；

3）必须与信用证的币种相同。

4）无须签字。

（2）按指定行事的指定银行、保兑行（如有的话）或开证行可以接受金额大于信用证允许金额的商业发票，其决定对有关各方均有约束力，只要该银行对超过允许金额的部分未作承付或者议付。

（3）商业发票中货物、服务或行为的描述必须与信用证中显示的内容相符。

2. UCP600 中与发票有关的条款

UCP600 第十七条 正本单据及副本

（1）信用证规定的每一种单据须至少提交一份正本。

（2）银行应将任何带有看似出单人的原始签名、标记、印戳或标签的单据视为正本单据，除非单据本身表明其非正本。

（3）除非单据本身另有说明，在以下情况下，银行也将其视为正本单据：

1）单据看似由出单人手写、打字、穿孔或盖章；

2）单据看似使用出单人的原始信纸出具；

3）单据声明其为正本单据，除非该声明看似不适用于提交的单据。

（4）如果信用证使用诸如"一式两份（in duplicate）""两份（in two fold）""两套（in two copies）"等用语要求提交多份单据，则提交至少一份正本，其余使用副本即可满足要求，除非单据本身另有说明。

3. 信用证发票条款示例

（1）MANUALLY SINGED COMMERCIAL INVOICE IN SIX COPIES QUOTING ORDER NO.*** MADE OUT IN NAME OF CONSIGNEE.

（2）SIGNED INVOICE IN ONE ORIGINAL AND NINE COPIES…

ALL DOCUMENTS MUST STATED L/C NO.

（3）5% COMMISION SHOULD BE DEDUCTED FROM TOTAL AMOUNT OF THE COMMERCIAL INVOICE.

式样 5-2　中华人民共和国国家标准 GB/T 15310.1—2009 国际贸易商业发票

GB/T 15310.1—2009

商业发票
Commercial Invoice

1　出口商　Exporter	4　发票日期和发票号　Invoice Date and No.	
	5　合同号　Contract No.	6　信用证号　L/C No.
2　进口商　Importer	7　原产地国　Country/region of origin	
	8　贸易方式　Trade mode	
3　运输事项　Transport details	9　交货和付款条款　Terms of delivery and payment	

10　运输标志和集装箱号　Shipping marks；Container No.	11　包装类型及件数；商品编码；商品描述　Number and kind of packages；Commodity No. ；Commodity description	12　数量　Quantity	13　单价　Unit price	14　金额　Amount
	自由处置区　Free disposal			

15　总值（用数字和文字表示）　Total amount(in figure and word)

自由处置区　Free disposal	16　出口商签章　Exporter stamp and signature

式样 5-3 商业发票

ISSUER GOOD LUCK TRADING CORP. 9TH FLOOR,JINDU BUILING, 256 WUXING RD,GUANGZHOU,P.R.CHINA	COMMERCIAL INVOICE		
TO ALEXANDER TRADING CO. LTD. 60,QUEEN VICTORIA STREET, LONDON	NO. GLT0086		DATE MAY 9,2022
TRANSPORT DETAILS FROM GUANGZHOU,CHINA TO LONDON BY VESSEL	S/C NO. GLT-ATC66		L/C NO. SCB56468
	TERMS OF PAYMENT L/C AT SIGHT		
MARKS AND NUMBERS	NUMBER AND KIND OF PACKAGE; DESCRIPTION OF GOODS	QUANTITY	UNIT PRICE	AMOUNT
ATC GLT-ATC66 LONDON NO. 1-100	CIF LONDON FOREVER BRAND BICYCLE YE 803-26# 400SETS USD60.00/SET USD24000.00 *** USD24000.00 LESS COMMISION 5% USD1200.00 USD22800.00			
	TOTAL		
			USD22800.00
SAY TOTAL SAY U.S. DOLLARS TWENTY-TWO THOUSAND AND EIGHT HUNDRED ONLY. WE HEREBY CONFIRM THAT ONE SET OF NON-NEGOTIABLE DOCS. HAS BEEN SENT TO THE APPLICANT. L/C NO. SCB56468 VESSEL NAME:SHENGLI ××× GENERAL MANAGER			

第二节　其他种类的发票

一、海关发票

1. 海关发票的定义

海关发票（CUSTOMS INVOICE）是根据某些进口国海关的规定，由出口商填制的一种特定格式的发票，它的作用是供进口商凭以向海关办理进口报关、纳税等手续。目前，要求提供海关发票的主要国家（地区）有美国、加拿大、澳大利亚、新西兰、牙买加、加勒比海共同体市场国家及非洲的一些国家等。各国或地区使用海关发票的情况见表 5-1。

表 5-1　各国或地区使用海关发票的情况

国家或地区	使用的海关发票名称
美国	Special Customs Invoice Form 5519　用于纺织品（Invoice details for cotton fabrics and linens） Form 5523　用于鞋类（Invoice details for footwear） Form 5520　用于钢材（Special Summary Steel Invoice-SSSI）
加拿大	Canada Customs Invoice (1985/1/1)
新西兰	Certificate of Origin for Exports to New Zealand Form 59A
西非	Combined Certificate of Value and Invoice of Goods for Exportation to West Africa Form C
尼日利亚	Combined Certificate of Value and Invoice of Goods For Exportation to Federation of Nigeria
加纳	Combined Certificate of Invoice in Respect of Goods for Importation into Ghana Form C61
赞比亚	Invoice and Certificate of Value for Export to Zambia
肯尼亚、乌干达、坦桑尼亚	Combined Certificate of Value and Invoice in Respect of Goods for Importation into Kenya, Uganda and Tanzania
加勒比海共同体	CARICOM (Caribbean Common Market)
牙买加	Invoice and Declaration of Value Required for Shipments to Jamaica C23
部分西印度群岛、中南美洲及太平洋岛屿国家	Combined Certificate of Value and Origin and Goods Form B

进口国海关根据海关发票查核进口商品的价值和产地来确定该商品是否可以进口，是否可以享受优惠税率，查核货物在出口国市场的销售价格，以确定出口国是否以低价倾销而征收反倾销税，并据以计算进口商应纳的进口税款。因此，对进口商来说，海关发票是一种很重要的单据。各国的海关发票格式有许多不同，具体操作时应注意。

2.　海关发票的作用

（1）供进口商报送核查货物与估价征税之用。

（2）提供货物原产地依据。

（3）供进口国海关核查货物在其本国市场的价格，确认是否倾销等。

（4）便于统计。

3.　海关发票的基本缮制要求

（1）与商业发票的相应项目必须完全一致。

（2）须列明国内市场价或成本价时，应注意其低于销售的离岸价。

（3）应准确核算运费、保险费及包装费。

（4）海关发票应以收货人或提单的被通知人为抬头人。

（5）签具海关发票的人可由出口单位负责办事人员签字，证明人须另由其他人员签字，不能是同一人。

二、加拿大海关发票的缮制

加拿大海关发票（CANADA CUSTOMS INVOICE）是指销往加拿大的出口货物（食品除外）所使用的海关发票。其栏目用英文、法文两种文字对照，内容繁多，要求每个栏目都要填写，不得留空，若不适用或无该项内容，则必须在该栏目内填写"N/A"（即 NOT APPLICABLE），见式样 5-4。

加拿大海关发票的主要栏目及缮制方法如下。

1. 卖方的名称与地址 Vendor

卖方的名称与地址 Vendor(Name and Address)应填写出口商的名称及地址，包括城市和国家名称。信用证支付条件下此栏填写受益人名称与地址。

2. 直接运往加拿大的装运日期

直接运往加拿大的装运日期（Date of Direct Shipment to Canada）填写直接运往加拿大的装运日期，此日期应与提单日期相一致。如果单据送银行预审，也可请银行按正本提单日期代为加注。

3. 其他参考事项

包括买方订单号码［Other References(Include Purchaser's Order No.)］，填写有关合同、订单或商业发票号。

4. 收货人名称与地址

收货人名称与地址［Consignee(Name and Address)］填写加拿大收货人的名称与详细地址。信用证项下一般为信用证的开证人。

5. 买方

买方［Purchaser's Name and Address(If other than Consignee)］填写实际购货人的名称及地址。如果与第 4 栏的收货人相同，则此栏可填上"SAME AS CONSIGNEE"。

6. 转运国家

转运国家（Country of Transshipment）应填写转船地点的名称。如果在中国香港转船，可填写："FROM SHANGHAI TO VANCOVER WITH TRANSSHIPMENT AT HONGKONG BY VESSEL"。如果不转船，可填"N/A"（即 NOT APPLICABLE）。

7. 生产国别

生产国别（Country of Origin of Goods）填写 CHINA。若非单一的国产货物，则应在第 12 栏中详细逐项列明各自的原产地国名。

8. 运输方式及直接运往加拿大的起运地（Transportation: Gave Mode and Place of Direct Shipment to Canada）

只要货物不在国外加工，不论是否转船，均填写起运地和目的地名称以及所用运载工具。如：FROM SHANGHAI TO MONTREAL BY VESSEL。

9. 价格条件及支付方式，如销售、委托发运、租赁商口等（Conditions of Sale and Terms of Payment）

按商业发票的价格术语及支付方式填写。

如 CIF VANCOUVER D/P AT SIGHT 或 CFR MONTREAL, L/C AT SIGHT。

式样 5-4　加拿大海关发票

 Revenue Canada　　　　　CANADA CUSTOMS INVOICE

1. Vendor(Name and Address) BEIJING XINCHAO TEXTILE GARMENT CO., LTD. 1521#,NANYUANROAD, BEIJING, CHINA	2. Date of Direct Shipment to Canada AS PER B/L DATE 3. Other References(Include Purchaser's Order No.) SALES CONTRACT NO:J10102252	
4. Consignee(Name and Address) FASHION FORCE CO., LTD P.O.BOX 8935 NEW TERMINAL, ALTA, VISTA OTTAWA, CANADA	5. Purchaser's Name and Address(If other than Consignee) SAME AS CONSIGNEE	
	6. Country of Transshipment n/a	
	7. Country of Origin of Goods CHINA	IF SHIPMENT INCLUDES GOODS OF DIFFERENT ORIGINSENTER ORIGINS AGAINST ITEMS IN 12
8. Transportation:Gave Mode and Place of Direct Shipment to Canada SHIPMENT FROM BEIJING TO MONTREAL BY VESSEL	9. Conditions of Sale and Terms of Payment CIF MONTREAL, L/C AT SIGHT	
	10.Currency of Settlement USD	

11. No. of Pkgs	12. Specification of Commodities(Kind of Packages, Marks and Numbers, General Description and Characteristics, i.e. Grade, Quality)	13. Quantity (State Unit)	Selling Price	
			14. Unit Price	15. Total
150 CTNS	MAN'S PANTS CIF MONTREAL CANADA (100% COTTON) STYLE NO.:46-301A 　　　USD/PC	6000PCS	USD15.80	USD94800.00

18. If any fields 1 to 17 are included on an attached commercial invoice, check this box ☐ 　Commercial Invoice No.NT001FF004 _____	16. Total Weight		17. Invoice Total USD94800.00
	Net 2150KGS	Gross 2190KGS	

19. Exporter's Name and Address(If other than Vendor) SAME AS VENDOR	20. Originator(Name and Address) BEIJING XINCHAO TEXTILE GARMENT CO., LTD. 1521#,NANYUANROAD, BEIJING, CHINA
21. Departmental Ruling(if applicable) 　N/A	22. If fields 23 to 25 are not applicable, check this box ☐

23. If included in field 17 indicate amount: (i) Transportation charges, expenses and insurance from the place of direct shipment to Canada $____USD160.00____ (ii) Costs for construction, erection and assembly incurred after importation into Canada $_____ n/a _____ (iii) Export packing 　$_____ n/a _____	24. If not included in field 17 indicate amount: (i)Transportation charges, expenses and insurance to the place of direct shipment to Canada $_____ n/a _____ (ii) Amount for commissions other than buying commissions $_____ n/a _____ (iii) Export packing $_____ n/a _____	25. Check(if applicable): Royalty payments or subsequent proceeds are paid or payable by the purchaser n/a☐ (ii) The purchaser has supplied goods or services for use in the production of these goods n/a☐

10. 货币名称

卖方要求买方支付的货币名称（Currency of Settlement），须与商业发票使用的货币相一致，如 CAD。

11. 件数

填写该批商品的总包装件数（No. of Pkgs）。例如，600 CTNS。

12. 商品详细描述

商品详细描述［Specification of Commodities(Kind of Packages, Marks and Numbers, General Description and Characteristics, i.e.Grade, Quality)］应按商业发票同项目描述填写，并将包装情况及唛头填写此栏（包括种类、唛头、品名和特性，即等级、品质）。

13. 数量

应填写商品的具体数量［Quantity(State Unit)］，而不是包装的件数。

14. 单价

单价（Unit Price）应按商业发票记载的每项单价填写，使用的货币应与信用证和商业发票一致。

15. 总值

总值（Total）应按商业发票的总值填写。

16. 净重及毛重的总数

填写总毛重和总净重（Total Weight），应与其他单据的总毛重和总净重相一致。

17. 发票总值

按商业发票的总值（Invoice Total）填写。

18. 如果第 1～17 栏中任何栏的内容均已包括在所随附的商业发票内（If any fields 1 to 17 are included on an attached commercial invoice, check this box）

如果第 1～17 栏中任何栏的内容均已包括在所随附的商业发票内，则在方框内打"√"记号，并将有关商业发票号填写在横线上。

19. 出口商名称与地址，如并非卖方［Exporter's Name and Address(If other than Vendor)］

如果出口商与第 1 栏的卖方不是同一名称，则列入实际出口商名称；而如果出口商与第 1 栏的卖方为同一者，则在本栏填上"SAME AS VENDOR"。

20. 负责人的姓名及地址［Originator(Name and Address)］

此栏仍填写出口公司名称、地址、负责人名称。

21. 主管当局现行管理条例，如适用者［Departmental Ruling(if applicable)］

是指加方海关和税务机关对该货进口的有关规定。如果有，则按要求填写；如果无，则填"N/A"（即 Not Applicable）。

22. 如果第 23～25 三个栏目均不适用（If fields 23 to 25 are not applicable, check this box）

如果第 23～25 栏不适用，可在方框内打"√"记号。

23. 如果以下金额已包括在第 17 栏内（If included in field 17 indicate amount）

(i) Transportation charges, expenses and insurance from the place of direct shipment to Canada

自起运地至加拿大的运费和保险费：可填运费和保险费的总和，允许以支付的原币填写。若不适用，则填"N/A"。

(ii) Costs for construction, erection and assembly incurred after importation into Canada

货物进口到加拿大后进行建造、安装及组装而发生的成本费用，按实际情况填写；若不适用，可填"N/A"。

(iii) Export packing

可按实际情况将出口包装费用金额填上，如无，则填"N/A"。

24. 如果以下金额不包括在第 17 栏内（If not included in field 17 indicate amount）

若 17 栏不包括，则注明金额：i、ii、iii 三项，一般填"N/A"。如果在 FOB 等价格条件下，卖方又替买方租船订舱时，其运费于货到时支付，则 i 项中可填实际运费额。

25. Check（if applicable）

若适用，在方框内打"√"记号。本栏系补偿贸易、来件、来料加工、装配等贸易方式专用；一般贸易不适用，可在方框前填"N/A"。

三、形式发票

形式发票（Proforma Invoice）又称预开发票，为卖方要求买方支付货款，或者为了方便买方在进口时申请使用外汇、申请进口许可证或安排信用证而预先开出的一种发票，见式样 5-5。在交易金额较小时，有时买卖双方也可以用形式发票来取代合同。但是需要注意，形式发票一般规定有"出口商最后确认为准"的保留条件，不具有法律效力，不能作为国际贸易结算的工具。

形式发票的形式与商业发票基本是相同的，可以用商业发票来改制，但是一定要注明"PROFORMA INVOICE"字样。形式发票须有出口商的 Bank Information，另外加盖公司法人章，给进口商传过去，进口商确认回传，形式发票最下面要加一句"THIS PROFORMA INVOICE IS WITHOUT LEGAL ENGAGEMENT"（此形式发票不具法律效力）。形式发票的其余内容与正式发票内容一致。

四、领事发票

领事发票（Consular Invoice）是指菲律宾等进口国为了了解进口货物的原产地、货物有无倾销等情况，规定进口货物必须要领取进口国驻出口国的领事签证的发票，作为征收有关货物进口关税的前提条件，同时也作为领事馆的经费来源。有些国家对之有固定的格式，可直接向进口国在出口国的领事馆领取，有些国家则直接由其在出口国的领事在商业发票上认证。对于信用证中的此类条款，若我方能够办到，要及时办理；若与我国尚未建立外交关系的国家，即出口地无领事馆，无法办证，则不能接受此类条款的信用证。

式样 5-5　形式发票

Zhongshan LongSheng Trading Co.,Ltd
No.88, Middle Industry Avenue, TaiFeng Industrial Zone,
Xiaolan Town, Zhongshan City, Guangdong, China.
TEL:0086-760-23820588　　FAX:0086-760-23820499
PROFORMA　INVOICE

TO:Maity International Co.Ltd

Attend:Young Park　　　　　　　　　　　　　　PI NO:ZSLD220903

2FI,Jungho Bldg,108-4,　　　　　　　　　　　　DATE: 2022/09/3

Sangdo-dong,Dongjak-gu,Seoul,150-030,Korea

MODEL NO.	DESCRIPTION OF GOODS	QUANTITY (PCS)	UNIT PRICE (USD)	AMOUNT (USD)
ART.001				
	BABYWEAR	16000	5.00/PC	80000.00

TOTAL USD80000.00

五、厂商发票

厂商发票（Manufacturer's Invoice）是由出口货物的制造厂商所出具的以本国货币计算价格、用以证明出口国国内市场的出厂价格的发票，供进口国海关估价、核税以及征收反倾销税之用。

六、样品发票

出口商为了使客户对商品有一个更直观的印象，让客户更好地了解商品的品质、价值等，在交易之前发送商品样品供客户从中选择，为此而制作的发票就是样品发票（Sample Invoice）。所提供的样品，若价值不大，多数是免费赠送，有时会收取部分款项或收取全额款项，这些都应在发票上加以说明。

第三节　案例讨论

发票比较案例如下所述。
以下两张单据来自同一笔业务，请比较发票与形式发票的区别，并说明二者的不同作用。

哈尔滨巨邦精密轴承制造有限公司
Harbin Jubang Precision Bearing Manufacture Co.,Ltd
Room 2005 & 2006, Pufa Bldg., 209 Changjiang Road, Nangang District, Harbin, China 150090

(ORIGINAL) 发　　　　票　　Invoice No:JB-PK-04

INVOICE　　Date:2022-11-24

Marks:

FJTC/KHI

Ship To: F.J.Trading Corporation

Office No.203,Noman Towers,Marston Road,Plaza

Quarters,Karachi,Pakistan

Shipped: By Vessel

Port of loading: Dalian,China Seaport

Potr of Discharge: Keamari Karachi Seaport

L/C Payment: USD 7659.00

Item No.	Description of Goods	Quantity (pcs)	Unit Price (USD)	Amount(USD)
				CFR KEAMARI　KARACHI
Cylindrical Roller Bearings	NJ212	200	1.00	200.00
Tapered Roller Bearings	30207	200	0.32	64.00
Tapered Roller Bearings	30208	500	0.44	220.00
Tapered Roller Bearings	30209	500	0.46	230.00
Tapered Roller Bearings	30210	200	0.60	120.00
Tapered Roller Bearings	30215	200	1.40	280.00
Tapered Roller Bearings	32309	1000	1.36	1360.00
Tapered Roller Bearings	32310	300	1.80	540.00
Tapered Roller Bearings	32212	1000	1.15	1150.00
Tapered Roller Bearings	32215	500	1.62	810.00
Tapered Roller Bearings	32219	50	4.10	205.00
Tapered Roller Bearings	32220	100	5.00	500.00
Tapered Roller Bearings	LM48548/LM48510	2000	0.24	480.00
Tapered Roller Bearings	LM11949/LM11910	1000	0.12	120.00
Tapered Roller Bearings	25590/25520	1000	0.40	400.00
Tapered Roller Bearings	LM67048/LM67010	2000	0.18	360.00
Tapered Roller Bearings	462/453X	200	1.10	220.00
Tapered Roller Bearings	575/572	200	2.00	400.00
	TOTAL:	11,150		7659.00

HPB brand cylindrical roller bearings and tapered roller bearings CFR Keamari Karachi

Packing in strong "HPB" brand printed individual box than strong seaworthy "HPB" printed cartons than strong

palletes in plastic polybag of good quality.

Certify that Goods shipped are as per beneficiary's proforma invoice no. JB-PK03　　　　dated 04-09-2022

Certifying merchandise to be of Chinese origin

H.S. code no. 8482-2000.8482-5000

L/C Number 000801610022 Date of Issuance:2022.09.09

哈尔滨巨邦精密轴承制造有限公司
Harbin Jubang Precision Bearing Manufacture Co.,Ltd

Room 2005&2006, Pufa Building, No.209 Changjiang Road, Nangang District, Harbin, China 150090

Marks:	**(ORIGINAL)形 式 发 票**	Invoice No:JB-PK03
	Proforma Invoice	Date:2022-9-4
Ship To:	F.J Trading Corporation	
	Office No.203, Noman Towers Marston Road	
	Plaza Quarters, Karachi, Pakistan	
Shipped:	By Vessel	
From:Dalian Port China	**To:Karachi Port Pakistan**	

L/C NO.

Item No.	Description of Goods	Quantity (pcs)	Unit Price (USD)	Amount(USD)
Cylindrical Roller Bearing	NJ212	200	1.00	200
Tapered Roller Bearings	30207	200	0.32	64
Brand: HPB	30208	500	0.44	220
Rings and Rollers: 100% chromium	30209	500	0.46	230
steel GCr-15 Conform with AISI52100	30210	200	0.60	120
Cages made of pressed carbon steel	30215	200	1.40	280
Standard:China Standard (ABEC1)	32309	1000	1.36	1360
Delivery Date:It is about 40-50 days	32310	300	1.80	540
	32212	1000	1.15	1150
	32215	500	1.62	810
	32219	50	4.10	205
	32220	100	5.00	500
	LM48548/LM48510	2000	0.24	480
	LM11949/LM11910	1000	0.12	120
	25590/25520	1000	0.40	400
	LM67048/LM67010	2000	0.18	360
	462/453X	200	1.10	220
	575/572	200	2.00	400
	TOTAL:	11,150		7659.00

Terms of Delivery:　CFR Karachi

Packing:　Plastic poly-bag,printed individual box,sea worthy
　　　　　printed cartons,pallet.

Port of Shipment:　Dalian Port China

Port of Destination: Karachi Port Pakistan

Terms of Payment:　Payment by L/C

Shipping Documents:　Full documents on board

Insurance:　To be effected by the buyer

Partial Shipments: Not Allowed

Transshipment: Allowed

Certificate of quality duly certified by:　Department of Chinese Entry-Exit Inspections and Quarantine

课后练习题

一、选择题

1. 以下（   ）不属于发票类。
   A．花色搭配单   B．海关发票
   C．领事发票   D．形式发票

2. 发票上的货物数量应与信用证一致，若信用证在数量前使用"约""大约"字样，应理解为（   ）。
   A．货物数量有不超过 5%增减幅度   B．货物数量有不超过 10%增减幅度
   C．货物数量有不超过 3%的增减幅度   D．货物数量不得增减

3. 信用证要求提供厂商发票的目的是（   ）。
   A．查验货物是否已经加工生产   B．核对货物数量是否与商业发票相符
   C．检查是否有反倾销行为   D．确认货物数量是否符合要求

4. 一般情况下，商业发票的金额应与（   ）一致。
   A．合同金额   B．信用证金额
   C．保险金额   D．实际发货金额

5. 海关发票是由（   ）制定的一种特殊发票格式。
   A．出口方   B．进口方   C．出口国海关   D．进口国海关

6. 下列不是商业发票的作用的是（   ）。
   A．是进出口报关完税必不可少的单据
   B．是全套单据的核心
   C．是结算货款的依据
   D．是物权凭证

二、简答题

1. 简述商业发票的含义及作用。
2. 商业发票的内容包括哪些？
3. 海关发票的作用是什么？
4. 领事发票的作用是什么？

三、实务题

1. 按以下材料缮制商业发票。

ISSUING BANK:TOKYO BANK LTD.,TOKYO

L/C NO.:76589

DATE OF ISSUE:220715

APPLICANT:SAKA INTERNATIONAL FOOD CO.

26 TORIMI-CHO NISHI – PU, NAGOYA 768, JAPAN

BENEFICIARY:HONGDA PRODUCTS CO.

NO.10 DONGFENG ROAD, NINGBO, CHINA

LOADING IN CHARGE:NINGBO, CHINA

FOR TRANSPORTION TO:NAGOYA, JAPAN

DESCRIPTION OF GOODS:40M/T FRESH BAMBOO SHOOTS AT CFR NAGOYA USD 1080.00 PER M/T AND

40 M/T FRESH ASPARAGUS AT CIF NAGOYA   USD1600.00 PER M/T AS PER CONTRACT NO HD87049

DOCUMENTS REQUIRED:

+COMMERCIAL INVOICE IN TRIPLICATE AND CERTIFY THAT THE GOODS ARE OF CHINESE ORIGIN…

SHIPPING MARKS:NO MARKS

制作发票的日期：2022 年 7 月 20 日

发票号码：HD220706

COMMERCIAL INVOICE

To: Date:

                                     Invoice No:

                                     Contract No:

From: to: Letter of credit No.:

Issued by:

Marks & Numbers	Descriptions	Quantities	Unit Price	Amount

Total

Say total

2. 根据下列资料制作商业发票。

L/C NO.: 861456

DATE: MAR. 3 2022

DATE AND PLACE OF EXPIRY: SET.16,2022, IN COUNTRY OF BENEFICIARY

APPLICANT: CCDD TRADING.CO

496 UTRY SEMARANG INDONESIA

BENEFICIARY: NANJING TAIXIANG IMP. AND EXP. CORP.

459 TIANSHI ROAD NANJING, CHINA

L/C CURRENCY AND AMOUNT: USD26400.00

LOADING IN CHARGE: SHANGHAI PORT, CHINA

FOR TRANSPORTATION TO: SEMARANG, INDONESIA

LATEST DATE OF SHIPPMENT: 220830

DESCRIPTION OF GOODS: 32000 PIECES OF STUFFED TOY AS PER SALES CONTRACT 220019 DATED 22.03.22

STYLE NO.	QUANTITY	UNIT PRICE
TA11	8000PCS	USD0.50/PC
TB12	8000PCS	USD0.60/PC
TC13	8000PCS	USD1.50/PC
TD14	8000PCS	USD0.70/PC

CIFC4 SEMARANG

DOCUMENTS REQUIRED:

+ COMMERCIAL INVOICE IN 1 ORIGINAL AND 5 COPIES LESS 5% DISCOUNT AND LESS 4% COMMISSION.

+...

ADDITIONAL COND.:

+ PACKING IN CARTONS OF 50 PCS EACH.

+ CARTONS TO BE MARKED WITH: CCDD

SEMARANG

C/NO.1-UP

+...

提示：制作时请注意回扣和佣金的处理。

COMMERCIAL INVOICE

To:　　　　　　　　　　　Date:

　　　　　　　　　　　　Invoice No:

　　　　　　　　　　　　Contract No:

From:　　　　to:　　　　　Letter of credit No.:

Issued by:

Marks & Numbers	Descriptions	Quantities	Unit Price	Amount
				Total

Say total

3．根据下列资料制作商业发票。

L/C NO.: 7886549

APPLICANT: WTM TRADING CO., LTD

　　　　　NO.9 KING ROAD SYDNEY, AUSTRALIA.

BENEFICIARY: TOP　IMPORT AND EXPORT COMPANY

　　　　　NO.66 DINGHAI ROAD HANGZHOU, CHINA

L/C AMOUNT: USD656460.00

DESCRIPTION OF GOODS AND/OR SERVICES:

LEATHER GARMENTS

100 PCS　ART 111　　AT USD12.50

300 PCS　ART 123　　AT USD14.25

100 PCS　ART 134　　AT USD51.30

600 PCS　ART 136　　AT USD35.00

400 PCS　ART 145　　AT USD60.45

DOCUMENTS REQUIRED:

…

+ MANUALLY SIGNED COMMERCIAL INVOICE IN TRIPLICATE SHOWING FOB VALUE AND FRIGHT CHARGES SEPERATELY EVIDENTIFYING THAT THE GOODS ARE FORMLY CONFIRMED WITH S/C NO TOP 220675.

…

TERMS OF DELIVERY: CFR SYDNEY

PACKING: IN 150 CARTONS OF 100 PCS EACH IN POLY WOVEN CLOTH.

COMMERCIAL INVOICE

To:　　　　　　　　　　　　　　Date:

　　　　　　　　　　　　　　　　Invoice No:

　　　　　　　　　　　　　　　　Contract No:

From:　　　　to:　　　　　Letter of credit No.:

Issued by:

Marks & Numbers	Descriptions	Quantities	Unit Price	Amount
				Total

Say total

4．根据下列材料制作加拿大海关发票。

（1）L/C TERMS

…

APPLICANT: EAST AGENT COMPANY

P.O.BOX 8935 NEW TERMINAL,ALTA,VISTAOTTAWA,CANADA

BENEFICIARY: NANJING YOUYI CO., LTD

ROOM 501,JIAFA MANSTION, BEIJING EAST ROAD, NANJING

CURRENCY CODE AND AMOUNT: USD35,500

AVAILABLE WITH…BY…: ANY CHINESE BANK BY NEGOTIATION

DRAFTS AT…: SIGHT

DRAWEE: DRAWN ON OURSELVES

PARTIAL SHIPMEMTS: ALLOWED

LOADING ON BOARD/DISPATCH/TAKING IN CHARGE: NANJING, CHINA

FOR TRANSPORTATION TO…: MONTREAL,CANADA.

LATEST DATE OF SHIPMENT: 220515

DESCRIPTION OF GOODS AND/OR SERVICES: H6-59940BS　　GOLF　CAPS

DOCUMENTS REQUIRED

　　…

　　+CANADA CUSTOMS INVOICE IN DUPLICATE.

　　…

　　（2）补充资料

　1）GROSS WEIGHT: 7654KGS

　2）INVOICE NO.: YY224579

　3）ORDER NO.: BEU900405

　4）DATE OF SHIPMENT: MAR 20, 2022

　5）SHIPPING MARK: N/M

　6）FREIGHT + INSURANCE=USD6250.00

第六章 官方单据

 本章导读：

在国际贸易活动中，政府行为对交易的过程及结果均会产生重要影响。每个国家都对本国的进出口贸易进行相应的管理和控制。政府的对外贸易政策及对本国进出口贸易的宏观管理，实际上，就是通过控制和发放各种官方单据来实现的。官方单据是指由政府机关或社会团体签发的单据，进出口贸易中的官方单据主要有进出口许可证、检验检疫证书及原产地证书等。政府依靠对官方单据的管理实现对对外贸易的管理。因此，官方单据的使用是否得当、准确，将直接关系到贸易国及进出口商的利益。本章主要介绍进出口许可证、检验检疫证书及原产地证书的相关基础知识，并对进出口许可证、出境货物检验检疫申请、检验检疫证书、一般原产地证书及普惠制原产地证书等单据的缮制进行详细阐述。

学习目标：

通过本章学习，学生能够了解进出口许可证的申领范围及制作要点，理解进出口货物报检的含义，掌握一般原产地证书及普惠制原产地证书的概念、使用及功能，熟悉出境货物报检的程序，掌握一般贸易下出境货物检验检疫申请、一般原产地证书及普惠制原产地证书的缮制。

关键概念：

- 商品检验（Commodity Inspection）
- 原产地证书（Certificate of Origin）
- 检验检疫证书（Inspection and Quarantine Certificate）
- 品质检验证书（Inspection Certificate of Quality）
- 重量或数量检验证书（Inspection Certificate of Weight or Quantity）

第一节 进出口许可证

一、进出口许可证的作用

贸易管制措施的报关规范由两大方面构成：一是如实申报，即进出口货物收发货人在向海关申请办理通关手续时，按照规定的格式（进出口货物报关单），真实、准确地填报与货物有关的各项内容。二是按照政策规定，主动向海关提交有关许可证件及其他有关证明文件，即通过进出口货物类别，准确认定其所应适用的国家贸易管制政策。对其中属于国家实行许可证件管理的货类，向海关申请办理通关手续时应主动递交相应的许可证件；对涉及多项国家贸易管制措施的货类，依据国家贸易管制措施相对独立原则，应分别递交相应的许可证件。

进出口许可证管理是国家限制进出口的一种最主要的管理形式，作为我国货物进出口许可制度的核心管理，是由国务院对外贸易主管部门或者经其会同国务院其他有关部门，根据《中华人民共和国对外贸易法》以及国家其他法律法规的有关规定，制定并调整进出口许可证管理目录，以签发《中华人民共和国进口许可证》（以下简称《进口许可证》）、《中华人民共和国出口许可证》（以下简称《出口许可证》）的形式对该目录商品实行进出口许可的国家管理。

二、进出口许可证的管理

进出口许可证是国家管理货物进出口的凭证，不得买卖、转让、涂改、伪造和变造。凡属于进出口许可证管理的货物，除国家另有规定的以外，对外贸易经营者应当在进口或出口前按规定向指定的发证机构申领进出口许可证，海关凭进出口许可证接受申报和验放。

1．发证机构

目前，我国进出口许可证的签发工作由商务部统一管理、指导。全国各发证机构按其管理级别分为：商务部配额许可证事务局，商务部驻各地特派员办事处和各省、自治区、直辖市、计划单列市以及商务部授权的其他省会城市商务厅（局）、对外贸易经济委员会（简称外经贸委）（厅、局）。它们负责在授权范围内签发《进口许可证》或《出口许可证》。

2．种类

进出口许可证管理分为进口许可证管理和出口许可证管理，商务部是全国进出口许可证的归口管理部门，负责制定进出口许可证管理办法及规章制度，监督、检查进出口许可证管理办法的执行情况，处罚违规行为。商务部会同海关总署制定、调整和发布年度进口许可证管理货物目录及出口许可证管理货物目录。

3．申领程序

（1）《进口许可证》的申领程序。

1）含义：《进口许可证》管理属于国家限制进口管理范畴，是国家许可对外经营单位进口某种货物的证明，也是海关对进口货物监管的重要依据。凡属《进口许可证》管理的商品，除国家另有规定外，对外贸易经营者应在进口前按照规定向指定的发证机构申领《进口许可证》，海关凭《进口许可证》接受申报和验放。进口许可证见式样 6-1。

2）范围：2022 年《进口许可证》管理的商品范围包括消耗臭氧层物质和重点旧机电产品，共 14 种 156 个 H.S.编码。其中，消耗臭氧层物质包括三氯氟甲烷（CFC-11）、二氯二氟甲烷（CFC-12）等货物。重点旧机电产品包括旧化工设备类、旧水泥生产设备类、旧金属冶炼设备类、旧工程设备机械类、旧造纸设备类、旧电力电器设备类、旧农业机械类、旧纺织机械类、旧印刷机械类、旧食品加工包装设备、旧船舶类、旧矽鼓等。详见《2022 年进口许可证管理货物目录》。

3）发证机关：商务部配额许可证事务局负责签发重点旧机电产品的《进口许可证》；商务部授权的地方商务主管部门负责签发消耗臭氧层物质的《进口许可证》。在京中央管理企业的《进口许可证》由许可证事务局签发。

4）报关规范：《进口许可证》的有效期为 1 年，当年有效。特殊情况需要跨年度使用时，有效期最长不得超过次年 3 月 31 日，逾期自行失效。《进口许可证》实行"一证一关"，就是指只能在一个海关报关。《进口许可证》一般情况下实行"一批一证"，即《进口许可证》在有效期内一次报关使用。如果要实行"非一批一证"，应当同时在《进口许可证》备注栏内打印"非一批一证"字样，但最多不超过 12 次，由海关在许可证背面"海关验放签注栏"内逐批签注核减进口数量。对进口实行许可证管理的大宗、散装货物，溢短装数量不得超过《进口许可证》所列数量的 5%，其中原油、成品油溢装数量不得超过《进口许可证》所列数量的 3%。对实行"非一批一证"制的大宗、散装货物，在每批货物进口时，按其实际进口数量进行核扣；最后一批货物进口时，其溢装数量按该许可证实际剩余数量并在规定的溢装上限 5% 内计算，原油、成品油则在溢装上限 3% 内计算。

式样 6-1　进口许可证

中华人民共和国进口许可证
IMPORT LICENCE OF THE PEOPLE'S REPUBLIC OF CHINA

1. 进口商： 　Importer	3. 进口许可证号： 　Import Licence No.				
2. 收货人： 　Consignee	4. 进口许可证有效截止日期： 　Import Licence expiry date				
5. 贸易方式： 　Terms of trade	8. 出口国（地区）： 　Country/Region of exportation				
6. 外汇来源： 　Terms of foreign exchange	9. 原产地国（地区）： 　Country/Region of origin				
7. 报关口岸： 　Place of clearance	10. 商品用途： 　Use of goods				
11. 商品名称： 　Description of goods	商品编码： Code of goods				
12. 规格、型号 　Specification	13. 单位 Unit	14. 数量 Quantity	15. 单价（**USD**） Unit price	16. 总值（**USD**） Amount	17. 总值折美元 Amount in USD
18. 总计 　Total					
19. 备注 　Supplementary details	20. 发证机关签章 　Issuing authority's stamp & signature 21. 发证日期 Licence date				

中华人民共和国商务部监制（××××）

（2）《出口许可证》的申领程序。

1）含义：《出口许可证》是我国进出口许可证管理制度中具有法律效力，用来证明对外贸易经营者经营列入国家《出口许可证》管理目录商品合法出口的证明文件，是海关验放该类货物的重要依据。出口许可证见式样6-2。

式样6-2　出口许可证

中华人民共和国出口许可证
EXPORT LICENCE OF THE PEOPLE'S REPUBLIC OF CHINA

<table>
<tr><td colspan="3">1. 出口商：
　　Exporter　　　　　**198862688**
上海毛织品进出口贸易公司</td><td colspan="2">3. 出口许可证号：
　　Exporter licence No.
　　　　2020-3122533</td></tr>
<tr><td colspan="3">2. 发货人：
　　Consigner　　　　　**198862688**
上海毛织品进出口贸易公司</td><td colspan="2">4. 出口许可证有效截止日期：
　　Export licence expiry date
　　　　2020 年 12 月 25 日</td></tr>
<tr><td colspan="3">5. 贸易方式：
　　Forms of trade
　　　　一般贸易</td><td colspan="2">8. 进口国（地区）：
　　Country/Region of purchase
　　　　加拿大</td></tr>
<tr><td colspan="3">6. 合同号：
　　Contract No.
　　　　MN808</td><td colspan="2">9. 付款方式：
　　Payment
　　　　L/C</td></tr>
<tr><td colspan="3">7. 报关口岸：
　　Place of clearance
　　　　上海海关</td><td colspan="2">10. 运输方式：
　　Mode of transport
　　　　江海运输</td></tr>
<tr><td colspan="2">11. 商品名称：
　　Description of goods　**全棉抹布**</td><td colspan="3">商品编码：
　　Code of goods　**8 024.666 1**</td></tr>
<tr><td>12. 规格、等级
Specification</td><td>13. 单位
Unit</td><td>14. 数量
Quantity</td><td>15. 单价（**USD**）
Unit Price</td><td>16. 总值（**USD**）
Amount</td><td>17. 总值折美元
Amount in USD</td></tr>
<tr><td>10″×10″</td><td>DOZ</td><td>16 000</td><td></td><td></td><td>USD 20 960</td></tr>
<tr><td>20″×20″</td><td>DOZ</td><td>6 000</td><td></td><td></td><td>USD 15 060</td></tr>
<tr><td>30″×30″</td><td>DOZ</td><td>11 350</td><td></td><td></td><td>USD 53 685.50</td></tr>
<tr><td></td><td></td><td></td><td></td><td></td><td></td></tr>
<tr><td>18. 总计
　Total</td><td>DOZ</td><td>33 350</td><td></td><td></td><td>USD 89 705.50</td></tr>
<tr><td colspan="3">19. 备注
　　Supplementary details</td><td colspan="3">20. 发证机关签章
　　Issuing authority's stamp & signature

21. 发证日期
　　Licence date　　2020 年 9 月 25 日</td></tr>
</table>

中华人民共和国商务部监制（××××）

2）范围：2022 年对 43 种货物 616 个 10 位商品编码，分别实行《出口配额许可证出口配额招标》和《出口许可证》管理。

实行出口配额许可证管理的货物：玉米、大米、小麦、玉米粉、大米粉、小麦粉、棉花、锯材、煤炭、焦炭、原油、成品油、锑及锑制品、钨及钨制品、锌矿砂、锡及锡制品、白银、铟及铟制品、钼、磷矿石等。

实行出口配额招标的货物：蔺草及蔺草制品、碳化硅、滑石块（粉）、轻（重）烧镁、矾土、甘草及甘草制品。

实行出口许可证管理的货物：冰鲜牛肉、冻牛肉、冰鲜猪肉、冻猪肉、冰鲜鸡肉、冻鸡肉、消耗臭氧层物质、石蜡、锌及锌基合金、部分金属及制品、铂金（以加工贸易方式出口）、稀土、汽车（包括成套散件）及其底盘、摩托车（含全地形车）及其发动机和车架、天然砂（含标准砂）、钼制品、柠檬酸、维生素 C、青霉素工业盐、硫酸二钠。

3）发证机关：商务部配额许可证事务局负责签发玉米、小麦、棉花、煤炭、原油、成品油 6 类商品的《出口许可证》；在京中央管理企业的出口许可证由商务部配额许可证事务局签发；商务部驻各地特派员办事处负责签发大米、玉米粉、大米粉、锯材、活牛、活猪、活鸡、冰鲜牛肉、蔺草制品、碳化硅、滑石块等货物的《出口许可证》；商务部授权的地方商务主管部门，即地方发证机构负责签发铟及铟制品、钼制品、消耗臭氧层物质、石蜡、锌及锌基合金、部分金属及制品等货物的《出口许可证》。

4）报关规范：《出口许可证》的有效期一般为 3 个月，最长不得超过 6 个月，并且有效期截止时间不得超过当年 12 月 31 日。商务部可视具体情况，调整某些货物《出口许可证》的有效期。对《出口许可证》管理的大宗、散装货物，溢短装数量不得超过《出口许可证》所列数量的 5%，其中原油、成品油溢装数量不得超过《出口许可证》所列数量的 3%。对不实行"一批一证"制的大宗、散装货物，在每批货物出口时，按其实际出口数量进行核扣，最后一批货物出口时，其溢装数量按该许可证实际剩余数量并在规定的溢装上限 5% 内计算，原油、成品油则在溢装上限 3% 内计算。

第二节　检验检疫证书

出入境货物报检是指进出口货物当事人（主要是进口商和出口商），根据有关法律、法规的规定，对法定检验检疫的出入境货物，向检验检疫机构申请办理检验、检疫、认定和鉴定手续。出入境货物报检是进出口商履行进出口合同的一个重要环节。凡属国家规定或合同协议规定需要由出入境检验检疫部门检验的商品，在货物备齐后或货到后，必须向出入境检验检疫部门申请检验，取得出入境检验检疫部门颁发的合格的检验检疫证书或货物通关证明，海关才准予放行。进出口商向出入境检验检疫部门申请检验检疫、出具检验检疫证书的手续，也就是向出入境检验检疫部门填写并提交出入境货物检验检疫申请及其他必要的单据。

一、中国的检验检疫管理

出入境检验检疫工作是国家检验检疫部门依照国家检验检疫法律法规的规定，对进出境的商品、动植物（包括动植物产品）以及运载这些商品、动植物和旅客的交通工具、运输设备，分别实施检验、检疫、鉴定、监督管理和对出入境人员实施卫生检疫及口岸卫生监督的统称。

根据《中华人民共和国进出口商品检验法》及其实施条例、《中华人民共和国进出境动植物检疫法》及其实施条例、《中华人民共和国国境卫生检疫法》及其实施细则、《中华人民共和国食品卫生法》等有关法律、行政法规的规定，法定检验检疫的出口货物的发货人或其代理人应当在检验检疫机构规定的地点和期限内向出入境检验检疫机构报检，未经检验合格的，不准出口。输出动植物、动植物产品和其他检疫物，经检疫合格或者经除害处理合格的，准予出境。检疫不合格又无有效方法除害处理的，不准出境。

出入境检验检疫工作的主要内容和目的：①对进出口商品进行检验、鉴定和监督管理，其目的是保证进出口商品符合质量（标准）要求、维护对外贸易有关各方的合法权益，促进对外经济贸易的顺利发展；②对出入境动植物及其产品，包括其运输工具、包装材料的检疫和监督管理，其目的是防止危害动植物的病菌、害虫、杂草种子及其他有害生物由国外传入或由国内传出，保护本国农、林、渔、牧业生产以及国际生态环境和人类的健康；③对出入境人员、交通工具、运输设备以及可能传播检疫传染病的行李、货物、邮包等物品实施国境卫生检疫和口岸卫生监督，其目的是防止传染病由国外传入或由国内传出，保护人类健康。

二、出境货物检验检疫申请

出入境货物检验检疫申请，是进出口货物的收发货人或其代理人向检验检疫机构填制的、要求其对进出口商品进行检验检疫或鉴定的单据。出境货物检验检疫申请是进出口商办理进出口商品检验检疫前必须填制的单据，是商品检验检疫机构据以进行检验检疫并出具相关证明的重要依据。填写出入境货物检验检疫申请是商品检验检疫乃至整个进出口合同履行的重要环节。出境货物检验检疫申请见式样6-3。

1. 出境货物检验检疫申请（报检单）的缮制

（1）申请单位：指向检验检疫机构申报检验、检疫、鉴定业务的单位；申请单位应加盖公章。

（2）申请单位登记号：指在检验检疫机构的报检注册登记号。

（3）联系人：报检人员姓名。

（4）电话：报检人员的联系电话。

（5）申请日期：报检当天的日期。

（6）发货人：指本批货物的贸易合同中卖方名称或信用证中的受益人名称，如果需要出具英文证书，填写中英文。

（7）收货人：指本批货物的贸易合同中买方名称或信用证中的申请人名称，如果需要出具英文证书，填写中英文。

（8）货物名称：按贸易合同、信用证上所列货物名称填写。

（9）H.S.编码：按《协调商品名称及编码制度》中所列编码填写。填写8位数或10位数。

（10）产地：指货物的生产/加工的省（自治区、直辖市）以及地区（市）名称。

（11）数/重量：填写报检货物的数/重量，重量一般以净重填写，如果填写毛重或以毛重作净重，则需注明。

式样 6-3　出境货物检验检疫申请

出境货物检验检疫申请

申请单位（加盖公章）：　　　　　　　　*编号----------------

申请单位登记号：　　　　联系人：　　　　电话：　　　　申请日期：　　年　　月　　日

发货人	（中文）				
	（外文）				
收货人	（中文）				
	（外文）				
货物名称（中/外文）	H.S.编码	产地	数/重量	货物总值	包装种类及件数

运输工具名称号码		贸易方式		货物存放地点	
合同号		信用证号		用途	
发货日期		输往国家（地区）		许可证/审批号	
启运地		到达口岸		生产单位注册号	
集装箱规格、数量及号码					

合同、信用证订立的检验检疫条款或特殊要求	标记及号码	随附单据（打"√"或补填）
		□合同　　　　　　　　□许可/审批文件 □信用证　　　　　　　□报检委托书 □发票　　　　　　　　□其他单据 □装箱单 □厂检单 □包装性能结果单

需要证单名称（打"√"或补填）		*检验检疫费
□品质证书　　　　　正　副 □重量证书　　　　　正　副 □数量证书　　　　　正　副 □兽医卫生证书　　　正　副 □健康证书　　　　　正　副 □卫生证书　　　　　正　副 □动物卫生证书　　　正　副	□植物检疫证书　　　正　副 □熏蒸/消毒证书　　　正　副	总金额 （人民币元） 计费人 收费人

报检人郑重声明： 1. 本人被授权申请检验检疫。 2. 上列填写内容正确属实，货物无伪造或冒用他人的厂名、标志、认证标志，并承担货物质量责任。 　　　　　签名：_____	领取证单
	日期
	签名

注：有"*"号栏由海关填写。

（12）货物总值：按本批货物合同或发票上所列的总值填写，需注明币种。若同一检验检疫申请报检多批货物，则需列明每批货物的总值。

（13）包装种类及件数：指本批货物运输包装的种类及件数。

（14）运输工具名称号码：填写货物实际装载的运输工具类别名称（如船舶、飞机、汽车、火车等）及运输工具编号（船名、飞机航班号、车牌号码、火车车次）。报检时，未能确定运输工具编号的，可只填写运输工具类别。

（15）贸易方式：该批货物出口的贸易方式，如一般贸易、来料加工、边境贸易、进料加工等。

（16）货物存放地点：指本批货物存放的地点位置。注明具体地点、厂库。

（17）合同号：指贸易双方就本批货物出境而签订的贸易合同编号。

（18）信用证号：指本批货物所对应的信用证编号。

（19）用途：指本批货物出境用途，如种用、食用、奶用、观赏或演艺、伴侣、实验、药用、饲用、加工等。

（20）发货日期：按本批货物信用证或合同所列的出境日期填写。

（21）输往国家（地区）：出口货物的最终销售国。按对外贸易合同或信用证填写。

（22）许可证/审批号：须办理出境许可证或审批的货物应填写有关许可证号或审批号。

（23）启运地：指装运本批货物离境的交通工具的启运口岸/地区城市名称。

（24）到达口岸：指装运本批货物的交通工具最终抵达目的地停靠的口岸名称。

（25）生产单位注册号：指生产/加工本批货物的单位在检验检疫机构的注册登记编号。

（26）集装箱规格、数量及号码：填写装载本批货物的集装箱规格（如40英尺、20英尺等）以及分别对应的数量和集装箱号码全称。若集装箱太多，可用附单形式填报。例如，1*20′/TGHU8491952。

（27）合同、信用证订立的检验检疫条款或特殊要求：指贸易合同或信用证中贸易双方对本批货物特别约定而订立的质量、卫生等条款和申请单位对本批出境货物的检验检疫的其他特别要求。

（28）标记及号码：按出境货物实际运输包装标志填写，若没有标记，填写"N/M"，标记填写不下时可用附页填报。

（29）随附单据：按实际提供的单据，在对应的方框内打"√"。

（30）需要证单名称：按需要检验检疫机构出具的证单，在对应的方框内打"√"，并注明所需证单的正副本的数量。

（31）检验检疫费：此栏目由海关填写。

（32）报检人郑重声明：必须有报检人的亲笔签名。

（33）领取证单：报检人在领取证单时填写领证日期及领证人姓名。

2. **注意事项**

（1）报检人必须按规定填写出境货物检验检疫申请，必填的项目完整准确，单单一致，申请单必须加盖申请单位印章。

（2）每份申请单只限填报一批商品。

（3）报检人对所需检验证书的内容如有特殊要求的，应预先在出境货物检验检疫申请上申明。

（4）已报检的出境商品，如国外开来信用证修改函有涉及与检验检疫有关的条款，申请单位必须及时将修改函送商检机构，办理更改手续。

三、检验检疫证书的含义和作用

1. 检验检疫证书的含义

进出口商品的检验检疫证书（Inspection Certificate）是由某一机构出具的，证明货物在装运前已经得到检验（一般依据一套行业、消费者、政府或承运人标准进行检验）并注明检验结果的书面证明文件。其签发一般是由一家中立、独立的第三方检验服务机构或政府商检部门出具，也可以是由制造厂商出具的。在某些国家，对于某些商品，检验检疫证书必须由一个特殊的政府机构出具。

检验检疫证书应包括下列主要内容：①发货人名称与地址；②收货人名称与地址；③货物描述；④检验日期；⑤抽样方法说明；⑥检验结果说明；⑦姓名、签字及检验机构签章。

在确定或形容某一可接受的检验机构时，买方应避免使用"一流的""著名的""合格的""独立的""官方的""有资格的""当地的"等类似词语。最好当事各方事先确定某一具体的检验组织或实体，买方应在跟单信用证（使用时）中具体规定其所要求的认证机构或实体。在信用证交易中，只要单证不是由受益人（卖方）出具的，类似含糊的表述将导致银行接受任何"表面上"符合跟单信用证要求的相关文件。

2. 检验检疫证书的作用

虽然检验检疫证书不属于国际贸易结算中的基本单据，但倘若检验检疫证书中的检验结果不符合信用证或合同的规定，进口商可据此作为拒付或索赔的理由。在国际贸易中，检验检疫证书有多方面的作用。

（1）作为议付货款的单据之一。许多产品的定价取决于商品的等级或某些主要成分的含量。因此，进出口合同中订有价格与金额的增减条款，以适应不同的检验结果。在进出口实务中，一般都根据检验检疫证书中标明的产品等级和主要成分含量，确定合适价格并计算出货值。

如果合同或信用证规定需由××检验机构出具有关要求的检验检疫证书，则检验证明中所列的项目或结果必须与信用证的要求相符，否则，银行可以单证不符为由拒付，因此，此时的检验检疫证书是不可缺少的议付单据。

（2）作为证明履约、交货接收的有效证件。检验检疫证书对出口商品的品质、规格、物理和技术指标、交货数量或重量等提供科学的依据。货物经过长途运输后难免会出现质量变化或数量缺损、包装损坏等情况，从而引起进口商的争议。出口商为了免责，必须提供权威机构签发的检验检疫证书，证明其已履行合格交货任务，可凭以认定商品是否符合规定，对商品的品质规格等方面起保障作用。

出口商品出具检验检疫证书可以保证出口货物的质量，维护对外贸易信誉。例如，以品质检验证书控制商品的质量；以数量或重量检验证书控制交货的数量、重量和包装等情况，以兽医或卫生检验证书控制动物产品的疫情和其他卫生情况；以植物检验检疫证书控制植物产品的虫害、疫情等情况。一份由信誉良好的商检机构签发的证书，不仅使买方在付款时增加了安全感，而且也为卖方解除了交货后可能产生的品质、数量等方面争议的顾虑。

（3）作为索赔、仲裁、诉讼的佐证文件。货物在运达进口地后一般都需进行检验，以确定收货时的质量、数量、状况等，这样做，既便于进口商转售，又可以在发现问题引起争议时，根据检验结果，明确责任归属，提出赔偿要求。如需进行仲裁或诉讼，也必须提供检验检疫证书作为对货物缺陷、残损等事实的说明。所以，检验检疫证书在买卖双方发生争议或索赔时作为科学的责任划分依据。

（4）作为某些出口商品计价的依据。有些商品价格依照品质规格幅度进行价格的增减。例如，棉花、羊毛、粮食等商品。棉花等纺织品原料都是按公量计价的。公量，是指该商品的干燥重量加上国际上公认的或买卖双方协议的含水率而得到的重量。又如粮食类，双方设定含水分标准为 8%，如果实际交货的水分高于该标准者，每高 1%，其价格减扣 1%；如果低于该标准者，每低 1%，其价格增加 1%。所以，商检的结果关系到价格的确定。

（5）作为验收报关的有效凭证。许多国家为维护本国及消费者利益，通常规定对某些商品必须进行强制性检验，如食品等。进口商必须出示出口地检验机构签发的证明商品合格或符合国家进口标准的检验检疫证书才能报关验收，否则禁止进口。这是有效防止人类、牲畜病害或传染疾病扩大传播的一道屏障，也是海关验放、征收关税和优惠减免关税的必要证明。

四、检验检疫证书的种类

我国由国家检验机构签发的常见检验检疫证书主要有：
（1）品质检验证书（Quality Inspection Certificate）。
（2）重量检验证书（Weight Inspection Certificate）。
（3）数量检验证书（Quantity Inspection Certificate）。
（4）包装检验证书（Inspection Certificate of Packing）。
（5）兽医检验证书（Veterinary Inspection Certificate）。
（6）卫生检验证书（Sanitary Inspection Certificate）。
（7）消毒检验证书（Disinfecting Inspection Certificate）。
（8）熏蒸检验证书（Inspection Certificate of Fumigation）。
（9）温度检验证书（Inspection Certificate of Temperature）。
（10）残损检验证书（Inspection Certificate of Damaged Cargo）。
（11）船舱检验证书（Inspection Certificate on Tank/Hold）。
（12）价值检验证书（Inspection Certificate of Value）。
也有少数由非国家检验机构签发的检验证书，如：
（1）出口商/生产厂家检验证书（Inspection Certificate Issued by Exporter/Manufacturer）。
（2）瑞士 SGS 检验证书（Inspection Certificate Of Societe Generale de-Surveillance S.A.）。
（3）日本 OMIC 检验证书（Inspection Certificate Issued by OMIC）。
（4）法国 BV 检验证书（Inspection Certificate Issued by BV）。
（5）进口商指派专人签发的检验证书（Inspection Certificate Signed by Importer's Nominee）。

五、检验检疫证书的内容和缮制要求

各种不同类别的检验检疫证书，因其对应不同的检验项目和检验要求，所以内容也不相同，但大多由以下五个部分组成。

1. 检验检疫证书的内容

（1）检验检疫局名头。检验检疫局名头包括检验检疫局名、标志、地址、电话和电报挂号。

（2）证书种类名称。证书种类名称包括正、副本字样，证书编号和签证日期。

（3）商品识别部分。商品识别部分表明证书证明批次商品的各有关项目，如发货人、收货人、品名、报验数量/重量、标记及唛码、运输工具、发货港、目的港等。

（4）证明内容。证明内容指检验、鉴定结果和评定结论部分，这是证书的主要部分。

（5）签署部分。签署部分包括检验日期和地点，签证机构印章和签署人的签字，只有经过签署人签字和盖有商检机构签证印章并加盖钢印章的证书才是有效的。

检验检疫证书，一般用英文签发。如果合同、信用证均为中文文本或客商要求使用中文文本的，也可用中文签发。如果进口国有法令规定或客商要求使用其他文种的，也可使用其他文种证书。商检机构对外签发证书，一般只签发一份正本，并根据报检人需要签发若干份副本。下面重点介绍品质/数量检验证书的内容和缮制要求，见式样 6-4。

2. 缮制要求

（1）证书的名称和编号：应根据信用证的要求显示具体证书的名称，如《出入境检验检疫品质证书》《出入境检验检疫数量检验证书》等。证书的编号则由出证机构根据不同类别的商品提供。

（2）证书的签发日期：证书的签发日期应为实际检验检疫日期，一般不得晚于提单的签发日。

（3）发货人：信用证支付方式下检验检疫证书的发货人通常是信用证的受益人，托收项下证书的发货人是合同中的卖方。

（4）收货人：信用证支付方式下按信用证的规定填写，一般为开证申请人，除非信用证另有规定，该栏一般不必填写或用"----"表示。若出口商是中间商，收货人一栏可填写"To Whom It May Concern"或"To Order"。托收项下证书的收货人为合同中的买方。

（5）品名：商品品名系信用证及发票中所表明的货物，也可用与其他单据无矛盾的统称。

（6）标记及唛码：按信用证或合同规定的唛头填写。如果没有具体的规定，出口商可自行编制；如果没有唛头，可填写"N/M"。

（7）报检数量/重量：按发票相同的内容填制。散装货物可用"IN BULK"注明。

（8）包装种类及数量：应与商业发票和提单上的内容相一致。

（9）检验结果：证明本批货物经检验后的实际品质，若信用证对检验结果有明确规定，则检验检疫证书上显示的检验结果须符合信用证的检验要求；若信用证未对检验结果有明确的规定，但信用证中具体规定了商品的质量、成分等，则检验结果应与信用证规定相符。

（10）印章与签署：如果信用证指定检验机构，则应由信用证指定的检验机构签章并签字；如果信用证没有特别规定检验机构，任何检验机构均可出具，但需盖章和签署。

式样 6-4　品质/数量检验证书

中华人民共和国出入境检验检疫局
ENTRY-EXIT INSPECTION AND QUARANTINE OF THE PEOPLE'S REPUBLIC OF CHINA

品质/数量检验证书
QUALITY/QUANTITY INSPECTION CERTIFICATE

编号
NO.:

发货人:
Consignor:

收货人:
Consignee:

品　名:
Description of Goods:

标记及唛码:
Marks and Nos.:

报验数量/重量:
Quantity/Weight Declared:

包装种类及数量:
Number and Type of Packages:

运输工具:
Means Of Conveyance:

检验结果:
Results of Inspection:

　　我们已尽所知和最大能力实施上述检验,不能因我们签发本证书而免除卖方或其他方面根据合同和法律所承担的产品质量责任和其他责任。

　　All inspections are carried out conscientiously to the best of our knowledge and ability. This certificate does not in any respect absolve the seller and other related parties from his contractual and legal obligations especially when product quality is concerned.

第三节　原产地证书

一、原产地证书的性质和作用

　　原产地证书(Certificate of Origin)又称产地证书,是出口方应进口商的要求,自行签发或向特定的机构申请后由其签发的,证明货物原产地或制造地的一种具有法律效力的证明文件,在国际贸易领域被广泛应用,是必不可少的重要单据之一。目前有 120 多个国家在进口商品时,要求出口国或出口商提交原产地证书。

　　原产地证书的作用体现在四个方面:一是证明货物的产地或制造地,以禁止从某些国家或地区进口货物;二是用来证明货物的价格;三是用来通关计税;四是当交易双方以商品的产地作为品质标准并凭以买卖时,原产地证书可作为交货品质的证明。

　　从各国的实践来看,原产地证书一般可由各国的官方机构、商会出具,也有出口商和厂商自行出具的情况。中国国际贸易促进委员会、中华人民共和国海关（简称中国海关）等是我国出具原产地证书的官方机构。

二、原产地证书的种类

原产地证书种类较多，主要有以下几种。

1. 制造商或出口商出具的原产地证书

手续最为简便，由出口单位自行签发，便于更改或更换，无须支付费用。

2. 商会出具的原产地证书

例如，中国国际贸易促进委员会出具的一般原产地证书，相当于西方的行业性商会或类似的民间组织。

3. 商检机构出具的原产地证书

例如，中华人民共和国海关出具的普惠制原产地证书格式 A（GSP Form A）。

至于一笔进出口贸易到底需要哪种产地证书，主要依据合同或信用证的要求。一般来说，对于实行普惠制国家的出口货物，都要求出具普惠制原产地证书。如果信用证并未明确规定原产地证书的出具者，那么银行应该接受任何一种产地证书。目前，我国多数出口商习惯于使用贸促会出具的原产地证书。

三、一般原产地证书

1. 含义

一般原产地证书（Certificate of Origin，C/O），简称产地证，是指中华人民共和国出口货物原产地证书，它是证明中国出口货物符合《中华人民共和国货物原产地规则》，确实是中华人民共和国原产地的证明文件。一般原产地证书见式样 6-5。

2. 签发机构与申请流程

中国国际贸易促进委员会与中华人民共和国海关都可签发一般原产地证书，其签发格式统一，编号统一，并统一由国家指定机构印制发放，有长城水印防伪花纹。出口商需要时，可以向海关或贸促会申领。

出口商应在每批货物报关出运前 5 天，根据信用证、合同规定缮制好原产地证书，并按要求向上述机构申请签发。申请时，须提交全套已填制好的原产地证书及合同、商业发票和装箱单的副本各一份，贸促会或中国海关在证书（一正三副）正本上盖章，并留一份黄色副本备查。

3. 缮制要求

（1）出口商（Exporter）：按实际填写，信用证项下为受益人。

（2）收货人（Consignee）：填写实际进口商名称、地址及所在国。信用证下为开证申请人。

（3）运输方式和路线（Means of transport and route）：按信用证或合同规定，填写起运地、目的地及采用的运输方式。例如，FROM NINGBO TO MANCHEST BY SEA。

（4）目的地国家或地区（Country/region of destination）：一般应与最终收货人或最终目的港国别一致，不能填中间商国家的名称。

（5）供签证机构使用（For certifying authority use only）：由签证机构在签发后发证书、

补发证书或加注其他声明时使用，一般留空不填。

式样 6-5　一般原产地证书

1.Exporter	Certificate No.
2.Consignee	**CERTIFICATE OF ORIGIN** **OF** **THE PEOPLE'S REPUBLIC OF CHINA**

3.Means of transport and route	5.For certifying authority use only
4.Country/region of destination	

6.Marks and numbers	7.Number and kind of packages; description of goods	8.H.S. code	9.Quantity or Weight	10.Number and date of invoices

11.Declaration by the exporter	12.Certification
The undersigned hereby declares that the above details and statements are correct; that all the goods were produced in China and that they comply with the rules of origin of the People's Republic of China. ……………………………………… Place and date, signature and stamp of certifying authority	It is hereby certified that the declaration by the exporter is correct. ……………………………………… Place and date, signature and stamp of certifying authority

（6）标记及唛码（Marks and numbers）：应按照发票上所列唛头填写完整，若没有唛头，则填"N/M"，不得留空不填。

（7）品名及包装种类和件数（Number and kind of packages;description of goods）：一般应按商业发票填写，品名要具体，不得概括；包装种类和件数要按具体单位填写总的包装、件数，并在阿拉伯数字后加注英文表述，末行要打上表示结束的符号"****"，以防添加；若货物为散装，则在品名后加注"IN BULK"。例如：

THREE HUNDRED CARTONS (300) OF DOOR LOCKS。
****

（8）H.S.编码（H.S. code）：此栏要求填写四位数的 H.S.编码，与报关单一致。若同一证书包含几种商品，则应将相应的税则号全部填写。此栏不得留空。

（9）数量或重量（Quantity or Weight）：填写出口货物的量值及商品计量单位，若无，则填重量，要标明毛重（G.W.）或净重（N.W.）。

（10）发票号码及日期（Number and date of invoices）：分两行填写，第一行填写发票号码，第二行填写发票日期（要求日期为英文写法）。例如，Invoice No.: FHT021T；Invoice Date: DEC 10, 2007。

（11）出口商声明（Declaration by the exporter）：声明内容为"下列签署人声明，以上所述各项细节均正确，所有的全部货物均生产于中国，完全符合中华人民共和国原产地规则（The undersigned hereby declares that the above details and statements are correct; that all the goods were produced in China and that they comply with the rules of origin of the People's Republic of China.）"。在本栏加盖申报单位中英文对照的图章和签字，签字人必须是事先指定的申领人，申领人及其签字样本需事先在签证机构登记注册，签字和盖章不得重合，并填具签署的地址和日期，地址一般为出口商所在地。日期不应早于发票日期。

（12）签证机构证明（Certification）。证明内容为"兹证明出口商的声明是正确的（It is hereby certified that the declaration by the exporter is correct.）"。此栏填注签证地址和日期，并由签证机构签字盖章。签证地址为签证机构所在地，日期不得早于发票日期和出口商声明日期。

四、普惠制原产地证书

1. 含义

普遍优惠制是发达国家对发展中国家向其出口的制成品或半成品货物时，普遍给予的一种关税优惠待遇的制度。普惠制原产地证书是依据给惠国要求而出具的能证明出口货物原产自受惠国的证明文件，并能使出口货物在给惠国享受普惠制优惠关税待遇。普惠制原产地证书有格式 A（即 Form A）、格式 59A、格式 APR 及简易的普惠制原产地证书等，其中以格式 A 最为常用，澳大利亚可使用发票加注有关声明文句代替，新西兰使用 FORM 59A。普惠制原产地证书见式样 6-6。

以前给予我国普惠制待遇的国家共 36 个：欧盟 25 国（比利时、丹麦、英国、德国、法国、爱尔兰、意大利、卢森堡、荷兰、希腊、葡萄牙、西班牙、奥地利、芬兰、瑞典、波兰、捷克、斯洛伐克、拉脱维亚、爱沙尼亚、立陶宛、匈牙利、马耳他、塞浦路斯、斯洛文尼亚）、挪威、瑞士、土耳其、俄罗斯、白俄罗斯、乌克兰、哈萨克斯坦、日本、加拿大、澳大利亚和新西兰。出口到上述给惠国市场的给惠商品，我国出口企业一般都会向进口商提供普惠制原产地证书格式 A，以享受进口关税优惠，提高产品竞争力。截至 2021 年 12 月，给予我国普惠制待遇的国家还剩 3 个：澳大利亚、新西兰、挪威。目前我国普惠制原产地证书（Form A）的签发机关是各地海关。

2. 签发机构与签发流程

目前在我国，由各地海关负责签发普惠制原产地证书。证书纹面为绿色扭索型图案，由出口企业在货物出运前 5 天自行缮制，连同该证书申请及商业发票一份送交各地海关商检机构审核，海关商检机构接受申请后，审核无误即签发正本一份进行议付（副本由出口商自己签章），除6、8、10、11、12栏不能更改外，其他各栏也只能更改一处，并要加盖海关商检机构更正章。

式样6-6　普惠制原产地证书

ORIGINAL

1.Goods consigned from (Exporter's name, address, country)	Reference No.
	GENERALIZED SYSTEM OF PREFERENCES CERTIFICATE OF ORIGIN (combined declaration and certificate) **FORM A** Issued in **THE PEOPLE'S REPUBLIC OF CHINA** (COUNTRY)
2.Goods consigned to (Consignee's name, address, country)	
	see notes. overleaf

3.Means of transport and route (as far as known)	4.For official use

5.Item number	6.Marks and numbers of packages	7.Number and kind of packages; description of goods	8.Origin criterion	9.Gross weight or other Quantity	10.Number and date of invoices

11. **Certification**	12. **Declaration by the exporter**
It is hereby certified, on the basis of control carried out, that the declaration by the exporter is correct.	The undersigned hereby declares that the above details and statements are correct; that all the goods were produced in_____and that they comply with the origin requirements specified for those goods in the generalized system of preferences for goods exported to (importing country)
.... Place and date, signature and stamp of certifying authority	.... Place and date, signature and stamp of certifying authority

3. 缮制要求

（1）出口商名称、地址及所在国（Exporter's name, address, country）：此栏是强制性的，必须填上出口商的全称和详细地址，包括街道及门牌号码等。

（2）收货人名称、地址、国家（Consignee's name, address, country）：一般为给惠国的收货人名称、地址，不能填中间商名称、地址。

（3）运输方式和路线（Means of transport and route）：按信用证或合同规定，填写起运地、目的地及采用的运输方式。

（4）供官方使用（For official use）：由签证机构根据需要填写。

（5）商品项目编号（Item number）：根据商品种类编号，如1、2、3等。若只有一种商品，此栏填1。

（6）标记及唛码（Marks and numbers of packages）：应按实际填写，若唛头过多，可利用第7、8栏。

（7）品名及包装种类和件数（Number and kind of packages; description of goods）：一般应按商业发票填写。品名要具体，不得概括；包装种类和件数要用阿拉伯数字和英文同时表示，在下行要填上表示结束的符号****，以防加添。若货物为散装，则在品名后加注"IN BULK"。

（8）原产地标准（Origin criterion）：此栏是证书的核心，根据规定填写，要求如下。

1）完全自产于出口国的产品：输往给惠国时，填写"P"。对澳大利亚和新西兰出口时，可不必填写。

2）经过出口国充分制作或加工的产品，输往下列国家时，其填写要求如下：

挪威：填"W"，其后填明出口产品H.S.编码的前四位税则号，如"W"9618。

澳大利亚和新西兰：本栏不必填写，在第12栏中适当申报即可。

（9）数量或重量（Gross weight or other Quantity）：填写出口货物的量值及商品计量单位，若无，则填重量，要标明毛重（G.W.）或净重（N.W.）。

（10）发票号码及日期（Number and date of invoices）：分两行填写，第一行填写发票号码，第二行填写发票日期（要求日期为英文写法）。例如，INVOICE NO.: FHT021T INVOICE; DATE: DEC.10, 2007。

（11）签证当局的证明（Certification）：由海关签发地点、日期、盖章和手签。生产国家的横线上应填上"中国"（China）。进口国家一般与第2栏最终收货人的国别一致，进口国必须明确、具体。

（12）出口商声明（Declaration by the exporter）：已事先印好，由出口公司填写签发地点、日期并加盖公章和专人签字，公章应为中英文对照章且签字与公章不得重合。

值得注意的是：普惠制格式A的填写不允许有任何涂改，制作中一旦出错，就必须更换表格从头开始。

第四节 案例讨论

一、进出口许可证缮制案例

【案例1】

请根据下面的信用证及补充资料，填写出口许可证。

申领许可证单位的编号：200362688；

出口许可证编号：2004-122533；

出口许可证有效截止日期：2005 年 12 月 25 日；

发证日期：2005 年 9 月 25 日；

包装：360 纸箱；

H.S. CODE: 8204.6661

NATIONAL PARIS BANK

24 MARSHAL AVE DONCASTER MONTREAL, CANADA

WE ISSUE OUR IRREVOCABLE DOCUMENTARY CREDIT NUMBER:QQ2005 IN FAVOUR OF: SHANGHAI KNITWEAR AND MANUFACTURE GOODS IMPORT AND EXPORT TRADE CORPORATION.

321, CHONGSHAN ROAD SHANGHAI, CHINA

BY ORDER OF: YIYANG TRADING CORPORATION

                88 MARSHALL AVE

                DONCASTER VIC 3108

                CANADA

FOR AN AMOUNT OF USD 89 705.00

DATE AND PLACE OF ISSUE: SEPT.18th,2005 MONTREAL

DATE OF EXPIRY: NOV 15,2005

PLACE: IN BENEFICIARY'S COUNTRY

BY NEGOTIATION OF BENEFICIARY'S DRAFT DRAWN ON US AT SIGHT IN MONTREAL

THIS CREDIT IS TRANSFERABLE AGAINST DELIVERY OF THE FOLLOWING DOCUMENTS:

    + COMMERCIAL INVOICES IN 3 COPIES

    + CANADA CUSTOMS INVOICES IN 3 COPIES

    + FULL SET OF NEGOTIABLE INSURANCE POLICY OR CERTIFICATE BLANK ENDORSED FOR 110 PERCENT OF INVOICE VALUE COVERING ALL RISKS.

    + FULL SET OF ORIGINAL MARINE BILLS OF LADING CLEAN ON BOARD PLUS 2 NON-NEGOTIABLE COPIES MADE OUT OR ENDORSED TO ORDER OF NATIONAL PARIS BANK 24 MARSHALL AVE DONCASTER MONTREAL, CANADA.

    + SPECIFICATION LIST OF WEIGHTS AND MEASURES IN 4 COPIES COVERING SHIPMENT OF COTTON TEA TOWELS.

AS PER S/C MN808

FOR   1-300 SIZE 10 INCHES*10 INCHES 16000 DOZ AT USD 1.31/DOZ.

        301-600 SIZE 20 INCHES*20 INCHES 6000 DOZ AT USD 2.51/DOZ.

        601-900 SIZE 30 INCHES*30 INCHES 11350 DOZ AT USD 4.73/DOZ.

CIF MONTREAL

FROM SHANGHAI TO MONTREAL PORT

NOT LATER THAN OCT.31TH, 2005

PARTIAL SHIPMENTS: ALLOWED

SPECIAL INSTRUCTIONS:
  + ALL CHARGES IF ANY RELATED TO SETTLEMENTS ARE FOR ACCOUNT OF BENEFICIARY.
  + IN CASE OF PRESENTATION OF DOCUMENTS WITH DISCREPANCY (IES) A CHARGE OF USD 55.00
    WILL BE DEDUCTED
THIS CREDIT IS SUBJECT TO UCP FOR DOCUMENTARY CREDITS (1993 REVISION) ICC PUBLICATION 500.

中华人民共和国出口许可证
EXPORT LICENCE OF THE PEOPLE'S REPUBLIC OF CHINA

1. 出口商: Exporter	200362688	3. 出口许可证号: Export licence No.	2004-122533
上海毛织品进出口贸易公司			
2. 发货人: Consigner	200362688	4. 出口许可证有效截止日期: Export licence expiry date	2005 年 12 月 25 日
上海毛织品进出口贸易公司			
5. 贸易方式: Forms of trade 一般贸易		8. 进口国（地区）: Country/Region of purchase 加拿大	
6. 合同号: Contract No. MN808		9. 付款方式: Payment L/C	
7. 报关口岸: Place of clearance 上海海关		10. 运输方式: Mode of transport 江海运输	

11. 唛头—包装件数
Marks & numbers-number of packages   360

12. 商品名称: Description of goods 全棉抹布   商品编码: Code of goods 8204.6661

13. 规格、等级 Specification	14. 单位 Unit	15. 数量 Quantity	16. 单价（USD） Unit Price	17. 总值（USD） Amount	18. 总值折美元 Amount in USD
10″×10″	DOZ	16 000			USD 20 960
20″×20″	DOZ	6 000			USD 15 060
30″×30″	DOZ	11 350			USD 53 685.50
19. 总计 Total	DOZ	33 350			USD 89 705.50

20. 备注 Supplementary details

21. 发证机关签章 Issuing authority's stamp & signature

22. 发证日期 Licence date 2005 年 9 月 25 日

商务部监制本证不得涂改，不得转让

二、一般原产地证书缮制案例

【案例2】

根据信用证和已知条件制作一般原产地证明书。

MT700   ISSUE A DOCUMENTARY CREDIT
SENDER: UFJ BANK LIMITED HONG KONG BRANCH, HONG KONG
RECIEVER: GUANGZHOU CITY COMMERCIAL BANK, GUANGZHOU, CHINA

SEQUENCE OF TOTAL	27:	1/1
FORM OF DOC. CREDIT	40A:	IRREVOCABLE
DOC. CREDIT NUMBER	20:	BONY0100345
DATE OF ISSUE	31C:	220110
APPLICABLE RULES	40E:	UCP LATEST VERSION
EXPIRY	31D:	DATE 220315　PLACE IN CHINA
APPLICANT	50:	ABC CO.LTD.
		NO. 443, 249 ROAD HONGKONG
BENEFICIARY	59:	GUANGDONG TEXTILES IMPORT & EXPORT　CO. LTD.
		168 XIAO BEI ROAD GUANGZHOU, P.R.CHINA
AMOUNT	32B:	CURRENCY USD AMOUNT 80000.00
AVAILABLE WITH/BY	41D:	ANY BANK
		BY NEGOTIATION
DRAFT AT...	42C:	AT60 DAYS AFTER SIGHT FOR FULL INVOICE VALUE
DRAWEE	42A:	UFJ BANK LIMITED HONG KONG BRANCH, HONG KONG
PARTIAL SHIPMENT	43P:	ALLOWED
TRANSSHIPMENT	43T:	PROHIBITED
PORT OF LOADING	44E:	SHANGHAI
PORT OF DISCHARGE	44F:	HONGKONG
LATEST DATE OF SHIPMENT	44C:	220305
DESCRIPTION OF GOODS	45A:	

      MEN'S DOWN JACKET

STYLE	QUANTITY	UNIT PRICE	AMOUNT
BLACK	5000PCS	USD8.00/PC	USD40000.00
WHITE	5000PCS	USD8.00/PC	USD40000.00

PACKING: STANDARD EXPORT PACKING, ORIGIN: CHINA CIF HONGKONG

DOCUMENTS REQUIRED   46A:

+ SIGNED COMMERCIAL INVOICE IN ONE ORIGINAL AND FIVE COPIES
+ PACKING LIST INDICATING COLOR, QUANTITY IN ONE ORIGINAL AND THREE COPIES
+ FULL SET OF CLEAN ON BOARD OCEAN BILLS OF LADING MADE OUT TO ORDER OF SHIPPER AND ENDORSED IN BLANK, MARKED FREIGHT PREPAID NOTIFY APPLICANT
+ CERTIFICATE OF ORIGIN IN 3 FOLDS
+ INSURANCE POLICY IN 4 COPIES ENDORSED IN BLANK FOR 110% INVOICE VALUE, COVERING ALL RISKS AND WAR RISKS AS PER OCEAN MARINE CARGO CLAUSES OF THE PICC DATED 01,01,1981
+ CERTIFICATE OF ORIGIN ISSUED BY CHINA COUNCIL FOR THE PROMOTION OF INTERNATIONAL TRADE
+ CERTIFICATE OF QUANTITY IN DUPLICATE ISSUED BY BENEFICIARY
+ BENEFICIARY'S FAX COPY OF SHIPPING ADVICE TO APPLICANT WITHIN 3 DAYS AFTER THE DATE OF BILL OF LADING. AFTER SHIPMENT ADVISING L/C NO.SHIPMENT DATE,VESSEL NAME,NAME,QUANTITY AND WEIGHT OF GOODS

ADDITIONAL CONDITION   47A:
+ A DISCREPANCY HANDLING FEE OF USD50.00(OR EQUIVALENT) AND THE RELATIVE TELEX/SWIFT COST WILL BE DEDUCTED FROM THE PROCEEDS NO MATTER THE BANKING CHARGES ARE FOR WHOEVER ACCOUNT.

+ DISCREPANT DOCUMENTS WILL BE REJECTED BUT IF INSTRUCITONS FOR THEIR RETURN ARE NOT RECEIVED BY THE TIME THE APPLICANT HAS ACCEPTED AND/OR PAID FOR THEM, THEY MAY BE RELEASED TO APPLICANT. IN SUCH EVENT BENEFICIARY/ NEGOTIATING BANK SHALL HAVE NO CLAIM AGAINST ISSUING BANK.

+ 5 PERCENT MORE OR LESS ON QUANTITY OF GOODS AND AMOUNT IS ACCEPTABLE.

+ ALL DOCUMENTS MUST BEAR THIS L/C NO

+ ALL DOCUMENTS MUST BE ISSUED IN ENGLISH UNLESS OTHERWISE STIPULATED.

DETAILS OF CHARGES   71B: + ALL BANKING COMMISSIONS AND CHARGES INCLUDING REIMBURSEMENT COMMISSIONS OUTSIDE HONGKONG ARE FOR ACCOUNT OF BENEFICIARY

PRESENTATION PERIOD   48:   + DOCUMENTS MUST BE PRESENTED FOR NEGOTIATION WITHIN 15 DAYS AFTER DATE OF SHIPMENT BUT WITHIN CREDIT VALIDITY

CONFIRMATION   49:   WITHOUT

INSTRUCTIONS   78:
+ DOCUMENTS MUST BE SENT THROUGH NEGOTIATING BANK TO OUR ADDRESS:G/F FAIRONT HOUSE, 8 COTTON TREE DRIVE, CENTRAL, HONG KONG IN 1 LOT BY COURIER SERVICE.

+ UPON RECEIPT OF COMPLIANT DOCUMENTS, WE SHALL REIMBURSE YOU AS INSTRUCTED.

+ EACH DRAWING/PRESENTATION MUST BE ENDORSED ON THE REVERSE OF THE CREDIT.

（1）发票号码：911R121101

（2）发票日期：JAN.15,2022

（3）合同号：03ZA0101；合同日期：JAN.01,2022

（4）SHIPPING MARK: G-III   HONGKONG

（5）实际出货信息

规格	数量	包装	毛重	净重	体积
BLACK	5000PCS	50CARTONS	5000KGS	4500KGS	7.5CBM
WHITE	5000PCS	50CARTONS	5000KGS	4500KGS	7.5CBM

（6）OCEAN VESSEL VOY NO.: MAYFLOWER V.1398

（7）1×20'FCL

（8）B/L DATE:2022 年 1 月 25 日

（9）B/L NO.: CJ2650

（10）CARRIER: CHINA NATIONAL FOREIGN TRADE TRANSPORTATION CORPORATION

（11）CERTIFICATE OF ORIGIN NO:CCPIT081931586

（12）H.S.CODE: 62033200

（13）ISSUED BY: CCPIT

（14）声明和证明日期：2022 年 1 月 22 日

（15）货物存放地点：广州市军工路 222，于 2022 年 1 月 23 日申报，发货日期 2022 年 1 月 25 日。

ORIGINAL

1.Exporter(full name and address) GUANGDONG TEXTILES IMPORT & EXPORT CO. LTD. 168 XIAO BEI ROAD GUANGZHOU, P.R.CHINA	CERTIFICATE NO.: CCPIT081931586 **CERTIFICATE OF ORIGIN** **OF** **THE PEOPLE'S REPUBLIC OF CHINA**
2.Consignee(full name,address, country) ABC CO.LTD. NO. 443, 249 ROAD HONGKONG	
3.Means of transport and route FROM SHANGHAI TO HONGKONG BY SEA	5.For certifying authority use only
4.Country / region of destination HONGKONG	

6.Marks and numbers G-III HONGKONG	7. Number and kind of packages description of goods; ONE HUNDRED (100) CARTONS OF MEN'S DOWN JACKET *****************************	8.H.S.Code 62033200	9.Quantity 10000PCS	10.Number and date of invoices 911R121101 JAN.15,2022

11.Declaration by the exporter	12.Certification
The undersigned hereby declares that the above details and statement are correct;that all the goods were produced in China and that they comply with the Rules of Origin of the People's Republic of China. **GUANGDONG TEXTILES IMPORT & EXPORT CO. LTD.** **XXXXXXX** Place and date, signature and stamp of authorized signatory SHANGHAI JAN.22,2022 …………………………………	It is hereby certified that the declaration by the exporter is correct. **CCPIT** XXXXXXXXXX Place and date, signature and stamp of certifying authority SHANGHAI JAN.22,2022 …………………………………

三、出入境商品的检验检疫管理案例

【案例3】

广东省广州市××科技有限公司以一般贸易的方式向广东文锦渡海关申报进口一批检测试剂，包括纤维蛋白原检测试剂、葡萄糖菌及微球菌检测试剂和悬浮液等 40 种不同规格，共 1000 多盒，货值 7 万美元，产地为美国、法国、荷兰、日本等国。文锦渡海关人员审核报检材料时发现，货主没有提供"出/入境特殊物品卫生检疫审批单"，而且以商业秘密不能泄露为由，不提供该批货物的有效成分证明和产品说明书等资料。文锦渡海关按规定不予受理该批货物入境。请结合案例说明海关的处理是否合理？并说明理由。

课后练习题

一、单项选择题

1. 实施进口许可证管理的商品有消耗臭氧层物质和重点旧机电产品，其中重点旧机电产品应向（   ）申领许可证。

    A. 商务部许可证事务局   B. 商务部驻各地特派员办事处
    C. 省级商务厅   D. 外经贸委

2. 目前签发普惠制原产地证书的机构是（   ）。

    A. 商务部   B. 海关   C. 贸促会   D. 市场监管总局

3. 对列入《出入境检验检疫机构实施检验检疫的进出境商品目录》中的商品，检验检疫部门依法实施检验，判定其是否符合（   ）的强制性要求。

    A. 国家行政规范   B. 国家法律法规
    C. 国家贸易政策   D. 国家技术规范

4. 目前法定检验检疫货物的通关模式是（   ）。

    A. 先报检，后报关   B. 先报关，后报检
    C. 既可先报关，也可先报检   D. 报检与报关同时进行

5. 以下货物出口时，必须由口岸检验检疫机构实施检验检疫的是（   ）。

    A. 活牛   B. 家用电器   C. 冻鸡肉   D. 烟花爆竹

二、简答题

1. 出口许可证和进口许可证的概念是什么？
2. 在国际贸易中，检验机构签发的证书包括哪些？
3. 原产地证书的种类有哪些？
4. 普惠制原产地证书和一般原产地证书有哪些区别？

三、实务题

根据信用证和已知条件制作普惠制原产地证书、出境货物检验检疫申请及数量检验证书一份。

MT700		ISSUE A DOCUMENTARY CREDIT
SENDER:		HOCK HUA BANK BERHAD
		SIBU, MALAYSIA
RECIEVER:		HANGZHOU CITY COMMERCIAL BANK,HANGZHOU,CHINA
SEQUENCE OF TOTAL	27:	1/1
FORM OF DOC.REDIT	40A:	IRREVOCABLE
DOC. CREDIT NUMBER	20:	T-027651
DATE OF ISSUE	31C:	220616
EXPIRY	31D:	DATE 080731 PLACE IN CHINA
APPLICANT	50:	BBB TRADING CO.
		NO.198, EL POTE AVENUE, BROD BEACH, QUEENSLAND
		AUSTRALIA
BENEFICIARY	59:	HENAN YIHAI IMPORT AND EXPORT COMPANY LTD.
		NO. 91 WENHUA ROAD, ZHENGZHOU, CHINA
AMOUNT	32B:	CURRENCY USD AMOUNT 10800.00
AVAILABLE WITH/BY	41D:	ANY BANK
		BY NEGOTIATION
DRAFT AT…	42C:	AT SIGHT FOR FULL INVOICE VALUE
DRAWEE	42A:	ISSUING BANK
PARTIAL SHIPMENT	43P:	ALLOWED
TRANSSHIPMENT	43T:	ALLOWED
PORT OF LOADING	44E:	SHANGHAI
PORT OF DISCHARGE	44F:	Sydney
LATEST DATE OF	44C:	220716
SHIPMETN		
DESCRIPTION OF GOODS	45A:	

AGRICULTURAL IMPLEMENT
300 DOZEN S301B SHOVEL
100 DOZEN S302B SHOVEL
100 DOZEN S303B SHOVEL
AT USD21.60 PER DOZEN CIF SIBU

DOCUMENTS REQUIRED　　46A:

+ SIGNED COMMERCIAL INVOICE IN THREE FOLDS.
+ PACKING LIST AND WEIGHT NOTE IN THREE FOLDS.
+ FULL SET OF CLEAN ON BOARD OCEAN BILLS OF LADING MADE OUT TO ORDER OF HOCK HUA BANK BERHAD AND ENDORSED IN BLANK, MARKED FREIGHT PREPAID NOTIFY APPLICANT AND SHIPPED IN　1×40'FCL CY TO CY.
+ MARINE INSURANCE POLICY/CERTIFICATE ENDORSED IN BLANK FOR FULL CIF VALUE PLUS 10 PERCENT SHOWING CLAIMS IF ANY PAYABLE AT DESTINATION IN THE CURRENCY OF THE DRAFT COVERING ALL RISKS AND WAR RISK AS PER CIC
+ GSP CERTIFICATE OF ORIGIN .
+ COPY OF FAX SENT BY BENEFICIARY TO THE APPLICANT ADVISING DESPATCH WITH SHIP'S NAME, BILL OF LADING NUMBER AND AMOUNT AND DESTINATION PORT

WITHIN 3 DAYS AFTER THE DATE OF BILL OF LADING.

ADDITIONAL CONDITION　　　　　47A:

　　+ A DISCREPANCY HANDLING FEE OF USD50.00（OR EQUIVALENT）IS TO BE DEDUCTED FROM EACH DRAWING FOR THE ACCOUNT OF BENEFICIARY.

　　+ DOCUMENTS MUST BE NEGOTIATED IN CONFORMITY WITH THE CREDIT TERMS.

　　+ ONE NON-NEGOTIABLE SHIPPING DOCUMENTS MUST BE FORWARDED TO THE APPLICANT IMMEDIATELY AFTER SHIPMENT. A BENEFICIARY'S CERTIFICATE TO THIS EFFECT IS REQUIRED.

　　+ ALL DOCUMENTS MUST BEAR OUR CREDIT NO.

DETAILS OF CHARGES　　　　　71B:　　ALL BANKING CHARGES OUTSIDE LC ISSUING BANK ARE FOR ACCOUNT BENEFICIARY INCLUDING OUR REIMBURSEMENT CHARGES.

PRESENTATION PERIOD　　　　　48:　　WITHIN 15 DAYS AFTER THE DATE OF SHIPMENT BUT WITHIN THE CREDIT VALIDITY.

CONFIRMATION　　　　　49:　　WITHOUT

INSTRUCTIONS　　　　　78:

　　DOCUMENTS MUST BE MAILED TO HOCK HUA BANK BERHAD SIBU, MALAYSIA IN 1 LOT BY COURIER SERVICE.

（1）发票号码：HYL-A008

（2）发票日期：JUL.2,2022

（3）合同号：ABC2022009；合同日期：MAY.5,2022

（4）SHIPPING MARK:

　　　ABC

　　Sydney

　　NO.1-UP

（5）实际出货信息

规格	数量	包装	毛重	净重	体积
S301B SHOVEL	300DOZ	300GUNNY BAGS	7200KGS	6600KGS	18CBM
S302B SHOVEL	100DOZ	100GUNNY BAGS	2400KGS	2200KGS	6CBM
S303B SHOVEL	100DOZ	100GUNNY BAGS	2400KGS	2200KGS	6CBM

（6）OCEAN VESSEL VOY NO.: DONGFENG V.122

（7）1×40'FCL

（8）B/L DATE: 2022 年 7 月 15 日

（9）B/L NO.: HT156

（10）CARRIER: COSCO CONTAINER LINES, SHANGHAI

（11）CERTIFICATE OF ORIGIN NO.CCPIT081956145

（12）H.S. CODE: 84659100

（13）ISSUED BY: CCPIT

（14）声明和证明日期：2022 年 7 月 11 日

（15）货物存放地点：河南省宁府路 101 号，于 2022 月 10 日申报，发货日期 2022 年 7 月 15 日。

出境货物检验检疫申请

申请单位（加盖公章）：　　　　　　　　*编号----------------

申请单位登记号：　　　　　联系人：　　　电话：　　　申请日期：　年　月　日

发货人	（中文）	
	（外文）	
收货人	（中文）	
	（外文）	

货物名称（中/外文）	H.S.编码	产地	数/重量	货物总值	包装种类及件数

运输工具名称号码		贸易方式		货物存放地点	
合同号		信用证号		用途	
发货日期		输往国家（地区）		许可证/审批号	
启运地		到达口岸		生产单位注册号	
集装箱规格、数量及号码					

合同、信用证订立的检验检疫条款或特殊要求	标记及唛码	随附单据（打"√"或补填）	
		□合同　　　 □信用证　 □发票　　 □装箱单　 □厂检单　 □包装性能结果单	□许可/审批文件 □报检委托书 □其他单据

需要证单名称（打"√"或补填）		*检验检疫费
□品质证书　　　　正　副 □重量证书　　　　正　副 □数量证书　　　　正　副 □兽医卫生证书　　正　副 □健康证书　　　　正　副 □卫生证书　　　　正　副 □动物卫生证书　　正　副	□植物检疫证书　　正　副 □熏蒸/消毒证书　　正　副	总金额 （人民币元） 计费人 收费人

报检人郑重声明： 1. 本人被授权申请检验检疫。 2. 上列填写内容正确属实, 货物无伪造或冒用他人的厂名、标志、认证标志，并承担货物质量责任。 　　　　签名：_____	领取证单
	日期
	签名

注：有"*"号栏由海关填写。

ORIGINAL

1. goods consigned from (Exporter's name, address, country)	Reference No.
	GENERALIZED SYSTEM OF PREFERENCES
	CERTIFICATE OF ORIGIN
2. goods consigned to (Consignee's name, address, country)	(combined declaration and certificate)
	FORM A
	Issued in **THE PEOPLE'S REPUBLIC OF CHINA**
	(COUNTRY)
	see notes. overleaf
3. Means of transport and route(as far as known)	4. For official use

5. Item number	6. Marks and numbers	7. Number and kind of packages; description of goods	8. Origin criterion (see notes overleaf)	9. Gross weight or other Quantity	10. Number and date of invoices

11. **Certification**	12. **Declaration by the exporter**
It is hereby certified, on the basis of control carried out, that the declaration by the exporter is correct.	The undersigned hereby declares that the above details and statements are correct; that all the goods were produced in _____ and that they comply with the origin requirements specified for those goods in the generalized system of preferences for goods exported to ....(importing country)
	....
	Place and date, signature and stamp of certifying authority
....	
Place and date, signature and stamp of certifying authority	

中华人民共和国上海出入境检验检疫局

SHANGHAI ENTRY-EXIT INSPECTION AND QUARANTINE BUREAU OF THE PEOPLE'S REPUBLIC OF CHINA

地址：上海市中山东一路 13 号   **No.**×××

Address:13,Zhongshan Road   (E.1), Shanghai

数 量 检 验 证 书

QUANTITY INSPECTION CERTIFICATE

日期：

Date :

电话：

Tel: 8621-32155296

发 货 人：

Consignor:

收 货 人：

Consignee:

品　名：

Commodity: COTTON TEATOWELS

报验数量/重量：

Quantity/Weight Declared:

包装种类及数量：

Number and Type of Packages:

运输工具：

Means of Conveyance:

检验结果：

Results of Inspection:

　　我们已尽所知和最大能力实施上述检验，不能因我们签发本证书而免除卖方或其他方面根据合同和法律所承担的产品数量责任和其他责任。

　　ALL INSPECTIONS ARE CARRIED OUT CONSCIENTIOUSLY TO THE BEST OF OUR KNOWLEDGE AND ABILITY. THIS CERTIFICATE DOES NOT IN ANY RESPECT ABSOLVE THE SELLER AND OTHER RELATED PARTIES FROM HIS CONTRACTUAL AND LEGAL OBLIGATIONS ESPECIALLY WHEN PRODUCT QUANTITY IS CONCERNED.

第七章 运输单据

本章导读：

运输单据是国际贸易的基本单据之一。本章主要介绍国际货物运输的概念及方式，办理托运的流程，托运相关单据的概念、作用及种类，海运提单，以及不能代表物权的海运单、空运单等运输单据的缮制规范。

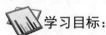**学习目标：**

通过本章的学习，学生可以在深入掌握运输单据的种类、作用及缮制的基础上，更好地学习国际贸易单证知识，为以后的工作实践打下良好基础。

关键概念：

- 包装单据（Packing Documents）
- 装箱单（Packing List）
- 规格单（Specification List）
- 重量单（Weight List）
- 包装声明（Packing Declaration）
- 托运单（Shipping Note）
- 海运提单（Ocean Bill of Lading）
- 托运人（Shipper）
- 收货人（Consignee）
- 电放（Telex Release）
- 海运单（Ocean Waybill）
- 空运单（Air Waybill）
- 联运运单（Through Waybill）

第一节　办理托运的流程

托运是物流的一种形式，指托运人委托具有托运资质的公司将货物运输到指定地点，交给指定收货人的服务。根据托运方式不同，可分为陆运托运、海运托运、空运托运。

一、陆运托运流程

陆运托运流程如下。

1. 编报车皮计划

各外贸公司及工贸企业每月向外运公司编报隔月车皮计划，注明去向，并据此进行催证、备货，办理托运。各外贸公司及工贸企业在收到国外开来的信用证并经审核无误后，便可办理托运，即按信用证或合同内有关装运款，以及货物名称、件数、装运日期，填写托运单并提供有关单证，送交外运公司，作为订车皮的依据。

2. 落实装运车皮

外运公司在收到托运单后，根据配载原则、货物性质、货运数量、到站等情况，结合车皮计划，与火车站联系，并由火车站据以向上级铁路分局申请车皮。

3. 提货、装车

外运公司根据装期，代各外贸公司往发货仓库提取货物并运至车站货场，车站凭货运单据将货装车，货物装车完毕，由车站司磅员签发货运单，载明收到货物的详细情况。有条件就地封关的，可由海关监管加封，办妥转关手续。外运公司则凭货运单据签发承运货物收据，即陆运提单。

4. 发出装车通知

货物装车后，外贸公司或工贸企业即可向买方发出装车通知，以便买方准备付款、赎单、办理收货。

二、海运托运流程

海运托运流程如下。

1. 编制船期表

外运公司按月编印出口船期表，分发给各外贸公司及工贸企业，内列航线、船名及其国籍、抵港日期、截止收单期、预计装船日期和挂港港口名称（即船舶停靠的港口）。各外贸公司及工贸企业据此进行催证、备货。

2. 办理托运

外贸公司在收到国外开来的信用证经审核（或经修改）无误后即可办理托运。按信用证或合同内有关装运条款填写托运单并提供全套单证，在截止收单期前送交外运公司，作为订舱的依据。

3. 领取装运凭证

外运公司收到有关单证后，即缮制海运出口托运单，并会同有关船公司安排船只和舱位；然后由船公司据以签发装货单，作为通知船方收货装运的凭证。

4. 装货、装船

外运公司根据船期，代各外贸公司往发货仓库提取货物运进码头，由码头理货公司理货，凭外运公司签发的装货单装船。

5. 换取提单

货物装船完毕，由船长或大副签发"大副收据"或"场站收据"，载明收到货物的详细情况。托运人凭上述收据向有关船公司换取提单。

6. 发出装船通知

货物装船后，托运人即可向国外买方发出装船通知，以便对方准备付款、赎单、办理收货。如果为 CFR 或 FOB 合同，由于保险由买方自行办理，及时发出装船通知尤为重要。

三、空运托运流程

空运托运流程如下。

1. 办理托运

各外贸公司及工贸企业在备齐货物，收到开来的信用证经审核（或经修改）无误后，就可办理托运，即按信用证和合同内有关装运条款，以及货物名称、件数、装运日期、目的地等填写托运单并提供有关单证，送交外运公司作为订航班的依据。

2. 安排货舱

外运公司收到托运单及有关单据后，会同中国民航，根据配载原则、货物性质、货运数量、目的地等情况，结合航班，安排舱位，然后由中国民航签发航空运单。

3. 装货、装机

外运公司根据航班，代各外贸公司或工贸企业往仓库提取货物送进机场，凭装货单据将货物送到指定舱位待运。

4. 签发运单

货物装机完毕，由中国民航签发航空总运单，外运公司签发航空分运单，航空分运单有正本三份、副本十二份。正本三份，第一份交给发货人，第二份由外运公司留存，第三份随货同行交给收货人。副本十二份作为报关、财务结算、国外代理、中转分拨等用途。

5. 发出装运通知

货物装机后，即可向买方发出装运通知，以便对方准备付款、赎单、办理收货。

第二节   托运的相关单据

一、包装单据

出口商品在运输过程中，除散装货物，如谷物、煤炭、矿砂等商品不需包装外，大多数商品为了避免在搬运、装卸和运输途中发生碰撞、震动或受外界其他影响而损伤货物，必须要经过适当的包装才能装运出口。

包装单据（Packing Documents）是指一切记载或描述商品包装情况的单据，是商业发票内容的补充单据，也是货运单据中一项重要的单据。海关和进口商为了了解包装情况和核验货物，或者为了便于对货物进行分拨转售，往往要求包装单据。

（一）常见的包装单据

1. 装箱单

装箱单（Packing List/Packing Slip）又称包装单，其主要作用是补充发票内容，重点说明每件商品包装的详细情况，表明货物名称、规格、数量、唛头、箱号、件数和重量，以及包装情况，尤其是对不定量包装的商品要逐件列出每件包装的详细情况。装箱单见式样 7-1。对定量箱装，每件商品都是统一的重量，则只需说明总件数多少，每箱多少重量，合计重量多少，如果信用证来证条款要求提供详细包装单，则必须提供尽可能详细的装箱内容，描述每件包装的细节，包括商品的货号、色号、尺寸搭配、毛净重及包装的尺寸等。

装箱单是出口商缮制商业发票及其他单据时计量、计价的基础资料；是进口商查点数量或重量以及销售货物的依据；是海关查验货物的凭证；是公证机构查验货物的参考资料。

式样 7-1 装箱单

PACKING LIST

TO: _____   INVOICE NO.: _____
                         DATE: _____
                         S/C NO.: _____
                         L/C NO.: _____

FROM _____ TO _____ BY _____

MARKS & NUMBERS	DESCRIPTION OF GOODS	QUANTITY	PACKAGE	G.W.	N.W.	MEAS.
TOTAL:						

2. 规格单

规格单（Specification List）内容与装箱单基本一致，名称上要与规定相符，重点说明包装的规格。例如：

Packing: Each piece in a poly bag, one dozen in a cardboard box and then 20 dozens in a carton.（每件装一胶袋，每打装一小盒，每 20 打装一纸箱。）

3. 重量单

一般以重量计价的商品，或者当商品的重量对其质量能有一定的反映时，收货人对商品的重量比较重视，往往要求重量单（Weight List/Weight Note）。

重量单是在排除装箱单上提供的内容外，尽量详细地表明商品每箱毛重、净重及总重量的情况，供买方安排运输、存仓时参考。重量单一般要具备编号及日期、商品名称、唛头、毛重、净重、皮重、总件数等内容。

4. 尺码单

尺码单（Measurement List）偏重于说明所装运货物的体积，即每件商品的包装尺码及总尺码，即在装箱单内容的基础上再重点说明每件不同规格项目的尺码和总尺码。如果货物不是每件统一尺码的，应逐件列明每件的尺码。

5. 中性包装单

中性包装单（Neutral Packing List）是指不表明出具单位和收货人的名称，也不盖章、不签字，只注意与信用证上规定的有关包装条件、包装规格、包装重量等的一致性。

6. 包装声明

包装声明（Packing Declaration）是关于出口货物包装材料的一种声明。主要用于目的港的清关。只需按客户提供的格式填好打印出来，再盖章即可。有些国家担心出口国出口货物的包装材料中含有可能危害进口国当地森林资源的虫类，因此要求出口国提供这样一种声明，主要是描述包装材料中有无稻草、木质及树皮一类的东西。目前需要提供包装声明的国家主要是澳大利亚、新西兰。

包装声明要求填写发票号、船名/航次、集装箱号、提单号。之后的内容主要是一些对鉴别包装材料的"YES" OR "NO"的选择。在选择上，只需根据具体的意思，否认包装材料有任何稻草、木质及树皮之类的东西，并且保证不会产生可能威胁进口国当地自然环境的负面影响即可。

7. 其他包装单据

其他还有花色搭配单（Assortment List）、详细装箱单（Detailed Packing List）、包装提要（Packing Summary）、重量证书（Weight Certificate/Certificate of Weight）等。

（二）包装单据的缮制

1. 包装单据的内容及缮制要点

由于包装单据的许多内容多与发票相同，这里主要介绍包装单据有别于发票的项目。

（1）单据名称。按信用证要求的类型和名称提供。如果要求 Detailed Packing List（详细装箱单），可通过在单据中详细显示单件货物的毛、净重和体积加以实现。如果要求 Neutral Packing List（中性包装单），所提供的单据只要不打印受益人名称，不签章就可满足要求。ISBP 规定，只要单据中包括了装箱细节，即使没有单据名称也视为符合信用证规定；如果信用证规定为"Weight Memo"，则单据名称不能用"Weight List"。

（2）箱号。箱号（C/NO）即包装件号，应根据实际按序编写。有的信用证规定箱单中应注明件号为"1-UP"，这里的 UP 应理解为总箱数。

（3）货物描述。货物描述可以与发票相同，也可在与信用证中货物描述不抵触的情况下只显示商品统称。

（4）毛重、净重和体积。毛重应注明每个包装件的毛重和此包装件内不同规格、品种、花色货物各自的总毛重，最后在合计栏处标注所有货物的总毛重；净重应注明每个包装件的净重和此包装件内不同规格、品种、花色货物各自的总净重，最后在合计栏处标注所有货物的总净重；体积则要求注明每个包装件的尺寸和总体积。

（5）唛头。唛头与发票上的规定一致，也可以只注明"as per invoice No.×××"。

（6）签单人。通常由受益人完成，如果信用证没有要求，可以不签字、盖章。

2. 制作包装单据应注意的事项

（1）一份信用证同时要求装箱单和重量单的业务处理。如果要求两种单据分别出具，应按来证办理；如果是合二为一，则只需按照装箱单规定操作。

（2）如实反映信用证关于装箱的规定。不管是笼统规定还是具体要求，均应准确显示在单据之上。

（3）有些公司将两种单据名称印在一起，来证仅要求其中一种时，应将另一种单据的名称删除。

（4）如果来证规定包装单以"Plain Paper""In Plain""In Whitepaper"等形式出具，单据上不应显示双方的名称，也不可签章。

（5）如果货物装托盘，尺码单上应同时标明托盘本身尺码和装货后总的尺码。

（6）散装货物一般不需要提供包装单据。

（7）包装单据一般不显示货物的单价、总价。进口商转售时通常自制发票、使用出口商提供的原始包装单据，这样就可以避免泄露其购买成本。

（8）如果要求在装箱单上标明商品的标签上的内容，应予以满足。例如，出口纺织品时，信用证会要求：

Each piece has a sewn label stating 100% cotton made in China and washing instructions.（标签应缝制在每件商品上，应明确纯棉产品、中国制造、洗涤注意事项。）

（9）如果合同/信用证对 Outer/Master Packing（外/主包装）和 Inner Packing（内包装）提出具体要求，应予以满足。

（10）有的信用证要求将制作完毕的装箱单粘贴在盛装货物的集装箱箱门内侧，也必须予以照办。

二、托运单

（一）托运单的定义

托运单（Shipping Note，S/N）俗称"下货纸"，是托运人根据贸易合同和信用证条款内容填制的，向承运人或其代理办理货物托运的单证。承运人根据运单内容，结合船舶的航线、挂靠港、船期和舱位等条件考虑，认为合适后，即接受托运。因此，托运单也是订舱单。

托运单是运货人和托运人之间对托运货物的合约，其记载有关托运人与送货人相互间的权利义务。运货人签收后，一份给托运人当收据，货物的责任从托运人转至运货人，直到收货人收到货物为止。如果发生托运人向运货人要求索赔，托运单是托运单位必备的文件。运货人输入托运单上数据的正确与否，对后续作业影响很大。

托运单一式十联，其各联作用如下：
第一联：集装箱货物托运单（货主留底）。
第二联：集装箱货物托运单（船代留底）。
第三联：运费通知（1）。
第四联：运费通知（2）。
第五联：装货单。
第五联副本：缴纳出口货物港务费申请书。
第六联：大副联（场站收据副本）。

第七联：场站收据。

第八联：货代留底。

第九联：配舱回单（1）。

第十联：配舱回单（2）。

（二）缮制托运单的注意事项

1. 目的港

目的港的名称须明确具体，并与信用证描述一致，如有同名港，须在港口名称后注明国家，地区或州、城市。如果信用证规定目的港为选择港（OPTIONAL PORTS），则应是同一航线上的，同一航次挂靠的基本港。

2. 运输编号

运输编号即委托书的编号。每个具有进出口权的托运人都有一个托运代号（通常也是商业发票号），以便查核和财务结算。

3. 货物名称

应根据货物的实际名称，用中英文两种文字填写，更重要的是要与信用证所列货名相符。

4. 标记及号码

标记及号码又称唛头（SHIPPING MARK），是为了便于识别货物，防止错发货，通常由型号、图形、收货单位简称、目的港、件数或批号等组成。

5. 重量尺码

重量的单位为千克，尺码的单位为立方米。

6. 货物的具体描述

托盘货要分别注明托盘的重量、尺码和货物本身的重量、尺码，对超长、超重、超高货物，应提供每一件货物的详细体积（长、宽、高）以及每一件的重量，以便货运公司计算货物积载因素，安排特殊的装货设备。

7. 运费付款方式

运费付款方式一般有运费预付（FREIGHT PREPAID）和运费到付（FREIGHT COLLECT）。有的转运货物，一程运费预付，二程运费到付，要分别注明。

8. 可否转船

所运货物可以中途转运时填写 Y；所运货物不可以中途转运时填写 N。

9. 通知人

此处由收货人按需要决定是否填写。

10. 有关的运输条款

客户对订舱、配载及信用证有特殊要求的，也要一一列明。

（三）托运单的主要内容及缮制要求

发货人一般应在装运前 10 天制好出口货物托运单或明细单，送交承运公司办理托运手续。其主要内容及缮制要求如下：

（1）经营单位或发货人（SHIPPER）：一般为出口商。

（2）收货人（CONSIGNEE）：以信用证或合同的要求为准，可以填 TO ORDER、TO ORDER OF ×× 和 TO BEARER 等，一般以前两种使用较多。

（3）通知人（NOTIFY PARTY）：以信用证要求为准，必须有公司名称和详细地址。

（4）分批装运（PARTIAL SHIPMENT）和转运（TRANSSHIPMENT）：要明确表示是否可以分批装运和转运。

（5）运费（FREIGHT）：应注明是"运费预付（FREIGHT PREPAID）"还是"运费到付（FREIGHT COLLECT）"。

（6）装运日期（SHIPPING DATE）：按信用证或合同规定的装运期填写。

（7）货物描述及包装（DESCRIPTION OF GOODS; NO.S OF PACKAGES）：填写商品的大类名称及外包装的种类和数量。

（8）总毛重、总净重及总体积（TOTAL GROSS WEIGHT、NET WEIGHT、MEASUREMENT）：按实际填写。

第三节　海 运 提 单

一、海运提单的定义和作用

1. 海运提单的定义

海运提单（Ocean Bill of Lading）是承运人收到货物后出具的货物收据，也是承运人所签署的运输契约的证明，还代表所载货物的所有权，是一种具有物权特性的凭证。海运提单见式样7-2。提单必须由承运人、船长或他们的代理签发，并应明确表明签发人身份。海运提单是证明海上运输合同成立和承运人已接管货物或已将货物装船，并保证至目的地交付货物的单证。承运人据以交付货物。提单持有人可据以提取货物，也可凭此向银行押汇，还可在载货船舶到达目的港交货之前进行转让。

2. 海运提单的作用

（1）货物收据。海运提单是承运人签发给托运人的收据，确认承运人已收到提单所列货物并已装船，或者承运人已接管了货物，待装船。

（2）运输契约证明。海运提单是托运人与承运人的运输契约证明。承运人之所以为托运人承运有关货物，是因为承运人和托运人之间存在一定的权利义务关系，双方权利义务关系以提单作为运输契约的凭证。

（3）货物所有权凭证。海运提单是货物所有权的凭证。谁持有海运提单，谁就有权要求承运人交付货物，并且享有占用和处理货物的权利，海运提单代表了其所载明的货物。

二、海运提单条款

海运提单条款说明如下：

1. 托运人（Shipper）

托运人与承运人签订运输契约，委托运输的货主，即发货人。在信用证支付方式下，一般以受益人为托运人；在托收方式下以托收的委托人为托运人。

2. 收货人（Consignee）

收货人要按合同和信用证的规定来填写。一般的填法有以下几种：

（1）记名式。在收货人一栏直接填写上指定的公司或企业名称。这种提单不能背书转让，必须由收货人栏内指定的人提货。

式样 7-2 海运提单

SHIPPER		B/L NO.
CONSIGNEE		COSCO 中国远洋运输（集团）总公司 CHINA OCEAN SHIPPING (GROUP) CO.
NOTIFY PARTY		
PLACE OF RECEIPT	OCEAN VESSEL	
VOYAGE NO.	PORT OF LOADING	ORIGINAL
PORT OF DISCHARGE	PLACE OF DELIVERY	
		COMBINED TRANPORT BILL OF LADING

MARKS	NOS.&KINDS OF PKGS	DESCRIPTION OF GOODS	G.W.(kg)	MEAS(m³)

TOTAL NUMBER OF CONTAINERS OR PACKAGES (IN WORDS)					
FREIGHT & CHARGES	REVENUE TONS	TATE	PER	PREPAID	COLLECT
PREPAID AT	PAYABLE AT		PLACE AND DATE OF ISSUE		
TOTAL PREPAID	NUMBER OF ORIGINAL B(S)L				
LOADING ON BOARD THE VESSEL DATE			BY		

（2）不记名式。在收货人一栏留空不填，或者填"To Bearer"（交来人/持票人）。在这种方式下，承运人交货凭提单的持有人，只要持有提单就能提货。

（3）指示式。指示式的收货人又分为不记名指示和记名指示两种。

不记名指示，是在收货人一栏填"To Order"，又称空白抬头。这种提单发货人必须在提单背面背书，才能转让。背书又分为记名背书和不记名背书（空白背书）两种。其中，记名背书是指在提单背面填上"Deliver to ×××""Endorsed to ×××"，然后有发货人签章；不记名背书是指发货人在背面不作任何说明，只签章即可。记名背书后，其货权归该记名人所有，不记名背书，货权即归提单的持有人。

记名指示，是在收货人一栏填"To Order of Shipper"，此时，发货人必须在寄单前，在提单背面背书；另外凭开证行指示，即 L/C 中规定"To order of Issuing Bank"，则填"To order of ××× Bank"。

在实际业务中，L/C 项下提单多使用指示式。托收方式下，也普遍使用不记名指示。若做成代收行指示式，事先要征得代收行同意。因为根据 URC522 第十条 a 款规定："除非先征得银行同意，货物不应直接运交银行，或以银行的指定人为收货人，然后由银行付款或承兑后将货物交给付款人时，该银行并无义务提取货物，货物的风险和责任由发货人承担。"

3．被通知人（Notify Party）

原则上该栏一定要按照信用证的规定填写。被通知人即收货人的代理人或提货人，货到目的港后承运人凭该栏提供的内容通知其办理提货，因此，提单的被通知人一定要有详细的名称和地址，供承运人或目的港及时通知其提货。若 L/C 中未规定明确地址，为保持单证一致，可在正本提单中不列明，但要在副本提单上写明被通知人的详细地址，托收方式下的被通知人一般填托收的付款人。

4. 船名（Ocean Vessel）

由承运人配载的装货的船名，班轮运输多加注航次。

5. 装运港（Port of Loading）

填实际装运货物的港名。L/C 项下一定要符合 L/C 的规定和要求。如果 L/C 规定为"中国港口"（Chinese Port），此时不能照抄，而要按装运的我国某一港口实际名称填写。

6. 卸货港（Port of Discharge）

原则上，L/C 项下提单卸货港一定要按 L/C 规定办理。但若 L/C 规定两个以上港口或笼统填写"××主要港口"，如"European Main Ports"（"欧洲主要港口"），只能选择其中之一或填明具体卸货港名称。

如果 L/C 规定卸货港名后有"In Transit to ××"，只能在提单上托运人栏下或唛头下方空白处加列。由其卖方只负责到卸货港而不负责转运者，不能做卸货港后加填，以说明卖方只负责到卸货港，以后再转运到何地方由买方负责。

另外，对美国和加拿大 O.C.P（Overland Common Points）地区出口时，卸货港名后常加注"O.C.P××"。例如，L/C 规定"Los Angeles O.C.P Chicago"，可在提单目的港填制"Los Angeles O.C.P"；如果要求注明装运后最后城市名称，可在提单的空白处和唛头下加注"O.C.P Chicago"，以便转运公司办理转运至"Chicago"

7. 唛头（Shipping Marks/Marks & Nos.）

如果信用证有明确规定，则按照信用证缮制；如果信用证没有规定，则按买卖双方的约定，或者由卖方决定缮制，并注意做到单单一致。

8. 包装与件数（No. & Kind of Packages）

一般散装货物该栏只填"In Bulk"，大写件数栏可留空不填。单位件数与包装都要与实际货物相符，并在大写合计数内填写英文大写文字数目。例如，总件数为 230 Cartons，填写在该栏项下，然后在总件数大写栏（Total Numbers of Packages in Words）填写：Two hundred and Thirty Cartons only。如果货物包括两种以上不同包装单位（如纸箱、铁桶），应分别填列不同包装单位的数量，再表示件数。

9. 商品名称（描述）（Description of Goods）

原则上提单上的商品描述应按信用证规定填写，并与发票等其他单据相一致。但若信用证上货物的品名较多，提单上允许使用类别总称来表示商品名称。例如，出口货物有餐刀、水果刀、餐叉、餐匙等，信用证上分别列明了各种商品名称、规格和数量，但包装都用纸箱，提单上就可以笼统填写：餐具×××Cartons。

10. 毛重和体积（Gross Weight & Measurement）

除非信用证有特别规定，提单上一般只填货物的总毛重和总体积，而不标明净重和单位体积。一般重量均以千克表示，体积用立方米表示。

11. 运费支付（Freight & Charges）

信用证项下提单的运费支付情况，按其规定填写。一般根据成交的价格条件分为两种：若在 CIF 和 CFR 条件下，则注明"Freight Payable at Destination"；若在租船契约提单条件下，有时要求填写"Freight Payable as Per Charter Party"。有时信用证还要求注明运费的金额，按实际运费支付额填写即可。

12. 签发地点与日期（Place and date of Issue）

提单的签发地点一般在货物装运港所在地，日期则按信用证的装运期要求，一般要早于或与装运期为同一天。有时由于船期不准，迟航或发货人造成延迟，使实际船期晚于规定的装期，发货人为了适应信用证规定，做到单证相符，要求船方同意以担保函换取较早或符合装运期的提单，这就是倒签提单；另外，有时货未装船或未开航，发货人为及早获得全套单据进行议付，要求船方签发已装船提单，即预借提单（Advanced B/L）。这两种情况是应该避免的，因为如果发生问题或被卖方察觉，足以造成巨大经济损失和不良影响。

13. 承运人签章（Signed for the Carrier）

提单必须由承运人或其代理人签字才能生效。

14. 提单签发的份数（No. of Originals B/L）

信用证支付方法下，提单正本的签发份数一般都有明确规定，因此，一定要按信用证的规定出具要求的份数。例如，信用证规定"Full set 3/3 Original clean on board ocean Bill of Lading..."，这就表明提单签发的正本三份，在提交给银行议付时必须是三份正本。若在提单条款上未规定份数，而是在其他地方指明"...available by beneficiary's draft at sight drawn on us and accompanied by the following documents in duplicate"，表明信用证所要求提交的单据，当然包括提单，全都是一式两份。又如信用证规定"Full set of clean on board Bill of Lading issued..."，此种规定没有具体表明份数，而是指"全套"。

15. 提单号（B/L No.）

一般位于提单的右上角，是为便于工作联系和核查，承运人对发货人所发货物承运的编号。在其他单据中，如保险单、装运通知的内容往往也要求注明提单号。

海运提单除上述正面内容外，一般背面是托运人与承运人的运输条款（Terms and Conditions of Shipment mutually agreed），理论上应是托运人与承运人双方约定的事项，但实际上是承运人单方面印定的，托运人很少有修改的机会。这也就是为什么说提单是双方运输契约的证明，而不能说是运输契约或合同的原因。由于各国航运公司提单的格式不同，其条款的规定内容也互不相同，内容较多，如托运人与承运人的定义、承运人责任条款、运费和其他费用条款、责任限额、共同海损等，其内容虽多也大同小异，可以归类，一般首要条款中要规定所适用的国家公约（如海牙规则、海乐-维斯比规则和汉堡规则），以便在发生争议时作为依据。

三、电放

1. 电放的含义

电放（Telex Release）是指海上货物承运人或其装运港代理在收到货物签发或应该签发而未签发提单时，根据托运人要求，在装运港收回提单或不签发正本提单，以电传形式通知卸货港代理将货物交付给提单收货人或托运人指定的收货人的一种方式。

2. 电放的法律原理

在承运人签发提单的情况下，当收回提单时即可交付货物（或签发提货单）。由于承运人收回提单的地点是在交付货物（卸货港）以外的地点（通常是在装运港），视其为特殊情况，所以收回全套正本提单。然而，目前有关的国际公约、各国法律（如中国的《海商法》）和法规中均无"电放"的定义,简单地说,电放就是发货人不用领提单,收货人凭身份证明提货的一种放货形式。

3. 电放的办理流程

(1)由托运人向货代提交一份电放保函,表明电放操作产生的一切责任及后果由托运人承担。

(2)货代向船公司提出电放申请并提交作用相同的电放保函一份。

(3)船公司接受申请及保函后给目的港船公司代理发一份电放通知,允许该票货物可以用盖章后的电放提单换提货单。

(4)装船后,船公司向货代签发 Master 电放提单(Master 电放提单是指在 Master 单的正本复印件或副本上注有"Surrendered"或"Telex Release"字样的单据)。

(5)货代向托运人签发 House 电放提单(House 电放提单是指在 House 单的正本复印件或副本上注有"Surrendered"或"Telex Release"字样的单据)。

(6)装运港货代向目的港货代传真 Master 电放提单。

(7)托运人向收货人传真 House 电放提单。

(8)目的港船代凭此 Master 电放提单签发提货单。

(9)收货人将该有其公司章的 House 电放提单交给目的港货代。

(10)目的港货代凭此 House 电放提单交与收货人提货单。

4. 产生电放的原因

(1)货物早于提单到达卸货港。随着航运技术的不断进步与发展,特别是集装箱运输的普及,装卸港口工作效率大幅度提高,从而货物先于其单据到达卸货港的情形极为常见。这种情形在近洋运输中表现得更为突出,如中国向东亚、东南亚各国家或地区出口货物时,由于航程较短而银行审单和处理单据的速度相对较慢,所以经常出现货到而提单滞后的情况。另外,就远洋货物运输而言,在邮寄单据的过程中也可能出现意外,如寄单迟延、寄单错误,或者为了澄清单据的疑点而造成延误,单据晚于预定时间到达收货人等。在此情况下,若仍然坚持收货人凭正本提单提货,则可能导致货物在卸货港压船、压港,从而造成卸货港口阻塞,港口费用和仓储费用大幅增加,导致承运人的成本负担增加;同样,也可能造成收货人丧失出售货物的良好时机等后果。

(2)避免单据遗失风险。依据国际货物运输公约、国际贸易惯例及绝大多数国家的法律,在国际货物运输中,只要承运人签发了提单,收货人在卸货港须凭正本提单提货(但依据美国的相关法律,记名提单的收货人提货时无须提交正本提单)。因此,无论采取何种结算方式,提单总要从托运人流转到收货人的手中。在提单流转过程中,可能会遇到邮寄遗失的风险。关于货运单据邮寄遗失的风险,依 UCP600 第三十五条和 URC522 第十四条的规定,银行对此不予负责。包括提单在内的货运单据一旦遗失,贸易商有可能向承运人提出补发提单的请求。为避免遗失提单的持有人冒领货物,承运人对此非常谨慎,并对申请人提出非常苛刻的要求,如事先登报声明,或者将货物总值几倍的现金或银行本票无息存入承运人公司账户,或者由银行提供相关担保等,而提供担保的银行往往也要求贸易商提供现金等反担保。这样,不仅贸易商要占用大量的资金,交易成本大幅上升,而且办理提单补发手续的时间,少则几个月,多则一年以上。因此,对于资信较好的收货人或进口商,为避免寄单遗失给收发货人或进口商造成风险和增加费用,有时出口商主动向承运人提出采用"电放"的方式交货。

（3）货代提单无法提货。随着中国海运市场的开放，国内的国际运输业务和货运代理业务竞争激烈，中国境内的外国货运代理公司（简称外国货代或货代）开始签发自己的货代提单（House B/L），与托运人形成运输合同关系。同时，外国货代又必须寻找实际承运人来承运出口货物，即外国货代自己作为托运人，由船东向其签发船东提单，或者指示船东依照其要求的托运人（通常为进口商）签发提单。

当货物到达卸货港时，外国货代提单的持有人凭货代提单向货代或其在卸货港的代理人换取船东提单后，凭船东提单向船东或其代理提货；或者先由货代或其代理人凭船东提单提货后，货代提单持有人再凭货代提单向货代或其代理人提货。

由此可见，这种货代实际上具有双重身份：对于船东（实际承运人）而言，这种货代相当于托运人，由其安排货物托运并与实际承运人订立运输合同，取得船东签发的船东提单。与此同时，对于货主而言，这种货代又相当于承运人向货主签发自己的货代提单。只有船东提单和货代提单衔接使用，整个货物运输才能顺利完成。

尽管 UCP600 对货代提单予以承认，即货代作为承运人可以签发自己的提单。然而，在实践中，并非所有国家或地区都予以承认并接受货代提单，如南美洲的一些国家目前并不接受货代提单。若卸货港只接受船东提单，而不接受货代提单，则收货人即使持有正本的货代提单，但在卸货港可能也无法换单提货。在这种情况下，收货人可能会要求采用"电放"的方式放货。

（4）提单操作失误。在贸易实务中，提单流转过程中的操作失误也可能导致收货人持有正本提单而无法提货。例如，承运人签发了空白指示（To Order）提单，或者托运人指示（To Order of Shipper）提单后，并且贸易商之间约定使用汇付或托收结汇方式，托运人在向收货人寄送货运单据时，因种种原因没有对提单适当背书。当进口商收到这种正本提单后，因提单背书缺乏连续性，不符合提单操作规程的基本要求，即进口商无法证明其为提单的合法持有人。在这种情况下，船公司或其卸货港代理不会向该提单持有人放货。此时，若将提单再寄回托运人补加背书，有可能导致延误时间。于是，持有无托运人背书提单的进口商，为了尽快提货，通常要求电放货物。

5. 使用电放的风险

众所周知，提单因已有国际公约、各国的法律等赋予其定义才得以规范，而"电放"实际上是使用提单时的一种特殊情况。但这种情况非常特别，使提单的"准流通证券"的性质，即提单可以通过交付或背书加交付自由转让的性质被消灭。目前还没有国际公约或各国的法律给电放赋予定义和规范。

如前所述，电放的原理是异地收回提单，然后交付货物。这种做法也是参照了在签发提单时的特殊情况，即"异地签单"的做法。但是，"异地签单"仍然是存在着问题的，并且也有人对其做法提出过质疑，可以说"异地签单"做法的后果存在着不确定性。

严格按照本书给予电放的定义操作，可以避免一些不确定因素造成的影响。然而，实践中的一些做法仍然给电放以后承运人承担的相应责任构成风险。值得注意的问题包括：

（1）托运人（发货人）申请电放时，承运人不再签发提单，此时，提单条款对当事人是否具有约束力的问题。

（2）提单可以适当背书（Duly Endorsed）后转让，电放时如何实施的问题。

（3）电放情况下的托运人和收货人都是无船承运人，作为实际承运人的船公司将货物交付给真正的货主时，是否会承担交错货物的责任问题，或者无船承运人错误交付货物时，船公司应承担的责任问题。

（4）船公司与船舶代理人之间授权不明现象的发生及其责任的承担问题。

第四节　不能代表物权的运输单据

一、海运单

1. 海运单的定义

海运单（Sea Waybill），是指证明海上货物运输合同和承运人接收货物，或者已将货物装船的不可转让的单证。

海运单的正面内容与提单的基本一致，但是印有"不可转让"的字样。有的海运单在背面订有货方定义条款，承运人责任、义务与免责条款，装货、卸货与交货条款，运费及其他费用条款，留置权条款，共同海损条款，双方有责碰撞条款，首要条款，法律适用条款等内容。

2. 海运单的作用

海运单仅涉及托运人、承运人、收货人三方，程序简单，操作方便，有利于货物的转移。海运单是一种安全凭证，它不具有转让流通性，可避免单据遗失和伪造提单所产生的后果。

3. 海运单与提单的区别

（1）提单是货物收据、运输合同的证明，也是物权凭证；海运单只具有货物收据和运输合同这两种性质，它不是物权证明。

（2）提单可以是指示性抬头形式，可以背书流通转让；海运单是一种非流动性单据，海运单上标明了确定的收货人，不能转让流通。

（3）海运单和提单都可以做成"已装船（Shipped on Board）"形式，也可以是"收妥备运（Received for Shipment）"形式。海运单的正面各栏的格式和缮制方法与海运提单基本相同，海运提单收货人栏不能做成指示性抬头，应缮制确定的具体收货人。

（4）提单的合法持有人和承运人凭提单提货和交货；海运单上的收货人并不出示海运单，仅凭提货通知或其身份证明提货，承运人凭收货人出示的适当身份证明交付货物。

（5）提单有全式和简式之分，而海运单是简式单证，背面不列详细货运条款，但载有一条可援用海运提单背面内容的条款。

（6）海运单和记名提单虽然都有收货人，但不作背书转让。我国法律对于记名提单还是当作提单来看的。但事实上，记名提单不具备物权凭证的性质。所以，虽然在有些国家收货人提货需要出具记名提单，但有些国家，如美国，只要能证明收货人身份也可以提货。如此，记名提单在收货时和海运单无异。

4. 海运单的法律问题

（1）海运单的法律适用。海运单是海上货物运输合同的证明。因而调整海上货物运输合同的汉堡规则和有关国内法适用于海运单。然而，调整提单法律问题的海牙规则、海牙-维斯比规则能否适用于海运单，目前观点不一。

（2）收货人的法律地位。海运单规则规定了代理原则，规定托运人不仅为其自身利益，同时也作为收货人的代理人，为收货人的利益订立运输合同。因而收货人被视为海运单所证明的运输合同的当事人，可以依据海运单向承运人主张权利并承担义务。

（3）货物支配权。在使用海运单的情况下，托运人有权在承运人向收货人交付货物之前的任何时候书面变更收货人，实现对货物的支配。

二、空运单

1. 空运单的定义

空运单（Air Waybill）是由空运承运人或其代理人签发的货运单据，是承运人收到货物的收据，也是托运人同承运人之间的运输契约。但空运单不具有物权凭证的性质，因此空运单也是不可以转让的。

2. 空运单的性质

空运单与海运单有很大不同，却与国际铁路运单相似。它是由承运人或其代理人签发的重要的货物运输单据，是承托双方的运输合同，其内容对双方均具有约束力。空运单不可转让，持有空运单也并不能说明可以对货物要求所有权。

（1）空运单是发货人与航空承运人之间的运输合同。与海运单不同，空运单不仅证明航空运输合同的存在，而且空运单本身就是发货人与航空运输承运人之间缔结的货物运输合同，在双方共同签署后产生效力，并在货物到达目的地交付给运单上所记载的收货人后失效。

（2）空运单是承运人签发的已接收货物的证明。空运单也是货物收据，在发货人将货物发运后，承运人或其代理人就会将其中一份交给发货人（即发货人联），作为已经接收货物的证明。除非另外注明，它是承运人收到货物并在良好条件下装运的证明。

（3）空运单是承运人据以核收运费的账单。空运单分别记载着属于收货人负担的费用，属于应支付给承运人的费用和应支付给代理人的费用，并详细列明费用的种类、金额，因此可作为运费账单和发票。承运人往往也将其中的承运人联作为记账凭证。

（4）空运单是报关单证之一。出口时空运单是报关单证之一。在货物到达目的地机场进行进口报关时，空运单也通常是海关查验放行的基本单证。

（5）空运单同时可作为保险证书。如果承运人承办保险或发货人要求承运人代办保险，则空运单也可用来作为保险证书。

（6）空运单是承运人内部业务的依据。空运单随货同行，证明了货物的身份。空运单上载有有关该票货物发送、转运、交付的事项，承运人会据此对货物的运输做出相应安排。

空运单的正本一式三份，每份都印有背面条款，其中一份交发货人，是承运人或其代理人接收货物的依据；第二份由承运人留存，作为记账凭证；最后一份随货同行，在货物到达目的地交付给收货人时，作为核收货物的依据。

我国国际航空货运单由一式十二联组成，包括三联正本、六联副本和三联额外副本。我国国际航空货运单的构成及用途见表7-1。

表7-1　我国国际航空货运单的构成及用途

顺序	名称	颜色	作用
1	正本3	浅蓝色	交托运人。作为承运人收到货物的证明，以及作为承托双方运输合同成立的证明
2	正本1	浅绿色	交承运人财务部门。除了作为承运人财务部门的运费账单和发票外，还作为承托双方运输合同成立的证明

顺序	名称	颜色	作用
3	副本 9	白色	交代理人，供代理人留存
4	正本 2	粉红色	随货物交收货人
5	副本 4	黄色	交付联。收货人提货后签字交承运人留存，证明已交妥货物
6	副本 5	白色	交目的港机场
7	副本 6	白色	交第三承运人
8	副本 7	白色	交第三承运人
9	副本 8	白色	交第三承运人
10	额外副本	白色	供承运人使用
11	额外副本	白色	供承运人使用
12	额外副本	白色	供承运人使用

3. 空运单的分类

（1）按有无承运人的名称分类。

1）航空公司货运单。航空公司货运单（Airline Air Waybill）是指印有出票航空公司（Issue Carrier）名称及标志（航徽、代码等）的航空货运单。这类空运单代表出票航空公司的身份。

2）中性货运单。中性货运单（Neutral Air Waybill）是指没有预先在运单上打印任何承运人名称及标志的货运单。这类空运单不代表任何一个航空公司，是中立货运单。

（2）按照不同作用分类。

1）航空主运单。航空主运单（Master Air Waybill，MAWB）是指由航空运输公司签发的航空运单。

2）航空分运单。航空分运单（House Air Waybill，HAWB）是指航空货运代理公司在办理集中托运业务时签发给各个发货人的运单。

4. 空运单的特性

（1）非物权证券（not a Document if Title to the Goods）：空运单不同于海运单，它不是货物所有权的凭证，它只是承运人发给托运人的货物收据及运输契约凭证而已。由于空运单非货物权利证券，所以实务上，货物运抵目的地后，收货人凭承运人的到货通知及有关的证明提货，并在提货时在随货运到的空运单上签收，而不要求收货人凭空运单提货。但托运人在货物被受领以前，得凭其所持有的空运单，指示承运人回运、停运、改运他处，或者指示由目的地原收货人以外的第三者受领。就此而言，空运单可以说是准物权证券。

（2）非流通证券（not a Negotiable Instrument）：由于空运的速度很快，通常在托运人空运单寄达收货人前，货物就已经运到目的地，这在很大程度上排除了通过转让装运单来转让货物的需要。因此《海牙议定书》虽规定不禁止签发可流通的空运单，但在实务上空运单一般都印有"not negotiable"（禁止流通）的字样。加之，空运单属于记名式（Straight）单证，即在收货人栏内指定收货人名称及地址，而不采用"to order of..."（凭……指示交付）等字样。所以，空运单是一种不可转让的单证，不能成为货物所有权的凭证。

（3）备运提单：空运单于承运人收到货物后即签发，并非于装上飞机后才签发，单证上有"Received for Carriage"（收到待运）字样，所以空运单为备运提单。这对买方而言是一种危险，买方为获得更好的保障，在信用证交易时，可要求银行只能受理注明实际起飞日期戳章的空运单。

（4）要式单证：《华沙公约》及《海牙议定书》均规定空运单应记载的内容，若不依规定记载，虽不影响运输契约的成立，但不得享受公约上的利益，形式上承运人似有选择的自由，而事实上谁不想减轻本身责任，以享受公约利益，故实质上空运单是要式单证的一种。

5. 空运单的填开责任

根据《华沙公约》《海牙议定书》和承运人运输条件的条款规定，承运人的承运条件为托运人准备航空货运单。

根据《华沙公约》第六条第（1）款和第（5）款规定，航空货运单应当由托运人填写，承运人根据托运人的要求填写航空货运单的，在没有相反证据的情况下，应当视为是代替委托人填写的。这表明托运人应对航空货运单所填各项内容的正确性、完备性负责。由于航空货运单所填内容不准确、不完全，致使承运人或其他人遭受损失，托运人负有责任。

在航空货运业务的操作中，各航空公司承运的货物大量是通过其代理人收运的，某些特种货物由航空公司直接收运。因为填写航空货运单必须具有一定的专业知识，同时为了方便操作和对客户提供服务，托运人以托运书或委托书的形式授权航空公司或其代理人代替填写航空货运单。在这种情况下，托运人正确、完整地填写托运书或委托书十分重要。航空公司或其代理人应根据托运人的托运书或委托书代替托运人填写航空货运单。托运人在航空货运单上的签字，证明其接受航空货运单正本背面的运输条件和契约。

6. 空运单的主要内容

空运单见式样 7-3。

式样 7-3　空运单

Issuing Carrier's Agent Name and City							Accounting Information					
Agent's IATA Code		Account No.										
Airport of Departure (Addr. of First Carrier) and Requested Routing												

To	By First Carrier Destination	Routing and	to	by	to	by	Currency	CHGS Code	WT/VAL PPD COLL	Other PPD COLL	Declared Value for Carriage	Declared Value for Customs

Airport of Destination	Flight/Date For carrier Use Only Flight/Date	Amount of Insurance	INSURANCE - If Carrier offers insurance, and such insurance is requested in accordance with the conditions thereof, indicate amount to be insured in figures in box marked "Amount of Insurance."

Handing Information

(For USA only) These commodities licensed by U.S. for ultimate destination ....Diversion contrary to U.S. law is prohibited

No. of Pieces RCP	Gross Weight	Kg lb	Rate Class Commodity Item No.	Chargeable Weight	Rate Charge	Total	Nature and Quantity of Goods (incl. Dimensions or Volume)

Prepaid	Weight Charge	Other Charges
	Valuation Charge	
	Tax	
Total other Charges Due Agent		Shipper certifies that the particulars on the face hereof are correct and that **insofar as any part of the** consignment contains dangerous goods, such part is properly described by name and is in proper **condition for carriage by air according to the applicable Dangerous Goods Regulations.**

Total other Charges Due Carrier			
		....	
		Signature of Shipper or his Agent	
Total Prepaid	Total Collect		
Currency Conversion Rates	CC Charges in Dest. Currency		
		....	
		Executed on (date)　　　　　at(place)　　　Signature of Issuing Carrier or its Agent	
For Carrier's Use only at Destination	Charges at Destination	Total Collect Charges	999—

　　航空货运单与海运单类似，也有正面、背面条款之分，不同的航空公司也会有自己独特的航空货运单格式。所不同的是，航运公司的海运单可能千差万别，但各航空公司所使用的航空货运单则大多借鉴 IATA 所推荐的标准格式，差别并不大。所以这里只介绍这种标准格式，也称中性货运单。下面就有关需要填写的内容说明如下。

　　1．始发站机场：需填写 IATA 统一制定的始发站机场或城市的三字代码。

　　2．发货人姓名、住址（Shipper's Name and Address）：填写发货人姓名、地址、所在国家及联络方法。

　　3．发货人账号（Shipper's Account Number）：只在必要时填写。

　　4．收货人姓名、住址（Consignee's Name and Address）：应填写收货人姓名、地址、所在国家及联络方法。与海运提单不同，因为空运单不可转让，所以"凭指示"之类的字样不得出现。

　　5．收货人账号（Consignee's Account Number）：同 3 栏一样，只在必要时填写。

　　6．承运人代理的名称和所在城市（Issuing Carrier's Agent Name and City）。

　　7．代理人的 IATA 代号（Agent's IATA Code）。

　　8．代理人账号（Account No.）。

　　9．始发站机场及所要求的航线［Airport of Departure (Addr. of First Carrier) and Requested Routing］：这里的始发站机场应与 1 栏填写的相一致。

　　10．支付信息（Accounting Information）：此栏只有在采用特殊付款方式时才填写。

　　11A（C、E）．去往（To）：分别填写第一（二、三）中转站机场的 IATA 代码。

　　11B（D、F）．承运人（By）：分别填写第一（二、三）段运输的承运人。

　　12．货币（Currency）：填写 ISO 货币代码。

　　13．收费代号（CHGS Code）：表明支付方式。

　　14．运费及声明价值费（WT/VAL，Weight Charge/Valuation Charge）：需要注意的是，航空货物运输中运费与声明价值费支付的方式必须一致，不能分别支付。

　　15．其他费用（Other）：也有预付和到付两种支付方式。

　　16．运输声明价值（Declared Value for Carriage）：在此栏填写发货人要求的用于运输的声明价值。如果发货人不要求声明价值，则填写"NVD（No Value Declared）"。

17．海关声明价值（Declared Value for Customs）：发货人在此填写对海关的声明价值，或者填写"NCV（No Customs Valuation）"，表明没有声明价值。

18．目的地机场（Airport of Destination）：填写最终目的地机场的全称。

19．航班及日期（Flight/Date）：填写货物所搭乘航班及日期。

20．保险金额（Amount of Insurance）：只有在航空公司提供代保险业务而客户也有此需要时才填写。

21．操作信息（Handling Information）：一般填写承运人对货物处理的有关注意事项，如"Shipper's certification for live animals（托运人提供活动物证明）"等。

22A～22L　货物运价、运费细节。

22A．货物件数和运价组成点（No. of Pieces RCP, Rate Combination Point）：填写货物包装件数，如 10 包即填"10"。当需要组成比例运价或分段相加运价时，在此栏填写运价组成点机场的 IATA 代码。

22B．毛重（Gross Weight）：填写货物总毛重。

22C．重量单位：可选择千克（kg）或磅（lb）。

22D．运价等级（Rate Class）：针对不同的航空运价共有六种代码，分别是 M（Minimum，起码运费）、C（Specific Commodity Rates，特种运价）、S（Surcharge，高于普通货物运价的等级货物运价）、R（Reduced，低于普通货物运价的等级货物运价）、N（Normal，45 千克以下货物适用的普通货物运价）、Q（Quantity，45 千克以上货物适用的普通货物运价）。

22E．商品代码（Commodity Item No.）：在使用特种运价时需要在此栏填写商品代码。

22F．计费重量（Chargeable Weight）：此栏填写航空公司据以计算运费的计费重量，该重量可以与货物毛重相同，也可以不同。

22G．运价（Rate Charge）：填写该货物适用的费率。

22H．运费总额（Total）：此栏数值应为起码运费值或者是运价与计费重量两栏数值的乘积。

22I．货物的品名、数量，含尺码或体积 ［Nature and Quantity of Goods (incl. Dimensions or Volume)］：货物的尺码应以厘米或英寸为单位，尺寸分别以货物最长、最宽、最高边为基础。体积则是上述三边的乘积，单位为立方厘米或立方英寸。

22J．该运单项下货物总件数。

22K．该运单项下货物总毛重。

22L．该运单项下货物总运费。

23．其他费用（Other Charges）：是指除运费和声明价值附加费以外的其他费用。根据 IATA 规则，各项费用分别用三个英文字母表示。其中，前两个字母是某项费用的代码，如运单费表示为 AW（Air Waybill Fee）；第三个字母是 C 或 A，分别表示费用应支付给承运人（Carrier）或货运代理人（Agent）。

24．～26．分别记录运费、声明价值费和税款金额，有预付与到付两种方式。

27．～28．分别记录需要付与货运代理人（Due Agent）和承运人（Due Carrier）的其他费用合计金额。

29．需预付或到付的各种费用。

30．预付、到付的总金额。

31．发货人的签字。

32．签单时间（日期）、地点、承运人或其代理人的签字。

33．货币换算及目的地机场收费纪录。

以上所有内容不一定要全部填写空运单，IATA 也并未反对在空运单中写入其他所需的内容。但这种标准化的单证对航空货运经营人提高工作效率，促进航空货运业向电子商务的方向迈进有着积极的意义。

三、联运运单

联运（Combined Transportation），即联合运输，是指两种或两种以上运输方式或同一种运输方式的几个运输企业，使用同一运输凭证，以不同运输方式或几个运输企业衔接运送货物或旅客到目的地的运输方式。联运是综合利用各种运输工具，比较经济、合理、迅速地完成客货运输的一种重要运输形式。

下面仅以国际铁路货物联运运单为例说明联运运单的作用、组成及填写。

1．联运运单的作用

国际铁路货物联运运单是参加国际铁路货物联运的铁路与发货人、收货人之间缔结的运输合同。它体现了参加联运的各国铁路与发货人、收货人之间在货物运送上的权利、义务、责任和豁免，对铁路和发货人、收货人都具有法律效力。

2．联运运单的组成

国际铁路货物联运运单由下列各张单据组成：

（1）运单正本。

（2）运行报单。

（3）运单副本。

（4）货物交付单。

（5）货物到达通知单。

此外，还有为发送路和过境路准备的必要份数的补充运行报单。

3．联运运单的填写

联运运单正面未画粗线的各栏由发货人填写，现将发货人填写的各栏说明如下：

（1）发货人及其通信地址：填写发货人的名称及通信地址。发货人只能是一个自然人或法人。由中国、朝鲜、越南发货时，准许填写这些国家规定的发货人及其通信地址的代号。

（2）合同号码：填写出口单位和进口单位签订的供货合同号码。

（3）发站：填写运价规程中所在发站全称。

（4）发货人的特别声明：发货人可在该栏中填写自己的声明。例如，关于对联运运单的修改及易腐货物的运送条件等。

（5）收货人及其通信地址：注明收货人的名称及通信地址，收货人只能是一个自然人或法人。从参加国际货协的铁路向未参加国际货协的铁路发货而由站长办理转发送时，则在该栏填写"站长"。

（6）对铁路无约束效力的记载：发货人可以对该批货物做出记载，该项记载仅作为对收货人的通知，铁路不承担任何义务和责任。

（7）通过的国境站：注明货物应通过的发送路和过境路的出口国境站。如果有可能从一个出口国境站通过邻国的几个进口国境站办理货物运送，则还应注明运送所要通过的进口国境站。根据发货人注明的通过国境站确定经路。

（8）到达路和到站：在斜线之前，应注明到达路的简称，在斜线之后，应用印刷体字母（中文用正楷粗体字）注明运价规程上到站的全称。运往朝鲜的货物，还应注明到站的数字代号。运往非货协国的货物由站长办理转发时，记载国际货协参加铁路最后过境路的出口国境站，并在该站站名后记载"由铁路继续办理转发送至_____铁路_____站"。

（9）～（11）一般说明：填写第9～11栏事项时，可不受各栏间竖线的严格限制。但是，有关货物事项的填写顺序，应严格符合各栏的排列次序。

（9）记号、标记、号码：填写每件货物上的记号、标记和号码。如果货物装在集装箱内，则还要填写集装箱号码。

（10）包装种类：填写包装的具体种类，如纸箱、木桶等，不能笼统地填"箱""桶"，如果用集装箱运输，则记载集装箱。

（11）货物名称：货物名称应按国际货协规定填写，或者按发送路或发送路和到达路现行的国内运价规程品名表的规定填写，但需注明货物的状态和特征；两国间的货物运送，可按两国商定的直通运价规程品名表中的名称填写。

在"货物名称"字样下面专设的栏内填写通用货物品名表规定的六位数字代码。填写全部事项时，如果篇幅不足，则应添附补充清单。

（12）件数：注明一批货物的件数。用敞车类货车运送不盖篷布或盖有篷布而未加封的货物，其总件数超过100件时，或者运送仅按重量不按件数计的小型无包装制品时，注明"堆装"，不注件数。

（13）发货人确定的重量（千克）：注明货物的总重量。

（14）共计件数（大写）：用大写填写第12栏中所记载的件数。

（15）共计重量（大写）：用大写填写第13栏中所记载的总重量。

（16）发货人签字：发货人应签字证明列入运单中的所有事项正确无误。发货人的签字也可用印刷的方法或加盖戳记处理。

（17）互换托盘：该栏内的记载事项，仅与互换托盘有关。注明托盘互换办法，并分别注明平式托盘和箱式托盘的数量。

集装箱/运送用具

（18）种类、类型：在发送集装箱货物时，应注明集装箱的种类和类型。使用运送用具时，应注明该用具的种类。

（19）所属者及号码：运送集装箱时，应注明集装箱所属记号和号码。对不属于铁路的集装箱，应在集装箱号码之后注明大写字母"P"。

使用属于铁路的运送用具时，应注明运送用具所属记号和号码。使用不属于铁路的运送用具时，应在运送用具号码之后注明大写字母"P"。

（20）发货人负担下列过境铁路的费用：如果发货人负担过境铁路的运送费用，填写所负担过境铁路名称的简称。如果发货人不负担任何一个过境铁路的运送费用，填写"无"字。

（21）办理种别：办理种别分为整车、零担、大吨位集装箱，并将不需要者划消。

（22）由何方装车：发货人应在运单该栏内注明由谁装车，将不需要者划消。

（23）发货人添附的文件：注明发货人在运单上添附的所有文件的名称和份数。

（24）货物的声明价格：用大写注明以瑞士法郎表示的货物价格。

（25）批号（检查标签）：在该栏上半部注明发送路和发站的数字编码。在该栏下半部按发送路的现行国内规章的规定，填写批号。

（26）海关记载：该栏供海关记载之用。

（27）～（30）一般说明：用于记载使用车辆的事项，只有在运送整车货物时填写。至于各栏是由发货人填写还是由铁路车站填写，则视由何方装车而定。

（31）铅封个数和记号：填写车辆或集装箱上施加的封印个数和所有记号。至于铅封个数和记号，视由何方施封而由发货人或铁路车站填写。

（32）确定重量方法：注明确定重量的方法，如"用轨道衡""按标准重量""按货件上标记重量"等。由发货人确定货物重量时，发货人应在该栏注明确定重量的方法。

第五节　案例讨论

一、过期提单案例

【案例1】

A公司与B公司签订了一份国际货物买卖合同，由A公司向B公司销售一批货物，双方在合同中规定信用证付款。合同订立后，B公司依约开来信用证。该信用证规定，货物最迟装运期至9月30日，提单是受益人A公司应向银行提交的单据之一，信用证的到期日为10月15日，信用证未规定交单期。A公司于9月12日将货物装船并取得提单，提单日期为9月13日。10月5日A公司向银行交单议付，银行以已过交单期为由拒绝付款。

讨论：银行是否可以拒付？理由是什么？

分析：银行可以拒付。若信用证未规定交单期，按照UCP600规定，受益人应于运输单据出单日期之后的21天内向银行提交单据，并不得迟于信用证的有效期。在本案例中，A公司于9月12日将货物装船并取得提单，提单日期为9月13日，交单期应到10月4日有效。A公司10月5日向银行交单议付，由于已经过了交单期，所以银行以已过交单期为由拒绝付款正确。

二、倒签提单案例

【案例2】

2022年3月20日，某外国公司（卖方）与我国某进出口公司（买方）签订一项货物购销合同，合同规定交货期为6月10日，付款方式原为信用证，之后卖方擅自变更为托收形式付款。买方于6月8日收到装船电报通知，注明货物已于6月7日载往中国大连港，并注明合约号和信用证号。6月14日买方接到提货通知和随船提单一份，提单上的装船日期为6月11日。为此，买方以外方违约为由拒绝提货并拒绝付款，同时提出合同作废。外方（卖方）不服，双方协调无效，外方依据仲裁条款提起仲裁。

讨论：买方以卖方违约为由提出的要求受法律保护吗？如果买方以上述理由提出的要求不受法律保护，那么应以什么事实为由才能使其合法权益获得保障？

分析：根据《联合国国际货物销售合同公约》规定，买方只有在卖方"不履行其在合同后本公约中的应尽义务，等于根本违反合同"时，才有权宣告合同无效或解除合同。本案例中卖方交货时间仅仅延迟一天，并不构成"根本违反合同"，所以，买方如果以延迟交货一天为由，则无权要求解除合同、拒收货物，只能要求卖方赔偿损失。既然买方以卖方违约为由提出的拒付与拒收要求不受法律保护，那么应提出何种理由才能保障其合法权益呢？

众所周知，倒签提单是卖方串通船方来欺骗买方的一种违法行为。根据国际惯例，买方一旦有证据证明提单上说明的装船日期是伪造的，就有权拒绝接受货物和拒付货款，即使货款已经支付，买方也可以要求卖方退还。本案例的材料表面，该货轮通常航行于香港-大连航线，该船曾于6月5日进大连港，10日出大连港，不可能于6月7日在香港码头装船并签发提单，随船提单上的装船日期是不真实的。由此证据可以表明，外方串通船方以倒签提单装船日期的欺骗行为对买方进行欺诈，依据国际惯例，买方有理由拒收货物、拒付货款并要求卖方赔偿损失。

三、错填提单致损案例

【案例3】

中国A公司与葡萄牙B公司达成一笔国际贸易合同。在国外开来的L/C中，其中单据条款对提单作出了如下规定"Full set of clean on board ocean Bill of Lading made out to orderer marked freight prepaid"。看到此提单后，A公司并没有过多考虑，随即按证装船，并向对方提供了上述要求的海运提单。该提单的收货人栏内按照L/C的说法填上了"To orderer"。而外轮代理公司见到这样填制收货人的做法，觉得很诧异，不知道"To orderer"是否为"To order"之误，于是赶紧询问中国A公司。中国A公司经办人员又核对了L/C，并告知外轮代理公司，L/C就是这样规定的，提单制法是完全正确的，否则无法结汇。中国A公司在向议付行交单办理议付手续时，议付行对提单收货人栏的填法提出异议。中国A公司经办人员却坚持认为该提单的填法与L/C规定丝毫不差，L/C规定"To orderer"，我们也是"To orderer"，并以担保议付方法寄单。此单据寄到葡萄牙后，开证行提出拒付货款。理由是提单的收货人填法存在错误，不符合L/C规定的要求，所以开证行无法接受。单据由开证行暂时代为保管，听候卖方此后的处理意见。议付行随机将上述开证行拒付货款的情况通知中国A公司，中国A公司又辗转通过中国驻外机构与葡萄牙B公司商议磋商，经过多次拉锯式的商洽，最终葡萄牙B公司才同意按照当初的协议进行货款的支付，至此已经拖延了6个多月才收回货款。对于中国A公司来说，利息损失达6000多美元。

讨论：中国A公司的错误有哪些？该案例带给我们哪些启示？

分析：中国A公司的错误主要表现在以下几方面：

（1）中国A公司忽视了外轮代理公司和议付行对提单提出的异议。

（2）中国A公司毫无根据地认为"orderer"与"order"同义。

（3）中国A公司不应该采取担保议付方式收取货款。

（4）中国A公司宁愿选择担保议付，也不愿设法改单。

该案例带给我们的启示如下：

（1）正确对待单据中的不符点。在国际贸易中，只有在单证相符的情况下，开证行才承担第一性的付款责任。

（2）对于异议要高度重视。每个船公司都有自己的提单格式，但实质内容大同小异。特别是主要条款的约定是一致的。

（3）不能想当然地理解单据。进出口公司需要有专门精通外贸函电和外贸业务的人员进行细致研究。

（4）担保议付要慎重。

四、分装案例

【案例4】

北京某公司出口 2000 吨大豆，国外来证规定：不允许分批装运。结果我方在规定的期限内分别在大连和青岛各装 1000 吨于同一航次的同一船只上，提单上也注明了不同的装货港和不同的装船日期。

讨论：我方做法是否违约？

分析：此案例分析的关键点在于弄清楚分批装运的含义。根据 UCP600 的规定："运输单据表面注明货物系使用同一运输工具并经同一路线运输的，即使每套运输单据注明的装运日期不同或装运港、接受监管地、发运地不同，只要运输单据注明的目的地相同，也不视为分批装运。"

课后练习题

一、单项选择题

1. 海运提单的抬头是指提单中的（　　）。
    A. 发货人　　　　　B. 收货人　　　　　C. 通知人　　　　　D. 标题
2. 各种运输单据中，能同时具有货物收据、运输合同和物权凭证作用的是（　　）。
    A. 铁路运单　　　　B. 航空运单　　　　C. 海运提单　　　　D. 海运单
3. 根据 UCP600 的规定，受益人提交提单到银行议付应在规定期限内，超过提单签发日期后 21 天交到银行的提单称为（　　）。
    A. 过期提单　　　　　　　　　　　B. 倒签提单
    C. 不清洁提单　　　　　　　　　　D. 转船提单
4. 航空货运单一般有三联正本，分别为正本 1 交（　　），正本 2 交（　　），正本 3 交（　　）。
    A. 托运人、收货人、开单人　　　B. 托运人、开单人、收货人
    C. 开单人、托运人、收货人　　　D. 开单人、收货人、托运人
5. 航空货运单（　　）。
    A. 代表物权，经背书可转让
    B. 代表物权，但不能转让
    C. 不代表物权，不能凭以向承运人提货
    D. 不代表物权，但可以作为提货凭证

二、简答题

1. 简述海运提单的性质和作用。

2．简述海运出口货物的托运流程。

3．信用证结算方式中常见的海运提单"收货人"栏的制作方法主要有几种？

三、实务题

练习填制海运单。

我国启明星贸易公司向日本三明株式会社出口 2021 年产的东北大豆 200 吨，每吨 220 美元 CIF 东京，单层新麻袋装，每袋净重 50 千克。唛头为

S.M.

TOKYO

NOS.1_4000

货物于 2022 年 2 月 15 日在大连港由"东风号"轮运往日本东京。

请根据上述条件填制一份"Clean On Board Marine Bills of Lading, Made out to Order and Endorsed in Bank, Marked Freight Prepaid"

BILL OF LADING

Shipper (1)

Consignee (2)

Notify Party (3)

Ocean Vessel (4)　　　Voy.368 S/O No.898 B/L No.567

Port of Loading (5)

Port of Discharge (6)

Freight payable at (7)

Particulars furnished by the Shipper

Marks and Numbers	No. of Packages	Description of goods	Gross Weight	Measurement
(8)	(9)	(10)	(11)	

Total Packages (In words)

Freight and Charges (12)

Date (13)

at (14)

第八章　投保单和保险单

　本章导读：

国际贸易中的货物一般要经过长途运输，运输的方式多种多样，货物在运输、装卸和存储过程中难免会遇到各种风险和遭受各种损失。为了保障货物发生损失后得到经济补偿，通常需要投保国际货物运输保险。国际货物运输保险是财产险的一种，它是随着国际贸易和航运业的发展而产生的，它反过来又促进了国际贸易和航运业的发展。海洋运输是国际贸易中最主要的运输手段，因此海洋运输货物保险业务在国际货物运输保险业务中占有绝对重要的地位。国际货物运输保险中的陆路运输货物保险、航空运输货物保险以及邮政包裹运输保险都是在海洋运输货物保险的基础上发展起来的，并且海洋运输货物保险出现时间最早、险种最齐全、发展最完善。在国际贸易中，货物由出口方交付给进口方，需要经过跨越国境的长途运输以及不止一次的装卸和存储。在整个运输过程中，货物可能遭遇各种风险而受损或灭失。出口方或进口方为了在货物遭受损失后能够得到经济补偿，就需要办理国际货物运输保险。从事国际贸易的人员必须熟悉和掌握有关国际货物运输保险的基本知识，从而保证国际贸易顺利完成。本章主要介绍了国际货物运输保险的有关知识、投保程序及保险单的种类，要求掌握国际货物运输保险投保单和保险单的内容及缮制要求，学会缮制投保单和保险单。

　学习目标：

通过本章学习，学生能够认识国际货物运输保险对于转移、降低进出口商面临的货物损害风险和出口信用风险的重要作用，了解国际货物运输保险和出口信用保险所承保的险别，掌握投保的程序，培养相关保险单据的缮制能力。

　关键概念：

- 货物运输保险投保单（Application for Transportation Insurance）
- 保险单（Insurance Policy）
- 保险凭证（Insurance Certificate）
- 预约保险单（Open Policy）
- 联合凭证（Combined Insurance Certificate）
- 保险批单（Endorsement）

第一节　投　保　单

一、国际货运投保及其流程

1. 国际货运投保

国际贸易货物要经过长途运输、装卸和存储等环节才能到达买方。这其中难免由于自然灾害和意外事故等原因造成货物损失。为将这种货物运输过程中的风险转移出去，进出口贸易合同当事人就需要与保险公司签订保险合同。

所谓国际货运投保，是指进出口贸易合同当事人就进出口运输货物向保险公司申请保险。当事人向保险公司申请国际货运保险的手续是向保险公司填写国际货运投保单。国际货运投保单既是进出口企业向保险公司申请国际货运保险的书面请求，也是保险公司接受、办理国际货运保险及开立国际货运保险单的凭据。保险公司在收到投保人的投保单后，根据投保单内容缮制保险单。

2. 国际货运投保的流程

凡按 CIF 和 CIP 条件成交的出口货物，由出口企业向当地保险公司逐笔办理保险手续。具体流程是：根据合同或信用证规定，在备妥货物，并确定装运日期和运输工具后（一般是在收到船公司有关配船的资料，如经船公司签署的配舱回单后），按约定的保险险别和保险金额，向保险公司投保。投保时应填制"海运货物运输保险投保单"或"运输险投保申请单"（Application for Transportation Insurance），并交付保险费，保险公司根据投保人填写的投保单出具保险单或保险凭证并交给投保人。

需要注意的是，投保的日期应不迟于货物装船的日期。如果投保金额合同中没有明确规定，应按 CIF 或 CIP 价格加成 10%，如果买方要求提高加成比率，一般情况下可以协商接受，但增加的保险费应由进口商（买方）负担。

二、海洋运输货物保险的险别

保险险别是保险公司对风险和损失的承保责任范围，它是保险公司与被保险人履行权利与义务的基础，也是保险公司承保责任大小和被保险人缴付保险费多少的依据。海洋运输货物保险的险别，根据所承保风险产生的原因不同分为两大类：一类是基本险——承保由于海上风险和一般外来风险原因导致的海洋运输货物风险；另一类是附加险——承保由于特殊外来风险原因造成的海洋运输货物风险。基本险可以单独投保，而附加险则不能独立投保，它只有在投保了某一种基本险的基础上才能加保附加险。

1.《中国保险条款》的基本险别

《中国保险条款》（China Insurance Clause，CIC）由中国人民保险公司（PICC）制定。该条款的基本险分别为平安险（Free from Particular Average，F.P.A）、水渍险（With Average or With Particular Average，W.A 或 W.P.A）和一切险（All Risks，A.R）三种。三种险别保险公司承担保险责任范围依次逐渐增加。此外，《中国保险条款》还包括了海洋运输散装桐油保险条款和海洋运输冷藏货物保险条款两个专门险别，这两个险别在本质上业属于基本险。

2.《中国保险条款》的附加险别

海洋运输货物保险的附加险种类繁多，归纳起来，《中国保险条款》中的附加险可分为一般附加险和特别附加险两类。

（1）一般附加险。一般附加险所承保的是由一般外来风险所造成的全部或部分损失，共有 11 种险别：偷窃、提货不着险，淡水雨淋险，短量险，渗漏险，混杂、玷污险，破损、破碎险，窜味险，受潮受热险，钩损险，包装破裂险，锈损险。

上述 11 种附加险，不能独立投保，它只能在投平安险或水渍险的基础上加保。当投保的险别为平安险或水渍险时，可以根据货物的特性和运输条件加保其中一种或数种一般附加险。但是如果投保了一切险，就不需要再加保任何一种一般附加险的险别，因为一切险所承保的责任范围已经包括了由一般外来原因造成的风险损失。

（2）特殊附加险。特殊附加险承保特殊外来风险所造成的全部或部分损失，中国人民保险公司承保的特别附加险包括 8 种险别：罢工险、战争险、交货不到险、进口关税险、舱面险、拒收险、黄曲霉素险、卖方利益险。被保险人不论已经投保了何种基本险别，均可以另行加保有关的特殊附加险险别。根据 Incoterms®2020 的规定，在 CIF 和 CIP 条件下成交时，如果进口商（买方）要求并负担费用，出口商（卖方）应当在可能的情况下加投战争、罢工、暴乱和民变险。

3. 《协会货物条款》的六种险别

由于英国在世界保险业历史的深远影响，英国伦敦保险协会制定的《协会货物条款》（Institute Cargo Clause，ICC），是国际货物保险中运用最为广泛的海洋运输货物保险条款，该条款共包括六种险别：

（1）协会货物条款（A）［Institute Cargo Clauses，ICC（A）］。

（2）协会货物条款（B）［Institute Cargo Clauses，ICC（B）］。

（3）协会货物条款（C）［Institute Cargo Clauses，ICC（C）］。

（4）协会战争险条款（货物）（Institute War Clauses Cargo）。

（5）协会罢工险条款（货物）（Institute Strikes Clauses Cargo）。

（6）恶意损害险条款（Malicious Damage Clauses）。

其中，ICC（A）、ICC（B）、ICC（C）所承保的风险损失责任范围类似于中国人民保险公司《海洋运输货物保险条款》中的基本险。ICC（A）类似于一切险，承保的责任范围最大；ICC（B）类似于水渍险；ICC（C）类似于平安险，承保的责任范围最小。《协会货物条款》中的恶意损害险属于附加险，战争险和罢工险可以作为附加险，也可以单独投保。

根据 Incoterms®2020 的规定，如果采用 CIF、CIP 等应由出口商（卖方）投保的贸易术语成交，"卖方必须与信誉良好的保险人或保险公司订立保险合同，如果没有相反的明示协议，按照《协会货物条款》或其他类似的保险条款中最高责任的保险险别投保……"。ICC（A）险和我国的一切险都是此处所指的最高责任的保险险别。

三、国际货物运输保险投保单

货物运输保险投保单是投保人要求与保险人订立保险合同的书面要约，是进出口企业办理进出口货运保险的前期工作，它是保险公司接受进出口企业（投保人/被保险人）的投保申请和开立保险单的依据。投保人应按合同或信用证要求仔细、认真填写投保单，以供保险人决定是否承保、以何种条件何种费率承保，保险公司根据投保单的内容来缮制和签发保险单，见式样 8-1。投保单内容正确与否，不仅影响保险公司出具的保险单内容的正确性，同时还会影响出口商的顺利结汇。货物运输保险投保单一般用英文填写，投保单的内容与保险单基本相似，不同的保险公司都有自己固有的投保单格式，其基本内容及缮制要点如下：

（1）被保险人（Insured）。此栏填写投保人（外贸公司），除非信用证有特别规定，一般应为信用证的受益人或合同的卖方即发货人。以 CIF 条件对外成交时，一般为出口商名称，此时出口商应对保单进行背书转让。如果信用证要求以进口商名称投保或指明要过户给银行，在投保单上应明确表示，以便保险公司按要求制作保险单据。

（2）发票、合同、信用证号码（Invoice No.,Contract No.,L/C No.）。按实际情况如实填写。

（3）标记（Marks & Nos）。标记（俗称唛头）按信用证规定填写，与提单和发票等其他单据上的标记相一致。如果标记繁杂，可以简化，如"与×××号发票同"（as per invoice NO.×××）。

（4）包装及数量（Packing & Quantity）。填实际发运货物运输包装的件数及商品数量，写明包装性质，如箱、捆、包以及具体数量，以集装箱装运的也要注明。若为散装，则应先注明"IN BULK"，再填重量。

（5）保险货物项目（Description of Goods）。填写货物名称，一般按提单所列内容填写，与提单和发票保持一致（不必列明货物规格等细节），可写统称但不能与发票所列货名相抵触。

（6）保险金额（Amount Insured）。保险金额分小写和大写两种。保险金额（小写）通常根据信用证条款，按照发票 CIF 面值加一成（发票金额110%）计算（小数点后尾数需进为整数），使用货币与信用证币种相同。按规定，保险公司一般能接受的最高加成是 30%，超过此，保险公司一般不予承保。如果发票价为 FOB 或 CFR，应将运费、保费相应加上去，再行加成。保额小数点后进位成整数。总保险金额（大写）是小写保险金额的英文翻译。

（7）启运日期（Date of Commencement）。按确定日期或大约月、日填写，但与提单所列开航日期要一致（提单签发日期），或"AS PER B/L"。

（8）装载运输工具、运输起讫地、提单号（Per Conveyance, From××× to×××, B/L No.）。按合同、信用证规定以及实际情况填写，即写明货物装运地和目的地。如果转内陆，则要写明内陆城市名称。

（9）赔款偿付地点（Claim Payable at）。通常是在货运目的地（进口方所在地），如果在目的地之外的地点，则要加以注明。

（10）承保险别（Conditions）。按双方买卖合同或信用证的有关规定填写。要明确具体险别，不能笼统地写"海运保险"（Marine Clauses）。例如,COVERING ALL RISKS AS PER OCEAN MARINE CARGO CLAUSES (1981.1.1)OF THE PICC.

（11）货物、集装箱、运输工具种类和船舶资料。按所给选项及实际情况打"√"确认。

（12）投保日期。填写实际投保日期（不能迟于提单上的出航日期）。

在办理投保以后发现投保项目有变更或遗漏，应及时书面通知保险公司，保险公司将视具体情况或在原投保单上修改，或出立批单。

除上述的投保单外，有时，出口企业也可用出口货物明细单或发票副本来代替投保单，但必须加注有关的保险项目，如运输工具、开航日期、承保险别、投保金额或投保加成、赔款地和保单份数等要求。

下面是中国平安保险股份有限公司使用的货物运输保险投保单，它除了具备上述投保单应具备的一般内容外，还包括了投保说明条款，内容更为详尽。

式样 8-1　货物运输保险投保单

中国平安保险股份有限公司
PING AN INSURANCE COMPANY OF CHINA, LTD.
货 物 运 输 保 险 投 保 单
APPLICATION FOR IMP/EXP TRANPORTATION INSURANCE

被保险人 Insured:	

本投保单由投保人如实填写并签章后作为向本公司投保货物运输保险的依据，本投保单为该货物运输保险单的组成部分。
The Applicant is required to fill in the following items in good faith and as detailed as possible,and affix signature to this application, which shall be treated as proof of application to the Company for cargo transportation insurance and constitute an integral part of the insurance policy.

| 兹拟向中国平安保险股份有限公司投保下列货物运输保险：
Herein apply to the Company for Transportation Insurance of following cargo:

请将保险货物项目、标记、数量及包装注明此上。
Please state items, marks, quantity and packing of cargo insured here above. | 请将投保的险别及条件注明如下：
Please state risks insured against and conditions:
(　) PICC (C.I.C.) Clause
(　) S.R.C.C.
(　) ICC Clause
(　) W/W
(　) All Risks
(　) TPND
(　) W.A.
(　) FREC
(　) F.P.A.
(　) IOP
(　) ICC Clause A
(　) RFWD
(　) ICC Clause B
(　) Risk of Breakage
(　) ICC Clause C
(　) Risks during
(　) Air TPT All Risks
(　) transshipment
(　) Air TPT Risks
(　) O/L TPT All Risks
(　) O/L TPT Risks
(　) War Risks |

装载运输工具（船名/车号）： per conveyance S.S.	船龄： Age of Vessel	集装箱运输： Container Load	是□ 否□ Yes　No	整船运输： Full Vessel Charter	是□ 否□ Yes　No
发票或提单号 Invoice No. or B/L No.	开航日期： Slg. On or abt.	年 Year	月 Month	日 Day	

自： From:	国 Country	港/地 Port	经： Via:	港/地 Port	至： To:	国 Country	港/地 Port

发票金额 Invoice Value:	保险金额 Amount Insured:
费率 Rate:	保险费 Premium:

备注 Remarks:

投保人兹声明上述所填内容属实，同意以本投保单作为订立保险合同的依据；对贵公司就货物运输保险条款及附加险条款（包括责任免除和投保人及被保险人义务部分）的内容及说明已经了解。
I declare that above is true to the best of my knowledge and belief, and hereby agree that the application be incorporated into the policy. I have read and understand the Company's cargo transportation insurance and extensions(including the Exclusions and the applicant's or insured's Obligations).

投保人签章： Name/Seal of Proposer	联系地址： Address of Proposer		

送单地址： Delivery Address:	同上□ Ditto	或 or	电话： Tel:	日期： Date:	年 year	月 month	日 day

第二节　保　险　单

保险单据一般被理解为保险单，简称保单，它是保险公司与投保人之间订立的一种正式保险合同，显然保险单上的内容必须能够清晰完整地反映保险合同双方当事人的权利及义务。通常情况下，保险单由保险公司应投保人的申请开立，并由被保险人持有。保险单是保险公司向被保险人收取保险费的依据，同时也是所约定的保险事故发生后被保险人向保险公司索赔的主要凭证。保险单据是主要的出口单据之一。保险单据所代表的保险权益经背书后可以转让。出口方在向进口方（或银行）交单前，应先行背书。

一、保险单据的种类

根据保险单据表现形式的不同，货物运输保险单据可以分为以下几种。

1. 保险单

保险单（Insurance Policy）俗称"大保单"，它是海上运输保险单据中最具有代表性、承保形式最完整的一种保险单据，也是我国最正式、最经常使用的保险单据。保险单一般由保险公司根据投保人的投保单而逐笔签发的，它是一种正规的保险合同，承保在保单中所指定的经由指定船舶承运的货物在运输途中的风险。保险单除了载明被保险人、投保人的名称、发票号码、唛头（标记）、包装及数量、保险货物项目、保险金额、装载运输工具、起讫地点、承保险别、勘查代理人、赔款偿付地点、出单日期等基本项目外，还在其背面列明了保险条款等，正面条款即保险项目，背面条款是保险公司与被保险人之间的责任条款，一般都是保险公司单方面的格式合同。

货物运输保险单可以由被保险人背书随物权的转移而转让，货物安全抵达目的地或保险单指定的地点后，保险单的效力即告终止。出口货运保险单一般由三份正本保单和两份副本保单组成，也可根据投保人的要求增设正本或副本保单的份数。式样 8-2 是一份保险单实例。

2. 保险凭证

保险凭证（Insurance Certificate）俗称"小保单"，它是保险单的一种简化形式，并且同正式的保险单具有同样的效力。保险凭证的正面载明了类似于保险单正面的保险基本项目，但是其背面未列有保险条款，仅声明："兹依照本公司正式运输险保险单内所载全部条款及本承保凭证订立条款，承保下列货物保险，如保险单之条款与本凭证所订立条款有抵触时，应以本凭证所订条款为准。"

3. 预约保险单

预约保险单（Open Policy），又称开口保单，是保险公司与被保险人预先订立的在特定期限内有效的货物运输保险合同，又称为预保合同或预保协议。预约保险单是保险公司与被保险人事先约定在一定时期内对指定范围内的货物进行统一承保的协议，适用于经常有大批货物出运的投保人。

预约保险单上应明确保险公司承保的保险标的、期限、预计承保金额、承保的航运路线等内容。被保险人在投保了预约保险之后，每批货物一经装运，就要将该批货物的名称、数量、保险金额、船名、航线等内容以"保险声明书"或"装运通知"的形式及时通知保险公司，保险公司即可自动承保，减少了逐批投保和逐笔签订保单的手续，使保险人防止漏保。

我国企业进口时通常采用如此做法。

式样 8-2　货物运输保险单

 中国人民财产保险股份有限公司
PICC Property and Casualty Company Limited

总公司设于北京　　　　　一九四九年创立
Head Office Beijing　　　Established in 1949

货物运输保险单
CARGO TRANSPORTATION INSURANCE POLICY
保单次号
POLICY NO.

被保险人：
Insured：_____

中国人民财产保险股份有限公司（以下简称本公司）根据被保险人的要求，由被保险人向本公司缴付约定的保险费，按照本保险单承保险别和背面所载条款与下列特款承保下述货物运输保险，特立本保险单。
THIS POLICY OF INSURANCE WITNESSES THAT THE PICC PROPERTY AND CASUALTY COMPANY LIMITED (HEREINAFTER CALLED "THE COMPANY") AT THE REQUEST OF THE INSURED AND IN CONSIDERATION OF THE AGRRED PREMIUM PAID TO THE COMPANY BY THE INSURED. UNDERTAKES TO INSURE THE UNDERMENTIONED GOODS IN TRANSPORTATION SUBJECT TO THE CONDITIONS OF THIS POLICY AS PER THE CLAUSES PRINTED OVERLEAF AND OTHER SPECIAL CLAUSES ATTACHED HEREON.

标记 MARKS &NOS.	包装及数量 QUANTITY	保险货物项目 DESCRIPTION OF GOODS	保险金额 AMOUNT INSURED

总保险金额：
TOTAL AMOUNT INSURED:_____.

保费：　　　　　启运日期：　　　　装载运输工具：
PREMIUM:_____　DATE OF COMMENCEMENT:_____　PER CONVEYANCE:_____
自　　　　　　　　　至
FROM_____　TO _____

承保险别：
CONDITIONS:

　　　　　　　　　　　NUMBER OF ORIGINAL:　.　　L/C NO:

所保货物，如发生保单项下可能引起索赔的损失或损坏，应立即通知本公司下述代理人查勘。如有索赔，应向本公司提交保单正本（本保单共有三份正本）及有关文件。如一份正本已用于索赔，其余正本自动失效。
IN THE EVENT OF LOSS OR DAMAGE WHICH MAY RESULT IN A CLAIM UNDER THIS POLICY. IMMEDIATE NOTICE MUST BE GIVEN TO THE COMPANY'S AGENT AS MENTIONED HEREUNDER. CLAIMS, IF ANY, ONE OF THE ORIGINAL POLICY WHICH HAS BEEN ISSUED IN THREE ORIGINAL(S) TOGETHER WITH THE RELEVANT DOCUMENTS SHALL BE SURRENDERED TO THE COMPANY. IF ONE OF THE ORIGINAL POLICY HAS BEEN ACCOMPLISHED, THE OTHERS TO BE VOID.

中国人民财产保险股份有限公司
PICC PROPERTY AND CASUALTY COMPANY LIMITED

赔款偿付地点
CLAIM PAYABLE AT_____
出单日期
ISSUING DATE_____
地址：
ADD:86 RENMIN STREET, NANJING CITY, JIANGSU P.R. CHINA　_____
电话(TEL)：86-25-83234567　　　　　　　　Authorized signature
传真(FAX)：86-25-83234568
邮编（POST CODE）：210000
保单顺序号：PICC 0011**50

4. 联合凭证

联合凭证（Combined Insurance Certificate）又称为"联合发票"，它是保险单和发票的一种结合。在商业发票的空白处，加打保险条款，此时发票即为联合保险凭证，简称联合凭证。联合凭证较保险单、保险凭证以及预约保险单而言是一种更为简化的保险单据，并且它与正式保险单具有同等的效力。

联合凭证作为一种保险单据，其使用范围十分有限，仅被我国采用，此种联合凭证仅在港、澳地区的中资银行所开信用证中出现，或者对该地区出口的托收项下的保险，同时必须注意的是，联合凭证不能够转让。

5. 保险批单

当保险单、保险凭证、预约保险单及联合凭证在签发生效以后，如果需要变更保险合同的内容，被保险人应向保险公司提出批改申请，由保险公司出具批单（Endorsement），从而对原保险单据的内容进行变更或补充。保险批单是原保险单据的组成部分，它与上述保险单据具有相同的法律效力。若原保险单据内容与之不一致，则以批单的内容为准。值得注意的是，如果保险批单上较原保险单据变更的内容涉及增加保险金额或扩大保险责任，必须是在被保险人不知有任何损失事故发生的情况下，在货物到达目的地或在货物发生损失以前申请办理批改手续。

二、保险单据的缮制及注意事项

在各种形式的保险单据中，要以保险单所包含的内容最为齐全，对于同一笔保险业务，其他形式的保险单据上的内容一般不会超出保险单上所包含的项目。在此以货物运输保险单为例，结合信用证的填写要求介绍其载明的基本项目。

1. 出单公司的名称

通常，出具保险单公司的全称（the Name of Issuing Company）及公司标记会用醒目的字体预先印制在保险单的最上端，该项目可以帮助被保险人明确保险责任的承担者。

2. 保单次号

保单次号（Policy No.）一般在缮制保险单时才编定，不同保险公司编制保单次号的规定不尽相同。

3. 被保险人

由于保险单可以转让，被保险人（Insured）只要在保险单背面签章，保险单的权益就转让给了任何保单持有人，所以除非信用证上有明确规定，否则投保人便被作为被保险人。根据信用证的有关规定，常见的缮制方法有以下几种：

（1）一般情况下，投保人与被保险人系同一人，不指定受益人。来证若无明确规定，由卖方投保时，被保险人一栏应填写信用证上受益人的名称，并由该受益人在保单后背面作空白背书。

（2）信用证规定须转让给开证行或第三方时，则在被保险人一栏的信用证受益人名称之后填上"Held to the Order of ××"，并由该受益人在保单背面作空白背书。

（3）信用证指定以"个人名义"或"来人"（To Order）为抬头人时，则在被保险人一栏内直接填上"××"或"To Order",信用证上的受益人不要背书。

（4）信用证指定"Endorse to the Order of ××"时,则在被保险人一栏内仍填上信用证的受益人名称,同时保单背面在信用证受益人空白背书的上方填上"Held/Pay to the Order of ××"。

4. 标记

标记（Marks & Nos.）一般应按发票或提单上所标明的唛头填写,并且内容需要与其他相关单证相符;但是如果信用证没有特殊规定,为简化起见,一般写为"As per Invoice No.××"（参照商业发票上的货物标记）。因为在向保险公司索赔时,被保险人须递交相关商业发票。

5. 包装及数量

一般情况下,除了散装货物和信用证另有规定的,保险单上不需填制货物重量。但是需要显示包装及数量（Quantity）,如"袋"（Bag）、"包"（Bale）、"木箱"（Case）等;如果是裸装货物,则表示其件数即可;如果是散装货物,则应先注明"IN BULK",再填重量。

如果保险单上没有标明"货物数量",银行便不能确定信用证所规定的货物数量是否已全部投保,所以开证行可以凭此拒付。

6. 保险货物项目

保险货物项目（Description of Goods）是指保险单内必须显示对货物的描述,若货物的名称单一,可按发票上的名称填写;若货物的项目很多,该描述可以用统称,但不得与信用证和其他单据上对货物的描述相矛盾。

7. 保险金额

一般情况下,保险金额（Amount Insured）需要以信用证规定的货币种类及金额表示。若信用证未对保险金额作出规定,则一般按照发票金额加成10%计算,即按照发票总金额的110%投保。要求加成比例超过10%的,保险公司会根据实际情况决定是否接受。

发票金额中往往含有佣金或折扣,在计算保险金额时需要区别对待。通常,除非信用证中另有规定,否则佣金不需扣除,直接以发票金额为基数加成计算保险金额;而如果发票金额中包含折扣,那么需要先从发票金额中扣除折扣后再加成计算保险金额。

8. 总保险金额

总保险金额（Total Amount Insured）即保险金额的大写数字,以英文表示,总保险金额的币种须与信用证或合约的规定相一致,而且应使用币种的全称（例如,美元不能用"USD",而应写"U.S.DOLLARS"）。同时需要注意的是,大小写金额必须相符,并且由于保险金额精确到个位,所以大写金额末尾应加"ONLY"字样,以防涂改。

9. 保费和费率

因为保险费费率一般不公开,所以在保费（Premium）和费率（Rate）栏内通常由保险公司印就"As Arranged"（如约定）字样。除非信用证另有规定,每笔保费和费率可以不具体表示。若信用证要求注明"保费已付"（Premium Paid）,可以将原先印制的"As Arranged"删除,然后改写为"Paid"或"Prepaid"。

10. 装载运输工具

如果采用直达轮运输货物,则在装载运输工具（Per Conveyance）栏内填写装载船的船名。

当运输由两程运输完成时，中途需要转船，应分别填写一程船名和二程船名。除非信用证另有规定，否则如果保险单中只有船名而没有注明航次，银行应予接受。

11．开航日期

开航日期（Slg On or abt）一般填写提单的签发日期，海运可以填写"as per B/L"，空运可以填写"as per AWB"。

12．起讫地点

在选用海运直达船运输的情况下，则"From…"即提单中的"Port of loading"，"to…"即提单中的"Port of Discharge"。若信用证上的目的地（一般为内陆港）非提单卸货港，则保险单上的起讫地点应按信用证规定的原样显示。例如，信用证上规定"Port of loading: Shanghai; Port of discharge: Hamburg; Final destination: Austria"，则保险单上应该显示"From Shanghai to Hamburg in transit to Austria."

在选用海运非直达船运输的情况下，保险单的转运地点应注明。例如，从上海经纽约转运芝加哥（From Shanghai to Chicago W/T at New York）。

13．承保险别

本栏系保险单的核心内容，填写时应注意承保险别（Conditions）及文句与信用证规定严格一致，即使信用证中有重复语句，为了避免混乱和误解，最好按信用证规定的顺序填写。出口货物运输保险适用的保险条款种类较多，国内一般采用《中国保险条款》，包括基本险条款和附加险条款；国际上常用的货物运输保险条款最主要的便是英国《协会货物条款》。投保的险别除注明险别名称外，还应注明险别适用的文本及日期。

14．勘查代理人

保险公司选择的勘查代理人（Name Survey Agent）应位于货运目的地，以便发生损失时收货人通知其进行勘查和理赔。若当地没有符合条件的勘查代理人，则应尽可能就近选择。此栏除了填写勘查代理人的名称外，还需有详尽的地址及联系方式，以便被保险人在货物出险后与其联系。

15．赔款偿付地点

此栏按合同或信用证要求填制。如果信用证中并未列明确，一般将目的港作为赔款偿付地点（Claim Payable at）。当信用证要求以汇票货币为赔付货币时，则在赔款偿付地点之后加注"in the Currency of the Draft"；若信用证明确规定指定以某种货币为赔付货币（如美元）时，则在赔款偿付地点后直接注明"in USD"。

16．出单地点和日期（Place and date of issue）

出单地点按出单公司的实际所在地填写。出单日期指保险单的签发日期。除非信用证另有规定，或者除非在保险单上标明"保险责任最迟于货物装船或发运或接受监管之日起生效"，银行将不接受出单日期迟于装船或发运或接受监管日的保险单。

17．签章

签章（Authorized Signature）是指由保险公司签字或盖章以示保险单正式生效。保险单必须在表面上由保险公司或保险人或两者的代理人开立和签署。除非信用证另有规定，否则银行可以接受保险经纪人以保险公司代理人身份开立和签署保险证明。

18. 对保险单据的其他要求

信用证除了对保险单上基本项目的填写有所要求之外，对保险单据的其他方面还有规定。

三、L/C 中有关保险条款示例

1. INSURANCE POLICIES OR CERTIFICATE IN TWO FOLD PAYABLE TO THE ORDER OF COMMERCIAL BANK OF LONDON LTD. COVERING MARINE INSTITUTE CARGO CLAUSES A (1.1.1982), INSTITUTE STRIKE CLAUSE CARGO (1.1.1982). FOR INVOICE VALUE PLUS 10% INCLUDING WAREHOUSE TO WAREHOUSE UP TO THE FINAL DESTINATION AT SWITZERLAND, MARKED PREMIUM PAID, SHOWING CLAIMS IF ANY, PAYABLE IN GERMANY, NAMING SETTLING AGENT IN GERMANY.

2. INSURANCE POLICIES OR CERTIFICATE IN TWO FOLD ISSUED TO THE APPLICANT, COVERING RISKS AS PER INSTITUTE CARGO CLAUSES (A), AND INSTITUTE WAR CLAUSES (CARGO) INCLUDING WAREHOUSE TO WAREHOUSE CLAUSE UP TO FINAL DESTINATION AT LONG BEACH FOR AT LEAST 110% OF CIF VALUE, MARKED PREMIUM PAID SHOWING CLAIMS IF ANY PAYABLE IN USA, NAMING SETTLING AGENT IN USA.

第三节　案例讨论

一、保险单缮制案例

【案例 1】

新加坡 LF 贸易公司向中国 ABC 进出口贸易公司进口一批毛巾和浴巾，以 CIF 成交，由 UNITED OVERSEAS BANK LIMITED SINGAPORE 开立不可撤销信用证。根据信用证要求，缮制保险单。

LETTER OF CREDIT

MT700		ISSUE A DOCUMENTARY CREDIT
SENDER:		UOVBSGSGAXXX UNITED OVERSEAS BANK LIMITED, SINGAPORE
RECIEVER:		ICBKNJAHYC INDUSTRIAL AND COMMERCIAL BANK OF CHINA (NANJING CITY BRANCH), NANJING, CHINA
SEQUENCE OF TOTAL	27:	1/1
FORM OF DOC.REDIT	40A:	IRREVOCABLE
DOC. CREDIT NUMBER	20:	1CMLC459886
DATE OF ISSUE	31C:	220817
APPLICABLE RULES	40E:	UCP LATEST VERSION
EXPIRY	31D:	080910 IN BENEFICIARY'S COUNTRY
APPLICANT	50:	LF TRADING

BLOCK 4 BEACH ROAD, HEX 01-4983, SINGAPORE.

BENEFICIARY	59:	ABC IMPORT AND EXPORT TRADE CO., LTD.
		86 RENMIN STREET, NANJING CITY, JIANGSU P.R. CHINA
AMOUNT	32B:	CURRENCY USD AMOUNT 17399.50
AVAILABLE WITH/BY	41D:	ANY BANK
		BY NEGOTIATION
DRAFT AT...	42C:	AT SIGHT FOR FULL INVOICE VALUE
DRAWEE	42D:	UOVBSGSGAXXX UNITED OVERSEAS BANK LIMITED
PARTIAL SHIPMENT	43P:	PROHIBITED
TRANSSHIPMENT	43T:	ALLOWED
ON BOARD/DISP/TAKING CHARGE	44A:	SHANGHAI
FOR TRANSPORTATION TO	44B:	SINGAPORE
LATEST DATE OF SHIPMETN	44C:	220830
DESCRIPTION OF GOODS	45A:	

15600 DOZEN OF BATH AND FACE TOWELS

SHIPPING MARKS	DESCP. OF GOODS	QUANTITY	PRICE/DZ	AMOUNT
L.F.T./SPORE/108	100%COTTON STRIPE FACE TOWEL, ART NO.108			
	2400DOZEN/24PACKAGES		USD0.85	USD2040.00
L.F.T./SPORT/218	100%COTTON TEA TOWEL, ART NO.218			
	3000DOZEN/30PACKAGES		USD0.9775	USD2932.50
L.F.T./SPORT/75	100%COTTON PRINTED FACE TOWEL, ART NO.75			
	4000DOZEN/40PACKAGES		USD1.054	USD4216.00
L.F.T/SPORT/318	100%COTTON TEA TOWEL, ART NO.318			
	2200DOZEN/55PACKAGES		USD2.465	USD5423.00
L.F.T./SPORT/WN167	100%COTTON SQUARE TOWEL, ART NO.WN167			
	4000DOZEN/20PACKAGES		USD0.697	USD2788.00

AT CIF SINGAPORE

DOCUMENTS REQUIRED　　　　46A:

+ SIGNED COMMERCIAL INVOICE IN QUADRUPLICATE

+ WEIGHT LIST

+ PACKING LIST IN 3 FOLDS

+ FULL SET OF CLEAN ON BOARD BILL OF LADING MADE OUT

THE ORDER　MARKED "FREIGHT COLLECT"

AND NOTIFY THE APPLICANT

+ CERTIFICATE OF ORIGIN IN 3 FOLDS

+ INSURANCE POLICY/CERTIFICATE BLANK ENDORSED FOR 110PCT OF CIF INVOICE

VALUE COVERING INSTITUTE CARGO CLAUSES (ALL RISKS) INSTITUTE WAR CLAUSES (CARGO) WITH CLAIMS PAYABLE AT SINGAPORE.

+ SHIPPING ADVICE SHOWING THE NAME OF THE CARRYING VESSEL,DATE OF SHIPMENT, MARKS, QUANTITY, NET WEIGHT AND GROSS WEIGHT OF THE SHIPMENT TO APPLICANT WITHIN 3 DAYS AFTER THE DATE OF BILL OF LADING.

+ BENEFICIARY'S CERTIFICATE CERTIFYING THAT ONE FULL SET OF NON-NEGOTIABLE SHIPPING DOCUMENTS HAVE BEEN SENT TO APPLICANT BY SPEEDPOST. RELATIVE POSTAL RECEIPT IS REQUIRED.

ADDITIONAL CONDITIONS 47A:

+ 5% MORE OR LESS OF QUANTITY OF GOODS AND CREDIT AMOUNT ARE ALLOWED.

+ BILL OF LADING MUST SHOW THE ACTUAL PORT OF LOADING AND DISCHARGE

+ ALL DOCUMENTS TO SHOW THIS L/C NUMBER

+ ALL ART NO. MUST BE PRINTED CLEARLY ON EACH BALE.

+ BENEFICIARY'S CERTIFICATE TO THIS EFFECT IS REQUIRED

+ UPON NEGOTIATION, NEGOTIATING BANK TO DEDUCT USD158.43

+ ALL DOCUMENTS MUST BEAR OUR CREDIT NUMBER, DATE AND ISSUING BANK

+ ALL DOCUMENTS MUST BE ISSUED IN ENGLISH UNLESS OTHERWISE STIPULATED.

DETAILS OF CHARGES 71B: + ALL BANKING COMMISSIONS AND CHARGES INCLUDING REIMBURSEMENT COMMISSIONS OUTSIDE SINGAPORE ARE FOR ACCOUNT OF BENEFICIARY

PRESENTATION PERIOD 48: + DOCUMENTS MUST BE PRESENTED FOR NEGOTIATION WITHIN 21 DAYS AFTER DATE OF SHIPMENT BUT WITHIN CREDIT VALIDITY

CONFIRMATION 49: WITHOUT

INSTRUCTIONS 78:

+THE AMOUNT OF EACH NEGOTIATION/DRAWING MUST BE ENDORSED ON THE REVERSE OF THIS CREDIT AND NEGOTIATING/ PRESENTING BANK MUST CERTIFY THE SAME ON THE COVERING SCHEDULE.

+ALL DOCUMENTS MUST BE MAILED TO UOVBSGSGAXXX UNITED OVERSEAS BANK LIMITED, SINGAPORE.   IN ONE LOT BY COURIER MAIL.

补充材料

（1）INSURANCE POLICY NO. YCA993208400000

（2）INSURANCE DATE:2022 年 8 月 26 日

讨论：

PICC 中国人民财产保险股份有限公司
PICC Property and Casualty Company Limited

总公司设于北京　　　　一九四九年创立
Head Office Beijing　　　Established in 1949

货物运输保险单
CARGO TRANSPORTATION INSURANCE POLICY

保单次号
CH011　　　　　POLICY NO. YCA993208400000****

被保险人：ABC 进出口贸易公司
Insured:　ABC IMPORT AND EXPORT TRADE CO.,LTD.,86 RENMIN STREET,NANJING CITY,JIANGSU P.R. CHINA

中国人民财产保险股份有限公司（以下简称本公司）根据被保险人的要求，由被保险人向本公司缴付约定的保险费，按照本保险单承保险别和背面所载条款与下列特款承保下述货物运输保险，特立本保险单。
THIS POLICY OF INSURANCE WITNESSES THAT THE PICC PROPERTY AND CASUALTY COMPANY LIMITED (HEREINAFTER CALLED "THE COMPANY") AT THE REQUEST OF THE INSURED AND IN CONSIDERATION OF THE AGREED PREMIUM PAID TO THE COMPANY BY THE INSURED. UNDERTAKES TO INSURE THE UNDERMENTIONED GOODS IN TRANSPORTATION SUBJECT TO THE CONDITIONS OF THIS POLICY AS PER THE CLAUSES PRINTED OVERLEAF AND OTHER SPECIAL CLAUSES ATTACHED HEREON.

标记 MARKS &NOS.	包装及数量 QUANTITY	保险货物项目 DESCRIPTION OF GOODS	保险金额 AMOUNT INSURED
L. F. T. /SPORE/108	15600 DOZEN/169	100% COTTON STRIPE FACE TOWEL, ART NO. 108	USD19140.00
L. F. T. /SPORT/218	PACKAGES	100% COTTON TEA TOWEL, ART NO. 218	
L. F. T. /SPORT/75		100% COTTON PRINTED FACE TOWEL, ART NO. 75	
L. F. T/SPORT/318		100% COTTON TEA TOWEL, ART NO. 318	
L. F. T. /SPORT/WN167		100% COTTON SQUARE TOWEL, ART NO. WN167	

总保险金额：
TOTAL AMOUNT INSURED: US DOLLARS NINETEEN THOUSAND ONE HUNDRED AND FORTY ONLY.

保费：　　　　　　　　启运日期：　　　　　　　　装载运输工具：
PREMIUM: AS ARRANGED　　DATE OF COMMENCEMENT: AS PER B/L　　PER CONVEYANCE:　BY SEA

自　　　　　　　　　　　至
FROM　SHANGHAI　　　　　TO　SINGAPORE

承保险别：
CONDITIONS:
110 PCT OF CIF INVOICE VALUE COVERING INSTITUTE CARGO CLAUSES (ALL RISKS) INSTITUTE WAR CLAUSES (CARGO) WITH CLAIMS PAYABLE AT SINGAPORE　NUMBER OF ORIGINAL: THREE.　L/C NO: 1CMLC459886

所保货物，如发生保单项下可能引起索赔的损失或损坏，应立即通知本公司下述代理人查勘。如有索赔，应向本公司提交保单正本（本保单共有三份正本）及有关文件。如一份正本已用于索赔，其余正本自动失效。
IN THE EVENT OF LOSS OR DAMAGE WHICH MAY RESULT IN A CLAIM UNDER THIS POLICY. IMMEDIATE NOTICE MUST BE GIVEN TO THE COMPANY'S AGENT AS MENTIONED HEREUNDER. CLAIMS, IF ANY, ONE OF THE ORIGINAL POLICY WHICH HAS BEEN ISSUED IN THREE ORIGINAL(S) TOGETHER WITH THE RELEVANT DOCUMENTS SHALL BE SURRENDERED TO THE COMPANY. IF ONE OF THE ORIGINAL POLICY HAS BEEN ACCOMPLISHED, THE OTHERS TO BE VOID.

中国人民财产保险股份有限公司
PICC PROPERTY AND CASUALTY COMPANY LIMITED

赔款偿付地点
CLAIM PAYABLE AT SINGAPORE
出单日期
ISSUING DATE AUG. 26, 2022
地址：
ADD:86 RENMIN STREET, NANJING CITY, JIANGSU P.R. CHINA　　　　×××
电话（TEL）: 86-25-83234567　　　　Authorized signature
传真（FAX）: 86-25-83234568
邮编（POST CODE）: 210000

二、出口香港罐头保险索赔案

【案例2】

1997年，WK外贸公司向香港出口罐头一批共500箱，按照CIF HONGKONG向保险公司投保一切险。单上写明进口商的名称，没有详细注明其地址，货物抵达香港后，船公司无法通知进口商来货场提货，又未与WK外贸公司的货运代理联系，自行决定将该批货物运回起运港天津新港。在运回途中因为轮船渗水，有229箱罐头受到海水浸泡。货物运回天津新港后，WK外贸公司没有将货物卸下，只是在海运提单上补写进口商详细地址后，又运回香港。进口商提货后发现罐头已经生锈，所以只提取了未生锈的271箱罐头，其余的罐头又运回天津新港。WK外贸公司发现货物有锈蚀后，公司提起索赔，要求赔偿229箱货物的锈损。保险公司经过调查发现，货物生锈发生在第二航次，而不是第一航次。投保人未对第二航次投保，不属于承保范围，于是保险公司拒绝赔偿。

讨论：

保险公司拒绝理赔是正当的。原因如下：

（1）保险事故不属于保险单的承保范围，本案中被保险人只对货物运输的第一航次投了保，但是至天津新港的第二航次中发生了风险损失的，即使该项损失属于一切险的承保范围，保险人对此也不予负责。

（2）被保险人在提出保险索赔时明显违反了诚信原则。被保险人向保险人提出索赔明知是不属于第一航次造成的损失，其目的是想利用保险人的疏忽将货物损失转嫁给保险人，这违反了诚实信义的原则，保险公司可以拒付。

三、保险"加成率"案例

【案例3】

有一份CIF合同，卖方甲投保了一切险，自法国内陆仓库起，到美国纽约的买方仓库为止。合同中规定的投保金额是："按发票金额点值另加百分之十。"卖方在货物装船后，已凭提单、保险单、发票、品质检验证书等单证向买方银行收取了货款。后来，货物在运到纽约港前遇险而全部损失。买方凭保险单要求保值的百分之十部分应该属于他，但遭到卖方保险公司拒绝。

问：买方有无权利要求保险公发票总值百分之十的这部分金额？为什么？

讨论：

买方有权要求这部分赔款，保险公司应将全部损失赔偿支付给买方。

《国际贸易术语解释通则》中，关于CIF卖方的责任有如下规定："自费向信誉卓著的保险人或保险公司投保有关货物运送中的海洋险，并取得保险单，这项保险，应投保平安险，保险金额包括CIF价另加百分之十。"

在CIF合同中，虽然由卖方向保险公司投保，负责支付保险费并领取保险单，但在卖方提供符合合同规定的单据（包括提单、保险单、发单等）换取买方支付货款时，这些单据包括保险单已合法、有效地转让给买方。买方作为保险单的合法受让人和持有人，享有根据保险单所产生的全部利益，包括超出发票总值的保险价值的各项权益。

四、保险单样例

【案例4】

中保财产保险有限公司
The People's Insurance (Property) Company of China,Ltd

发票号码　CKD052
Invoice No.

保险单号次
Policy No. PYIE201634008900000132

海 洋 货 物 运 输 保 险 单
MARINE CARGO TRANSPORTATION INSURANCE POLICY

被保险人：　GUANGDONG FLYING MOTORCYCLE CO.,LTD
Insured:

中保财产保险有限公司（以下简称本公司）根据被保险人的要求，及其所缴付约定的保险费，按照本保险单承担险别和背面所载条款与下列特别条款承保下列货物运输保险，特签发本保险单。

This policy of Insurance witnesses that the People's Insurance (Property) Company of China, Ltd. (hereinafter called "the Company"), at the request of the Insured and in consideration of the agreed premium paid by the Insured, undertakes to insure the undermentioned goods in transportation subject to conditions of the Policy as per the Clauses printed overleaf and other special clauses attached hereon.

保险货物项目 Descriptions of Goods	包装 Packing	单位 Unit	数量 Quantity	保险金额 Amount Insured
MOTORCYCLES IN CKD CONDITION.	1000CTNS			USD440,000.00

承保险别　　　　　　　　　　　　货物标记
Conditions　　　　　　　　　　　 Marks of Goods
COVERING ALL RISKS OF CIC OF PICC(1/1/1981)　SUNRISE
　　　　　　　　　　　　　　　　COLOMBIA

L/C NO. 0250214247
L/C DATE:APR 21,2016
TNE NAME OF ISSUING BANK: BANCOLOMBIA
S.A.MEDELLIN

总保险金额:
Total Amount Insured:　U.S.DOLLARS FOUR HUNDRED AND FORTY THOUSAND ONLY.

保费　　　　　　　载运输工具　　　　　　　　　开航日期
Premium　AS ARRANGED　Per conveyance S.S　SEA PUMA V.6246　Slg. on or abt　JUN 20,2016
起运港　　　　　　　　　　　目的港
Form　HUANGPU CHINA　　To　BUENAVENTURA COLOMBIA

所保货物，如发生本保险单项下可能引起索赔的损失或损坏，应立即通知本公司下述代理人查勘。如有索赔，应向本公司提交保险单正本（本保险单共有 1 份正本）及有关文件。如一份正本已用于索赔，其余正本则自动失效。

In the event of loss or damage which may result in acclaim under this Policy, immediate notice must be given to the Company's Agent as mentioned here under. Claims, if any, one of the Original Policy which has been issued in ONE original(s) together with the relevant documents shall be surrendered to the Company. If one of the Original Policy has been accomplished, the others to be void.

赔款偿付地点
Claim payable at　BUENAVENTURA

日期　　　　　　　　　　　　在
Date　JUN 18,2016　　　　 at　GUANGZHOU
地址：
Address:

课后练习题

一、单项选择题

1. 以 CIF 术语达成的交易，如果信用证没有特别规定，保险单的被保险人一栏应填写（ ）。

    A．开证申请人的名称　　　　　　　B．受益人的名称

    C．TO ORDER　　　　　　　　　　D．TO WHOM IT MAY CONCERN

2. 如果信用证没有特别规定，按国际保险市场惯例，保险金额一般在发票金额的基础上（ ）填写。

    A．加一成　　　　B．加两成　　　　C．不用加成　　　　D．加三成

3. 根据伦敦保险协会制定的《协会货物条款》，以下险别能单独投保的是（ ）。

    A．战争险　　　　B．恶意损害险　　C．ICC（A）　　　　D．罢工险

4. 保险的赔款偿付地点一般填写（ ）。

    A．起运港　　　　　　　　　　　　B．目的港

    C．投保人所在地　　　　　　　　　D．保险公司所在地

5. A 外贸公司出口茶叶 10 吨，在海运过程中遭受暴风雨，海水涌入仓库，致使一部分茶叶发霉变质，这种损失属于（ ）。

    A．单独海损　　　B．推定海损　　　C．共同海损　　　　D．实际全损

二、简答题

1. 保险单据有哪些种类？
2. 保险单有哪几种背书方式？
3. 简述货物运输保险的投保流程。

三、制单操作题

1. 根据以下材料制作投保单。

LETTER OF CREDIT NO.: YS1234

BENEFICIARY:CHINA MACHINERY IMP & EXP CO.,NINGBO BRANCH

AMOUNT:USD 18400.00

LIST OF DOCUMENTS:

…

INSURANCE POLICY IN DUPLICATE BLANK ENDORSED COVERING ALL RISKS AND WAR RISK FOR 110% INVOICE VALUE CLAIM AT LONDON, ENGLAND

COVERING:400SETS BUTTERFLY SEWING MACHINES

PACKING:IN WOODEN CASES OF 1 SET EACH

SHIPMENT:FROM NINGBO TO LONDON,ENGLAND BY VESSEL"HONGZHEN"V.65

ON JULY 15,2022 WITH TRANSSHIPMENT AT HONGKONG

INVOICE NO.:MIE201156

SPECIAL CONDITIONS : ALL DOCUMENTS MUST SHOW THE L/C NO.

中国人民保险公司

The PEOPLE'S INSURANCE COMPANY OF CHINA

运输险投保单

APPLICATION FOR TRANSPORTATION INSURANCE

被保险人

Assured's Name _____

兹有下列货物拟向中国人民保险公司投保:

Insurance is required on the following commodities:

_____

标 记 Marks & Nos.	包 装 及 数 量 Quantity	保险货物项目 Description of goods	保 险 金 额 Amount insured

装载运输工具

Per conveyance

开航日期   提单号码

Slg.on/abt. _____   B/L No._____

自   至

From _____   to _____

请将要保的险别标明

Please indicate the Conditions &/or Special Coverage:_____

备注:

Remarks: _____

投保人（签名盖章）   电话

Name/Seal of Proposer: Telephone No.

地址   日期

Address: _____   Date: _____

本公司自用　FOR OFFICE USE ONLY

费率   保费   经办人

Rate _____   Premium _____   By _____

2．根据下列所提供的信用证条款的主要内容及有关制单资料，填制保险单。

LETTER OF CREDIT

SEQUENCE OF TOTAL   27: 1 / 1

```
FORM OF DOC. CREDIT      40A:  IRREVOCABLE
DOC. CREDIT NUMBER        20:  S100-108085
DATE OF ISSUE            31C:  220214
EXPIRY                   31D:  DATE 220510 PLACE BENEFICIARY'S COUNTRY
APPLICANT BANK            51:  /    /
APPLICANT                 50:  FUKUOKA BOEKI COMPANY LIMITED
                               34-CHOME TENJIN CHUO-KU
                               FUKUOKA, JAPAN
BENEFICIARY               59:  SHANGHAI GUNFLAK FIREWORKS I/E CORPORATION
                               16, NORTH INDUSTRY ROAD
                               SHANGHAI, CHINA
AMOUNT                   32B:  CURRENCY USD AMOUNT 177.400, 00
AVAILABLE WITH/BY        41D:  ANY BANK
                               BY NEGOTIATION
DRAFTS AT …              42C:  DRAFT AT SIGHT FOR FULL INVOICE COST
DRAWEE                   42A:  /FKBKJPJT100
                               * BANK OF FUKUOKA LTD
                               * TOKYO
PARTIAL SHIPMENTS        43P:  ALLOWED
TRANSSHIPMENT            43T:  ALLOWED
LOADING IN CHARGE        44A:
                               CHINA
FOR TRANSPORT TO …       44B:
MOJI
LATEST DATE OF SHIP.     44C:  220425
SHIPMENT PERIOD           44:
DESCRIPT. OF GOODS       45A:
                 TRADE TERM CIF MOJI
                 CHINESE TOY FIREWORKS FLOWER BASKET BRAND
DOCUMENTS REQUIRED       46A:
```

+ SIGNED COMMERCIAL INVOICE IN 3 COPIES INDICATING CREDIT NO
+ FULL SET CLEAN ON BOARD MARINE BILL OF LADING MADE OUT TO ORDER OF SHIPPER AND BLANK ENDORSED NOTIFY FUKUOKA BOEKI COMPANY LTD MARKED FREIGHT PREPAID AND ALSO INDICATING THE B/L PRESENTED ARE LINER B/L
+ PACKING LIST IN 3 COPIES
+ GSP CERTIFICATE OF ORIGIN FORM A
+ FULL SET INSURANCE POLICY OR CERTIFICATE COVERING INSTITUTE CARGO CLAUSES (ALL RISK) INCLUDING INSTITUTE WAR CLAUSES FROM WAREHOUSE TO WAREHOUSE WITH CLAIMS PAYABLE AT DESTINATION

```
DETAILS OF CHARGES       71B:  ALL BANKING CHARGES OUTSIDE JAPAN
                               ARE FOR ACCOUNT OF THE APPLICANT
PRESENTATION PERIOD       48:  DOCUMENTS TO BE PRESETNED WITHIN 15 DAYS AFTER THE
DATE OF SHIPMENT BUT WITHIN THE VALIDITY OF THE CREDIT
CONFIRMATION            *49:  WITHOUT
REIMBURSING BANK          53:  /CITIUS 33/
                 *CITIBANK N.A.
```

*NEW YORK, NY

INSTRUCTIONS   78:
    + REIMBURSEMENT IS SUBJECT TO ICC URR525
    + PROVIDED THAT THE TERMS AND CONDITIONS OF THIS CREDIT ARE COMPLIED WITH
      PLEASE REIMBURSE YOURSELVES FROM ABOVE REIMBURSEMENT BANK
    + DRAFT AND DOCUMENTS ARE TO BE SENT BY COURIER TO OUR HEAD OFFICE   FUKUOKA
      (ADDRESS: 13-1, TENJIN 2-CHOME,CHUO-KU, FUKUOKA JAPAN) IN ONE LOT

ADDITIONAL COND   *47B:
    + REIMBURSEMENT BY TELECOMMUNICATION IS PROHIBITED
    + ONE COPY OF INVOICE, PACKING LIST AND ORIGINAL CERTIFICATE OF ORIGIN (FORM A）
      MUST BE SENT TO THE ACCOUNTEE BY COURIER IMMEDIATELY AFTER SHIPMENT AND
      BENEFICIARY'S CERTIFICATE TO THIS EFFECT IS REQUIRED

PICC 中国人民财产保险股份有限公司
PICC Property and Casualty Company Limited

总公司设于北京   一九四九年创立
Head Office Beijing   Established in 1949

货物运输保险单
CARGO TRANSPORTATION INSURANCE POLICY

保单次号
POLICY NO.

CH011

被保险人：
Insured: _____

中国人民财产保险股份有限公司（以下简称本公司）根据被保险人的要求，由被保险人向本公司缴付约定的保险费，按照本保险单承保险别和背面所载条款与下列特款承保下述货物运输保险，特立本保险单。

THIS POLICY OF INSURANCE WITNESSES THAT THE PICC PROPERTY AND CASUALTY COMPANY LIMITED (HEREINAFTER CALLED "THE COMPANY") AT THE REQUEST OF THE INSURED AND IN CONSIDERATION OF THE AGREED PREMIUM PAID TO THE COMPANY BY THE INSURED. UNDERTAKES TO INSURE THE UNDERMENTIONED GOODS IN TRANSPORTATION SUBJECT TO THE CONDITIONS OF THIS POLICY AS PER THE CLAUSES PRINTED OVERLEAF AND OTHER SPECIAL CLAUSES ATTACHED HEREON.

标记 MARKS &NOS.	包装及数量 QUANTITY	保险货物项目 DESCRIPTION OF GOODS	保险金额 AMOUNT INSURED

总保险金额：
TOTAL AMOUNT INSURED: _____.

保费：   启运日期：   装载运输工具：
PREMIUM: _____ DATE OF COMMENCEMENT: _____ PER CONVEYANCE: _____

自   至
FROM_____   TO _____

承保险别：
CONDITIONS:

NUMBER OF ORIGINAL: .   L/C NO:

所保货物，如发生保单项下可能引起索赔的损失或损坏，应立即通知本公司下述代理人查勘。如有索赔，应向本公司提交保单正本（本保单共有三份正本）及有关文件。如一份正本已用于索赔，其余正本自动失效。

IN THE EVENT OF LOSS OR DAMAGE WHICH MAY RESULT IN A CLAIM UNDER THIS POLICY. IMMEDIATE NOTICE MUST BE GIVEN TO THE COMPANY'S AGENT AS MENTIONED HEREUNDER. CLAIMS, IF ANY, ONE OF THE ORIGINAL POLICY WHICH HAS BEEN ISSUED IN THREE ORIGINAL(S) TOGETHER WITH THE RELEVANT DOCUMENTS SHALL BE SURRENDERED TO THE COMPANY. IF ONE OF THE ORIGINAL POLICY HAS BEEN ACCOMPLISHED, THE OTHERS TO BE VOID.

中国人民财产保险股份有限公司
PICC PROPERTY AND CASUALTY COMPANY LIMITED

赔款偿付地点
CLAIM PAYABLE AT＿＿＿＿＿＿
出单日期
ISSUING DATE＿＿＿＿＿＿
地址：
ADD: ＿＿＿＿＿＿＿＿＿＿＿
电话（TEL）：86-25-83234567   Authorized signature
传真（FAX）：86-25-83234568
邮编（POST CODE）：210000
保单顺序号：PICC 0011**50

第九章　通　关　单　据

 本章导读：

国际货物贸易是通过货物、物品和运输工具的进出境来实现的。这种国际间货物、物品和运输工具的流动，使原来受限于特定范围的政治、经济、法律、商业关系的行为跨越了特定的国境（关境）而具有国际性。各国政府都对进出本国国境（关境）的全部货物、物品和运输工具进行管理，并由特定主体机构执行政府管理制度，报关就是这一要求的具体体现。海关是履行国家进出境监督管理的主体机构，是把守国家经济大门的行政执法机关。按《中华人民共和国海关法》（简称《海关法》）规定，进出境货物、物品和运输工具都必须通过设有海关的地方进境或出境，如实向海关申报，接受海关监督。本章主要讲解进出口货物报关的基础知识，明确进出口货物报关的一般程序，阐述报关单基础知识及进出口货物报关单的填制规范。

学习目标：

海关作为货物进出关境的国家监管机关，对内对外都统一按照有关法律、法规对货物的进出关境实施有效的监管，代表国家执法，以维护国家主权。报关是进出口贸易的关键性环节，是所有货物、物品和运输工具出入境时遵守的规则，是其负责人或所有人必须履行的一项基本义务，进出口货物报关单也是进出口贸易中的重要单据之一。本章要求学生了解进出口货物报关的基础知识，熟悉进出口货物通关程序，掌握报关单基础知识及进出口货物报关单的内容及填制要求。

关键概念：

- 报关（Customs Declaration/Declare at the Customs）
- 出口报关单（Export Declaration）

中华人民共和国海关作为国家进出关境的监管机关，对内对外都代表国家执法，统一按照海关法规和国家制定的其他有关法律、法规，对进出关境活动实施有效的监督管理，以维护国家主权和利益，保障社会主义现代化建设的顺利进行。

报关单位是指已完成海关报关注册登记手续，有权向海关办理进出口货物报关手续的境内法人。《海关法》第九条规定："进出口货物，除另有规定的外，可以由进出口货物收发货人自行办理报关纳税手续，也可以由进出口货物收发货人委托海关准予注册登记的报关企业办理报关纳税手续。"据此可知，向海关办理进出口货物报关纳税手续的企业主体是进出口货物的收发货人（自理报关）以及报关企业（代理报关）。

第一节　通 关 程 序

一、申报

所谓申报，也可理解为狭义上的报关，是指货物、物品和运输工具的所有人或其代理人在货物、物品、运输工具进出境时，向海关呈交规定的单证并申请查验、放行的手续。申报与否，包括是否如实申报，是区别走私与非走私的重要依据之一。因此，海关法律对货物、运输工具的申报，包括申报的单证、申报时间、申报内容都作了明确的规定，把申报制度以法律的形式固定下来。

海关在接受申报时，将严格审核有关单证。审核单证是海关监管的第一个环节，是海关是否接受申报的前提。海关通过审核单证可以检查进出境的货物、物品和运输工具是否符合《海关法》和国家规定的有关政策、法令。因此，报关员在准备单证时，必须注意所报单证是否齐全、正确、有效；是否违反国家的有关法令规定。这样，不仅为海关监管的查验和放行环节打下了基础，也为海关的征税、统计、查私工作提供了可靠的单证和资料。

1. 报关地点

根据现行海关法规的规定，指定进出口货物的报关地点，应遵循以下三个原则：

（1）进出境地原则：在正常情况下，进口货物应当由收货人或其代理人，在货物的进境地向海关申报，并办理有关进口海关手续；出口货物应当由发货人或其代理人，在货物的出境地向海关申报并办理有关出口海关手续。

（2）转关运输原则：由于进出口货物的批量、性质、内在包装或其他一些原因，经收发货人或其代理人申请，海关同意，进口货物也可以在设有海关的指运地向海关申报，并办理有关进口海关手续，出口货物也可以在设有海关的启运地向海关申报，并办理有关出口海关手续。这些货物的转关运输，应当符合海关监管要求；必要时，海关可以派员押运。

（3）指定地点原则：经电缆、管道或其他特殊方式输送进出境的货物，经营单位应当按海关的要求，定期向指定的海关申报，并办理有关进出口海关手续。这些以特殊方式输送进出境的货物，输送路线长，往往需要跨越几个海关甚至几个省份；输送方式特殊，一般不会流失；有固定的计量工具，如电表、油表等。因此，由上一级海关的综合管理部门协商指定其中一个海关管理，经营单位或其代理人可直接与这一海关联系报关即可。

2. 申报时间与期限

报关期限是指货物运到口岸后，法律规定收发货人或其代理人向海关报关的时间限制。

（1）进口货物的申报时间与期限。根据《海关法》第二十四条的规定，进口货物的报关期限为自运输工具申报进境之日起十四日内。进口货物的收货人或其代理人超过十四天期限未向海关申报的，由海关征收滞报金。滞报金按日征收，日征收金额为进口货物到岸价格的0.5‰。进口货物滞报金期限的起收日期为运输工具申报进境之日起第十五日；邮运的滞报金起收日期为收件人接到邮局通知之日起第十五日。转关运输滞报金起收日期有两个：一是运输工具申报进境之日起第十五日；二是货物运抵指运地之日起第十五日。两个条件只要达到一个，即征收滞报金。如果两个条件均达到，则要征收两次滞报金。

进口货物自运输工具申报进境之日起超过三个月还没有向海关申报的，其进口货物由海关依法提取变卖处理。如果属于不宜长期保存的，海关可根据实际情况提前处理。变卖后所得价款在扣除运输、装卸、存储等费用和税款后尚有余款的，自货物变卖之日起一年内，经收货人申请，予以发还；其中属于国家对进口有限制性规定，应当提交许可证件而不能提供的，不予发还。逾期无人申请或者不予发还的，上缴国库。

（2）出口货物的申报时间与期限。根据《海关法》第二十四条的规定："出口货物的发货人除海关特准外，应当在货物运抵海关监管区后、装货的二十四小时以前向海关申报。"至于装货二十四小时以前到什么程度，是三天、五天，还是一个月，可由报关人视口岸的仓储能力自定，海关一般不予过问。

3. 报关时应交验的单证

（1）进口货物报关时所需提供的单证。

1）由报关员自行填写或由自动化报关预录入员录入后打印的报关单。

2）进口货物属于国家限制或控制进口的，应交验对外经济贸易管理部门签发的进口货物许可证或其他批准文件。

3）进口货物的发票、装箱单（装箱清单）。

4）进口货物的提货单（或运单）。

5）减税、免税或免验的证明文件。

6）入境货物通关单（法定检验货物）。

7）海关认为必要时，可以调阅贸易合同、原产地证明和其他有关单证、账册等。

8）其他有关文件。

（2）出口货物报关时所需提供的单证。

1）由报关员自行填写或由自动化报关预录入员录入打印的报关单，一式多份，其所需份数根据各部门需要而定。出口退税时加填一份黄色出口退税专用报关单。

2）出口货物属于国家限制出口或配额出口的，应提供许可证件或其他证明文件。

3）货物的发票、装箱清单、合同等。

4）出境货物通关单（法定检验货物）。

5）对方要求的原产地证明。

6）出口收汇核销单（指创汇企业）。

7）其他有关文件。

二、海关查验

海关查验也称验关，是指海关接受报关员的申报后，对进出口货物进行实际的核对和检查，以确定货物的自然属性，货物的数量、规格、价格、金额以及原产地等是否与报关单所列一致。海关查验货物时，进出口货物收发货人或代理人应当到场，并负责搬移货物，开拆和重封货物的包装。海关认为必要时，可以进行搬运、拆箱、开验、复验或重封、提取货样。

海关查验，一方面，要复核申报环节中所申报的单证及查证单货是否一致，通过实际的查验发现审单环节不能发现的无证进出问题及走私、违规、逃漏关税等问题；另一方面，通过查验货物才能保证关税的依率计征。因为进出口货物税则分类别号及适用税率的确定，申报的货价海关是否予以接受，都取决于查验的结果。如要查验不实，税则分类及估价不当，不仅适用的税率可能发生差错，而且估价易或高或低，因而使税负不公，国家或进出口厂商将蒙受损失。例如，某市外运分公司申报进口制冷机，应归入税号 8415，但该税号有 8 个子目，子目 84158210 的税率为 130%，子目 84158220 的税率为 90%，所附单据看不出制冷机的制冷温度和容量。通过实际查验，确定该制冷机应归入税号 84158220，按税率 90% 计征关税，从而避免了进口厂商负担其不应负担的关税额，体现了海关征税工作的严肃性，维护了集体的利益。

海关查验的方式有两种：一般查验和重点查验，或者称外形查验与开箱查验。对属于正常往来的进出口货物可以不予查验或者进行一般性的检查，即所谓外形查验，如核对货名、规格、生产国别和收发货单位等标志，是否与报关单相符；检查外包装是否有开拆、破损痕迹，以及有无反动字样，黄色文字图像等。根据货物的品种、性质、贵重程度，以及国内外走私违规动态，收发货单位经营作风等历史资料，分析认为数量或其他方面可能有问题和存在走私破坏嫌疑（如进口成套组装散件，伪报为零部件化整为零进口等）的货物，则应进行开箱查验，必要时可以逐件细查细验，防止进行经济、政治破坏。

进出口货物的查验，一般在海关规定的时间、场所，即海关的监管区域，如码头、机场、车站的仓库、场院进行。为了适应当前国家对外开放的需要，促进对外贸易的发展，近年来，海关在货运监管方面进行了许多改革，在坚持必要制度的前提下，进一步简化海关手续，加速验放，方便进出口企业。对进出口的散装货物、大宗货物和危险品等，可以结合装卸环节，到现场直接验收。对于成套设备、精密仪器、贵重物资、急需急用的物资和"门到门"运输的集装箱货物等，在海关规定地区查验有困难的，经报关人申请，海关可以派员到监管区域以外的地点，就地查验放行货物，但申请单位应按规定缴纳规费，并提供往返交通工具、住宿等方便条件。

为了保护出口人的合法权益，《海关法》第九十四条专门规定："海关在查验进出境货物、物品时，损坏被查验的货物、物品的，应当赔偿实际损失。"并颁布实施了《海关查验货物、物品造成损失的赔偿办法》。

三、征税

关税是一国根据本国经济、政治的需要，由海关按照国家制定的关税税法、税则，对准许进出境的货物和物品所征收的一种税。它具有强制性、无偿性和固定性等特点；具有增加财政收入（是国家财政收入的三大来源之一）、保护与促进国内生产、调节进出口商品结构和经济利益分配等作用。关税一般可分为进口税（Import Duties）、出口税（Export Duties）、过境税（Transit Duties，我国不征收）、进口附加税（Import Surtaxes）等。

关税征收的特定对象是进出口货物及进出境的行李物品、邮递物品及其他物品。国家要对上述货物和物品征收关税，是因为进口货物和进境物品要在国内消费，影响了国内经济建设与生产，影响了国内的商品市场；而国内货物出口或物品出境也会影响国内的经济及资源结构。另外，进出口关税在国际经济贸易活动中，也是国与国之间交往时使用的一种手段。因此，关税体现了国家的经济和对外政策。

海关在审核单证和查验货物以后，根据《中华人民共和国关税条例》规定和《中华人民共和国海关进出口税则》规定的税率，对实际货物征收进口或出口关税。另外，根据有关规定可减、免、缓、退、保税的，报关单位应向海关送交有关证明文件。我国海关还代征增值税、消费税和船舶吨税。

《海关法》规定，进口货物的收货人，出口货物的发货人，进出境物品的所有人，是关税的纳税义务人。同时也规定了有权经营进出口业务的企业和海关准予注册的报关企业也是法定纳税人。上述纳税义务人应当在海关签发税款缴纳证的次日起（节假日包括在内，其未遇节假日顺延）15 日内，向指定银行缴纳税款。逾期不缴纳的，由海关按日征收欠缴税款总额的 0.5‰的滞纳金。对超过三个月仍未缴纳税款的，海关可责令担保人缴纳税款或者将货物变价抵缴。必要时，可以通知银行在担保人或纳税义务人存款内扣款。纳税义务人同海关发生纳税争议时，应当先缴纳税款，然后自海关填发税款缴纳证之日起 30 天内向海关行政复议。

四、放行

进出口货物在办完向海关申报、接受查验、完纳税款等手续以后，由海关在货运单据上签印放行。收发货人或其代理人必须凭海关签印放行的货运单据才能提取或发运进出口货物。未经海关放行的海关监管货物，任何单位和个人不得提取或发运。

货物的放行是海关对一般贸易进出口货物监管的最后一个环节。如果这一环节海关把关不严，把不该放行的货物放了，则会导致经济上的损失甚至产生不良的政治影响；所以海关必须以严肃认真的态度对待货物的进出口。放行前，将由专人将该票货物的全部报关单证及查验货物记录等进行一次全面的复核审查并签署认可，然后在货运单据上签印放行，交货主签收。但对违反进出口政策、法令规定，尚未缴纳应缴纳的税款以及根据上级指示不准放行的进出口货物，海关均不予以放行。

对一般贸易货物来说，放行表示解除海关监管，进境货物可以由收货人自由处置，出境货物可以由发货人装船出运。但是，对于担保放行货物、保税货物、暂时进口货物和海关给予减免税进口的货物来说，放行并不等于办结海关手续，还要在办理核销、结案或补办进出口和纳税手续后，才能结关。也就是说，海关办理放行手续有两种方式。

1. 签印放行

一般进出口货物，报关人如实向海关申报并如数缴清应纳税款和有关费用，海关关员应在有关进出口货运单据上签盖"放行章"，进口货物凭以到海关监管仓库提货进境；出口货物凭以装货启运出境。

2. 销案

按照担保管理办法的进口货物或暂时进口货物，在进口收货人全部履行承担的义务后，海关应准予销案。这意味着，取得了海关的最后放行。

经海关查验放行的合法进出口货物，应报关人或货物所有人的要求，可以取得《进（出）口货物证明书》。《进（出）口货物证明书》是证明某些货物实际进口或出口的文件。进出口货物所有人在办理各种对内、对外业务中，常常需要证明其货物是进口的或已经出口，海关签发《进（出）口货物证明书》是为了方便货物所有人。

五、结关

结关是指对口岸放行后，仍需继续实施后续管理的货物，海关在规定的期限内进行核查，对需要补证、补税货物作出处理，直至完全结束海关监管的工作程序。

第二节　报　关　单

一、报关单的结构和用途

纸质进口货物报关单一式五联，分别是海关作业联、海关留存联、企业留存联、海关核销联、进口付汇证明联；纸质出口货物报关单一式六联，分别是海关作业联、海关留存联、企业留存联、海关核销联、出口收汇证明联、出口退税证明联。海关作业联在海关的审单、征税、查验、放行各部门间流转，各部门需要在该联上作必要的签注和盖章。出口货物报关单见式样 9-1。进口货物报关单见式样 9-2。

1. 进出口货物报关单的海关作业联和海关留存联

进出口货物报关单的海关作业联和海关留存联是报关员配合海关查验、缴纳税费、提取或装运货物的重要单据，也是海关查验货物、征收税费、编制海关统计以及处理其他海关事务的重要凭证。

2. 进口货物报关单的进口付汇证明联、出口货物报关单的出口收汇证明联

进口货物报关单的进口付汇证明联、出口货物报关单的出口收汇证明联是海关对已经实际进出境货物所签发的证明文件，是银行和国家外汇管理部门办理售汇、付汇和收汇及核销手续的重要依据之一。

3. 进出口货物报关单的海关核销联

进出口货物报关单的海关核销联是指口岸海关对已实际申报进口或出口的货物所签发的证明文件，是海关办理加工贸易合同核销、结案手续的重要凭证。加工贸易的货物进出口后，申报人应向海关领取进出口货物报关单的海关核销联，并凭此向主管海关办理加工贸易合同核销手续。

4. 出口货物报关单的出口退税证明联

出口货物报关单的出口退税证明联是指海关对已实际申报出口并已装运离境的货物所签发的证明文件，是国家税务部门办理出口货物退税手续的重要凭证之一。对可办理出口退税的货物，出口货物发货人或其代理人应当在载运货物的运输工具实际离境、海关收到载货清单（俗称"清洁舱单"）、办理结关手续后，向海关申领出口货物报关单的出口退税证明联。

对不属于退税范围的货物，海关不予签发该联。

式样 9-1 出口货物报关单

中华人民共和国海关出口货物报关单

预录入编号：　　　　　　　　　海关编号：　　　　　　　　　　　　　　　页码/页数：

境内发货人	出境关别	出口日期	申报日期	备案号
境外收货人	运输方式	运输工具名称及航次号	提运单号	
生产销售单位	监管方式	征免性质	许可证号	
合同协议号	贸易国（地区）	运抵国（地区）	指运港	离境口岸

包装种类	件数	毛重（千克）	净重（千克）	成交方式	运费	保费	杂费

随附单证及编号
随附单证1：　　　　　　　　随附单证2：

标记唛码及备注

项号	商品编号	商品名称及规格型号	数量及单位	单价/总价/币制	原产国（地区）	最终目的国（地区）	境内货源地	征免
1								
2								
3								
4								
5								
6								
7								

	特殊关系确认：	价格影响确认：	支付特许权使用费确认：		自报自缴：
申报人员　申报人员证号	电话	兹申明以上内容承担如实申报、依法纳税之法律责任			海关批注及签章
申报单位		申报单位（签章）			

式样 9-2 进口货物报关单

中华人民共和国海关进口货物报关单

预录入编号：　　　　　　　　　海关编号：　　　　　　　　　　　　　　　页码/页数：

境内收货人	进境关别	进口日期	申报日期	备案号
境外发货人	运输方式	运输工具名称及航次号	提运单号	货物存放地点
消费使用单位	监管方式	征免性质	许可证号	启运港
合同协议号	贸易国（地区）	启运国（地区）	经停港	入境口岸

包装种类	件数	毛重（千克）	净重（千克）	成交方式	运费	保费	杂费

随附单证
随附单证1：　　　　　　　　随附单证2：

标记唛码及备注

项号	商品编号	商品名称及规格型号	数量及单位	单价/总价/币制	原产国（地区）	最终目的国地区（地区）	境内目的地	征免
1								
2								
3								
4								
5								
6								
7								

	特殊关系确认：	价格影响确认：	支付特许权使用费确认：		自报自缴：
申报人员　申报人员证号	电话	兹申明以上内容承担如实申报、依法纳税之法律责任			海关批注及签章
申报单位		申报单位（签章）			

二、进出口货物报关单的填制要求

（1）报关单的填报必须真实，要做到两个相符：一是单证相符，即报关单与合同、批文、发票、装箱单等随附单据相符；二是单货相符，即报关单中所报内容与实际进出口货物情况相符。

（2）不同合同、不同提运单、不同贸易方式、不同征免性质、不同许可证号的货物，不能填在同一份报关单上。

（3）报关单内容填报要准确、齐全，若有更改，必须在更改项目上加盖校对章。

（4）向海关递交的报关单，事后发现差错，须立即填写报关单更正单，向海关办理更正手续。

三、进出口货物报关单的填制规范

1. 预录入编号

预录入编号指预录入报关单的编号，一份报关单对应一个预录入编号，由系统自动生成。

报关单预录入编号为 18 位。其中，第 1～4 位为接受申报海关的代码（海关规定的《关区代码表》中的相应海关代码）；第 5～8 位为录入时的公历年份；第 9 位为进出口标志（"1"为进口，"0"为出口；集中申报清单"I"为进口，"E"为出口）；后 9 位为顺序编号。

2. 海关编号

海关编号指海关接受申报时给予报关单的编号，一份报关单对应一个海关编号，由系统自动生成。

报关单海关编号为 18 位。其中，第 1～4 位为接受申报海关的代码（海关规定的《关区代码表》中相应海关代码）；第 5～8 位为海关接受申报的公历年份；第 9 位为进出口标志（"1"为进口，"0"为出口；集中申报清单"I"为进口，"E"为出口）；后 9 位为顺序编号。

3. 境内收发货人

填报在海关备案的对外签订并执行进出口贸易合同的中国境内法人、其他组织名称及编码。编码填报 18 位法人和其他组织统一社会信用代码，没有统一社会信用代码的，填报其在海关的备案编码。

特殊情况下填报要求如下：

（1）进出口货物合同的签订者和执行者非同一企业的，填报执行合同的企业。

（2）外商投资企业委托进出口企业进口投资设备、物品的，填报外商投资企业，并在标记唛码及备注栏注明"委托某进出口企业进口"，同时注明被委托企业的 18 位法人和其他组织统一社会信用代码。

（3）有代理报关资格的报关企业代理其他进出口企业办理进出口报关手续时，填报委托的进出口企业。

（4）海关特殊监管区域收发货人填报该货物的实际经营单位或海关特殊监管区域内经营企业。

（5）免税品经营单位经营出口退税国产商品的，填报免税品经营单位名称。

4. 进出境关别

根据货物实际进出境的口岸海关，填报海关规定的《关区代码表》中相应口岸海关的名称及代码。

特殊情况填报要求如下：

（1）进口转关运输货物填报货物进境地海关名称及代码，出口转关运输货物填报货物出境地海关名称及代码。按转关运输方式监管的跨关区深加工结转货物，出口报关单填报转出地海关名称及代码，进口报关单填报转入地海关名称及代码。

（2）在不同海关特殊监管区域或保税监管场所之间调拨、转让的货物，填报对方海关特殊监管区域或保税监管场所所在的海关名称及代码。

（3）其他无实际进出境的货物，填报接受申报的海关名称及代码。

5. 进出口日期

进口日期填报运载进口货物的运输工具申报进境的日期。出口日期填报运载出口货物的运输工具办结出境手续的日期，在申报时免予填报。无实际进出境的货物，填报海关接受申报的日期。

进出口日期为 8 位数字，顺序为年（4 位）、月（2 位）、日（2 位）。

6. 申报日期

申报日期是指海关接受进出口货物收发货人、受委托的报关企业申报数据的日期。以电子数据报关单方式申报的，申报日期为海关计算机系统接受申报数据时记录的日期。以纸质报关单方式申报的，申报日期为海关接受纸质报关单并对报关单进行登记处理的日期。本栏在申报时免予填报。

申报日期为 8 位数字，顺序为年（4 位）、月（2 位）、日（2 位）。

7. 备案号

填报进出口货物收发货人、消费使用单位、生产销售单位在海关办理加工贸易合同备案或征、减、免税审核确认等手续时，海关核发的《加工贸易手册》、海关特殊监管区域和保税监管场所保税账册、《中华人民共和国海关进出口货物征免税证明》（简称《征免税证明》）或其他备案审批文件的编号。

一份报关单只允许填报一个备案号。具体填报要求如下：

（1）加工贸易项下货物，除少量低值辅料按规定不使用《加工贸易手册》及以后续补税监管方式办理内销征税的外，填报《加工贸易手册》的编号。

使用异地直接报关分册和异地深加工结转出口分册在异地口岸报关的，填报分册号；本地直接报关分册和本地深加工结转分册限制在本地报关，填报总册号。

加工贸易成品凭《征免税证明》转为减免税进口货物的，进口报关单填报《征免税证明》的编号，出口报关单填报《加工贸易手册》的编号。

对加工贸易设备、使用保税账册管理的海关特殊监管区域内减免税设备之间的结转，转入和转出企业分别填制进出口报关单，在报关单备案号栏填报《加工贸易手册》的编号。

（2）涉及征、减、免税审核确认的报关单，填报《征免税证明》的编号。

（3）减免税货物退运出口，填报《中华人民共和国海关进口减免税货物准予退运证明》的编号；减免税货物补税进口，填报《减免税货物补税通知书》的编号；减免税货物进口或结转进口（转入），填报《征免税证明》的编号；相应的结转出口（转出），填报《中华人民共和国海关进口减免税货物结转联系函》的编号。

（4）免税品经营单位经营出口退税国产商品的，免予填报。

8. 境外收发货人

境外收货人通常是指签订并执行出口贸易合同中的买方或合同指定的收货人；境外发货人通常是指签订并执行进口贸易合同中的卖方。

填报境外收发货人的名称及编码。名称一般填报英文名称，检验检疫要求填报其他外文名称的，在英文名称后填报，以半角括号分隔；对于 AEO（经认证的经营者）互认国家（地区）企业的编码，填报 AEO 编码，填报样式为"国别（地区）代码+海关企业编码"。例如，新加坡 AEO 企业 SG123456789012（新加坡国别代码+12 位企业编码）；对于非互认国家（地区）AEO 企业等其他情形，编码免予填报。

特殊情况下无境外收发货人的，名称及编码填报"NO"。

9. 运输方式

运输方式包括实际运输方式和海关规定的特殊运输方式，前者指货物实际进出境的运输方式，按进出境所使用的运输工具分类；后者指货物无实际进出境的运输方式，按货物在境内的流向分类。

根据货物实际进出境的运输方式或货物在境内流向的类别，按照海关规定的《运输方式代码表》选择填报相应的运输方式。

（1）特殊情况填报要求如下：

1）非邮件方式进出境的快递货物，按实际运输方式填报。

2）进口转关运输货物，按载运货物抵达进境地的运输工具填报；出口转关运输货物，按载运货物驶离出境地的运输工具填报。

3）不复运出（入）境而留在境内（外）销售的进出境展览品、留赠转卖物品等，填报"其他运输"（代码 9）。

4）进出境旅客随身携带的货物，填报"旅客携带"（代码 L）。

5）以固定设施（包括输油、输水管道和输电网等）运输货物的，填报"固定设施运输"（代码 G）。

（2）无实际进出境货物在境内流转时填报要求如下：

1）境内非保税区运入保税区货物和保税区退区货物，填报"非保税区"（代码 0）。

2）保税区运往境内非保税区货物，填报"保税区"（代码 7）。

3）境内存入出口监管仓库和出口监管仓库退仓货物，填报"监管仓库"（代码 1）。

4）保税仓库转内销货物或转加工贸易货物，填报"保税仓库"（代码 8）。

5）从境内保税物流中心外运入中心或从中心运往境内中心外的货物，填报"物流中心"（代码 W）。

6）从境内保税物流园区外运入园区或从园区内运往境内园区外的货物，填报"物流园区"（代码 X）。

7）保税港区、综合保税区与境内（区外）（非海关特殊监管区域、保税监管场所）之间进出的货物，填报"保税港区/综合保税区"（代码 Y）。

8）出口加工区、珠澳跨境工业区（珠海园区）、中哈霍尔果斯边境合作中心（中方配套区）与境内（区外）（非海关特殊监管区域、保税监管场所）之间进出的货物，填报"出口加工区"（代码 Z）。

9）境内运入深港西部通道港方口岸区的货物，以及境内进出中哈霍尔果斯边境合作中心中方区域的货物，填报"边境特殊海关作业区"（代码 H）。

10）经横琴新区和平潭综合实验区（简称综合试验区）二线指定申报通道运往境内区外或从境内经二线指定申报通道进入综合试验区的货物，以及综合试验区内按选择性征收关税申报的货物，填报"综合试验区"（代码 T）。

11）海关特殊监管区域内的流转、调拨货物，海关特殊监管区域、保税监管场所之间的流转货物，海关特殊监管区域与境内区外之间进出的货物，海关特殊监管区域外的加工贸易余料结转、深加工结转、内销货物，以及其他境内流转货物，填报"其他运输"（代码 9）。

10. 运输工具名称及航次号

填报载运货物进出境的运输工具名称及航次号。填报内容应与运输部门向海关申报的舱单（载货清单）所列相应内容一致。

直接在进出境地或采用全国通关一体化通关模式办理报关手续的报关单填报要求如下：

（1）水路运输：填报船舶编号（来往港澳小型船舶为监管簿编号）或船舶英文名称。

（2）公路运输：启用公路舱单前，填报该跨境运输车辆的国内行驶车牌号，深圳提前报关模式的报关单填报国内行驶车牌号+"/"+"提前报关"。启用公路舱单后，免予填报。

（3）铁路运输：填报车厢编号或交接单号。

（4）航空运输：填报航班号。

（5）邮件运输：填报邮运包裹单号。

（6）其他运输：填报具体运输方式名称，如管道、驮畜等。

11. 提运单号

填报进出口货物提单或运单的编号。一份报关单只允许填报一个提单或运单的编号，一票货物对应多个提单或运单时，应分单填报。

直接在进出境地或采用全国通关一体化通关模式办理报关手续的，报关单填报要求如下：

（1）水路运输：填报进出口提单号。如果有分提单的，填报进出口提单号+"*"+分提单号。

（2）公路运输：启用公路舱单前，免予填报；启用公路舱单后，填报进出口总运单号。

（3）铁路运输：填报运单号。

（4）航空运输：填报总运单号+"_"+分运单号，无分运单的填报总运单号。

（5）邮件运输：填报邮运包裹单号。

12. 货物存放地点

填报货物进境后存放的场所或地点，包括海关监管作业场所、分拨仓库、定点加工厂、隔离检疫场、企业自有仓库等。

13. 消费使用单位/生产销售单位

（1）消费使用单位填报已知的进口货物在境内的最终消费、使用单位的名称，包括：

1）自行进口货物的单位。

2）委托进出口企业进口货物的单位。

（2）生产销售单位填报出口货物在境内的生产或销售单位的名称，包括：

1）自行出口货物的单位。

2）委托进出口企业出口货物的单位。

3）免税品经营单位经营出口退税国产商品的，填报该免税品经营单位统一管理的免税店。

（3）减免税货物报关单的消费使用单位/生产销售单位应与《征免税证明》的"减免税申请人"一致；对于保税监管场所与境外之间的进出境货物，消费使用单位/生产销售单位填报保税监管场所的名称［保税物流中心（B 型）填报中心内企业名称］。

（4）海关特殊监管区域的消费使用单位/生产销售单位填报区域内经营企业（"加工单位"或"仓库"）。

（5）编码填报要求如下：

1）填报 18 位法人和其他组织统一社会信用代码。

2）无 18 位统一社会信用代码的，填报"NO"。

（6）进口货物在境内的最终消费或使用以及出口货物在境内的生产或销售的对象为自然人的，填报身份证号、护照号、台胞证号等有效证件号码及姓名。

14. 监管方式

监管方式是以国际贸易中进出口货物的交易方式为基础，结合海关对进出口货物的征税、统计及监管条件综合设定的海关对进出口货物的管理方式。其代码由 4 位数字组成，前两位是按照海关监管要求和计算机管理需要划分的分类代码，后两位是参照国际标准编制的贸易方式代码。

根据实际对外贸易情况，按海关规定的《监管方式代码表》选择填报相应的监管方式简称及代码。一份报关单只允许填报一种监管方式。

特殊情况下加工贸易货物监管方式填报要求如下：

（1）进口少量低值辅料（即 5000 美元以下，78 种以内的低值辅料）按规定不使用《加工贸易手册》的，填报"低值辅料"，使用《加工贸易手册》的，按《加工贸易手册》中的监管方式填报。

（2）加工贸易料件转内销货物以及按料件办理进口手续的转内销制成品、残次品、未完成品，填制进口报关单，填报"来料料件内销"或"进料料件内销"；加工贸易成品凭《征免税证明》转为减免税进口货物的，分别填制进出口报关单，出口报关单填报"来料成品减免"或"进料成品减免"，进口报关单按照实际监管方式填报。

（3）加工贸易出口成品因故退运进口及复运出口的，填报"来料成品退换"或"进料成品退换"；加工贸易进口料件因换料退运出口及复运进口的，填报"来料料件退换"或"进料料件退换"；加工贸易过程中产生的剩余料件、边角料退运出口，以及进口料件因品质、规格等原因退运出口且不再更换同类货物进口的，分别填报"来料料件复出""来料边角料复出""进料料件复出""进料边角料复出"。

（4）加工贸易边角料内销和副产品内销，填制进口报关单，填报"来料边角料内销"或"进料边角料内销"。

（5）企业销毁处置加工贸易货物未获得收入，销毁处置货物为料件、残次品的，填报"料件销毁"；销毁处置货物为边角料、副产品的，填报"边角料销毁"。

企业销毁处置加工贸易货物获得收入的，填报为"进料边角料内销"或"来料边角料内销"。

（6）免税品经营单位经营出口退税国产商品的，填报"其他"。

15. 征免性质

根据实际情况按海关规定的《征免性质代码表》选择填报相应的征免性质简称及代码，

持有海关核发的《征免税证明》的，按照《征免税证明》中批注的征免性质填报。一份报关单只允许填报一种征免性质。

加工贸易货物报关单按照海关核发的《加工贸易手册》中批注的征免性质简称及代码填报。特殊情况填报要求如下：

（1）加工贸易转内销货物，按实际情况填报（如一般征税、科教用品、其他法定等）。

（2）料件退运出口、成品退运进口货物填报"其他法定"。

（3）加工贸易结转货物，免予填报。

（4）免税品经营单位经营出口退税国产商品的，填报"其他法定"。

16．许可证号

填报进（出）口许可证、两用物项和技术进（出）口许可证、两用物项和技术出口许可证（定向）、纺织品临时出口许可证、出口许可证（加工贸易）、出口许可证（边境小额贸易）的编号。

免税品经营单位经营出口退税国产商品的，免予填报。

一份报关单只允许填报一个许可证号。

17．启运港

填报进口货物在运抵我国关境前的第一个境外装运港。

根据实际情况，按海关规定的《港口代码表》填报相应的港口名称及代码，未在《港口代码表》中列明的，填报相应的国家名称及代码。货物从海关特殊监管区域或保税监管场所运至境内区外的，填报《港口代码表》中相应海关特殊监管区域或保税监管场所的名称及代码，未在《港口代码表》中列明的，填报"未列出的特殊监管区"及代码。

其他无实际进境的货物，填报"中国境内"及代码。

18．合同协议号

填报进出口货物合同（包括协议或订单）编号。未发生商业性交易的免予填报。

免税品经营单位经营出口退税国产商品的，免予填报。

19．贸易国（地区）

发生商业性交易的进口填报购自国（地区），出口填报售予国（地区）。未发生商业性交易的填报货物所有权拥有者所属的国家（地区）。

按海关规定的《国别（地区）代码表》选择填报相应的贸易国（地区）中文名称及代码。

20．启运国（地区）/运抵国（地区）

启运国（地区）填报进口货物起始发出直接运抵我国，或者在运输中转国（地）未发生任何商业性交易的情况下，运抵我国的国家（地区）。

运抵国（地区）填报出口货物离开我国关境直接运抵，或者在运输中转国（地区）未发生任何商业性交易的情况下，最后运抵的国家（地区）。

不经过第三国（地区）转运的直接运输进出口货物，以进口货物的装货港所在国（地区）为启运国（地区），以出口货物的指运港所在国（地区）为运抵国（地区）。

经过第三国（地区）转运的进出口货物，如果在中转国（地区）发生商业性交易，则以中转国（地区）作为启运国（地区）/运抵国（地区）。

按海关规定的《国别（地区）代码表》选择填报相应的启运国（地区）或运抵国（地区）中文名称及代码。

无实际进出境的货物，填报"中国境内"及代码。

21．经停港/指运港

经停港填报进口货物在运抵我国关境前的最后一个境外装运港。

指运港填报出口货物运往境外的最终目的港；最终目的港不可预知的，按尽可能预知的目的港填报。

根据实际情况，按海关规定的《港口代码表》选择填报相应的港口名称及代码。经停港/指运港在《港口代码表》中无港口名称及代码的，可选择填报相应的国家名称及代码。

无实际进出境的货物，填报"中国境内"及代码。

22．入境口岸/离境口岸

入境口岸填报进境货物从跨境运输工具卸离的第一个境内口岸的中文名称及代码；采取多式联运跨境运输的，填报多式联运货物最终卸离的境内口岸中文名称及代码；过境货物填报货物进入境内的第一个口岸的中文名称及代码；从海关特殊监管区域或保税监管场所进境的，填报海关特殊监管区域或保税监管场所的中文名称及代码。其他无实际进境的货物，填报货物所在地的城市名称及代码。

离境口岸填报装运出境货物的跨境运输工具离境的第一个境内口岸的中文名称及代码；采取多式联运跨境运输的，填报多式联运货物最初离境的境内口岸中文名称及代码；过境货物填报货物离境的第一个境内口岸的中文名称及代码；从海关特殊监管区域或保税监管场所离境的，填报海关特殊监管区域或保税监管场所的中文名称及代码。其他无实际出境的货物，填报货物所在地的城市名称及代码。

入境口岸/离境口岸类型包括港口、码头、机场、机场货运通道、边境口岸、火车站、车辆装卸点、车检场、陆路港、坐落在口岸的海关特殊监管区域等。按海关规定的《国内口岸编码表》选择填报相应的境内口岸中文名称及代码。

23．包装种类

填报进出口货物的所有包装材料，包括运输包装和其他包装，按海关规定的《包装种类代码表》选择填报相应的包装种类名称及代码。运输包装指提运单所列货物件数单位对应的包装，其他包装包括货物的各类包装，以及植物性铺垫材料等。

24．件数

填报进出口货物运输包装的件数（按运输包装计）。特殊情况填报要求如下：

（1）舱单件数为集装箱的，填报集装箱个数。

（2）舱单件数为托盘的，填报托盘数。

不得填报为"0"，裸装货物填报为"1"。

25．毛重（千克）

填报进出口货物及其包装材料的重量之和，计量单位为千克，不足一千克的填报为"1"。

26．净重（千克）

填报进出口货物的毛重减去外包装材料后的重量，即货物本身的实际重量，计量单位为千克，不足一千克的填报为"1"。

27．成交方式

根据进出口货物实际成交价格条款，按海关规定的《成交方式代码表》选择填报相应的成交方式代码。

无实际进出境的货物，进口填报 CIF，出口填报 FOB。

28. 运费

填报进口货物运抵我国境内输入地点起卸前的运输费用，出口货物运至我国境内输出地点装载后的运输费用。

运费可按运费单价、运费总价或运费率三种方式之一填报，注明运费标记（运费标记"1"表示运费率，"2"表示每吨货物的运费单价，"3"表示运费总价），并按海关规定的《货币代码表》选择填报相应的币种代码。

免税品经营单位经营出口退税国产商品的，免予填报。

29. 保费

填报进口货物运抵我国境内输入地点起卸前的保险费用，出口货物运至我国境内输出地点装载后的保险费用。

保费可按保险费总价或保险费率两种方式之一填报，注明保险费标记（保险费标记"1"表示保险费率，"3"表示保险费总价），并按海关规定的《货币代码表》选择填报相应的币种代码。

免税品经营单位经营出口退税国产商品的，免予填报。

30. 杂费

填报成交价格以外的、按照《中华人民共和国进出口关税条例》相关规定应计入完税价格或应从完税价格中扣除的费用，可按杂费总价或杂费率两种方式之一填报，注明杂费标记（杂费标记"1"表示杂费率，"3"表示杂费总价），并按海关规定的《货币代码表》选择填报相应的币种代码。

应计入完税价格的杂费填报为正值或正率；应从完税价格中扣除的杂费填报为负值或负率。

免税品经营单位经营出口退税国产商品的，免予填报。

31. 随附单证及编号

根据海关规定的《监管证件代码表》和《随附单据代码表》选择填报除本规范第十六条规定的许可证件以外的其他进出口许可证件或监管证件、随附单据的代码及编号。

本栏分为"随附单证代码"和"随附单证编号"两栏，其中"随附单证代码"栏按海关规定的《监管证件代码表》和《随附单据代码表》选择填报相应证件代码；"随附单证编号"栏填报证件编号。

（1）加工贸易内销征税报关单（使用金关二期加贸管理系统的除外），随附单证代码栏填报"c"；随附单证编号栏填报海关审核通过的内销征税联系单号。

（2）一般贸易进出口货物，只能使用原产地证书申请享受协定税率或特惠税率（以下统称优惠税率）的（无原产地声明模式），"随附单证代码"栏填报原产地证书代码"Y"，在"随附单证编号"栏填报"<优惠贸易协定代码>"和"原产地证书编号"。可以使用原产地证书或者原产地声明申请享受优惠税率的（有原产地声明模式），"随附单证代码"栏填报"Y"，"随附单证编号"栏填报"<优惠贸易协定代码>"、"C"（凭原产地证书申报）或"D"（凭原产地声明申报），以及"原产地证书编号（或原产地声明序列号）"。一份报关单对应一份原产地证书或原产地声明。各优惠贸易协定代码如下：

"01"为"亚太贸易协定"。

"02"为"中国—东盟自贸协定"。

"03"为"内地与香港紧密经贸关系安排"（香港 CEPA）。

"04"为"内地与澳门紧密经贸关系安排"（澳门 CEPA）。

"06"为"台湾农产品零关税措施"。

"07"为"中国—巴基斯坦自贸协定"。

"08"为"中国—智利自贸协定"。

"10"为"中国—新西兰自贸协定"。

"11"为"中国—新加坡自贸协定"。

"12"为"中国—秘鲁自贸协定"。

"13"为"最不发达国家特别优惠关税待遇"。

"14"为"海峡两岸经济合作框架协议（ECFA）"。

"15"为"中国—哥斯达黎加自贸协定"。

"16"为"中国—冰岛自贸协定"。

"17"为"中国—瑞士自贸协定"。

"18"为"中国—澳大利亚自贸协定"。

"19"为"中国—韩国自贸协定"。

"20"为"中国—格鲁吉亚自贸协定"。

海关特殊监管区域和保税监管场所内销货物申请适用优惠税率的，有关货物进出海关特殊监管区域和保税监管场所以及内销时，已通过原产地电子信息交换系统实现电子联网的优惠贸易协定项下货物报关单，按照上述一般贸易要求填报；未实现电子联网的优惠贸易协定项下货物报关单，"随附单证代码"栏填报"Y"，"随附单证编号"栏填报"<优惠贸易协定代码>"和"原产地证据文件备案号"。"原产地证据文件备案号"为进出口货物的收发货人或其代理人录入原产地证据文件电子信息后，系统自动生成的号码。

向香港或者澳门特别行政区出口用于生产香港 CEPA 或者澳门 CEPA 项下货物的原材料时，按照上述一般贸易填报要求填制报关单，香港或澳门生产厂商在香港工贸署或澳门经济局登记备案的有关备案号填报在"关联备案"栏。

"单证对应关系表"中填报报关单上的申报商品项与原产地证书（原产地声明）上的商品项之间的对应关系。报关单上的商品序号与原产地证书（原产地声明）上的项目编号应一一对应，不要求顺序对应。同一批次进口货物可以在同一报关单中申报，不享受优惠税率的货物序号不填报在"单证对应关系表"中。

（3）各优惠贸易协定项下，免提交原产地证据文件的小金额进口货物"随附单证代码"栏填报"Y"，"随附单证编号"栏填报"<优惠贸易协定代码>XJE00000"，"单证对应关系表"中享惠报关单项号按实际填报，对应单证项号与享惠报关单项号相同。

32. 标记唛码及备注

填报要求如下：

（1）标记唛码中除图形以外的文字、数字，无标记唛码的填报"N/M"。

（2）受外商投资企业委托代理其进口投资设备、物品的进出口企业名称。

（3）与本报关单有关联关系的，同时在业务管理规范方面又要求填报的备案号，填报在电子数据报关单的"关联备案"栏。

保税间流转货物、加工贸易结转货物及凭《征免税证明》转内销货物，其对应的备案号填报在"关联备案"栏。

减免税货物结转进口（转入），"关联备案"栏填报本次减免税货物结转所申请的《中华人民共和国海关进口减免税货物结转联系函》的编号。

减免税货物结转出口（转出），"关联备案"栏填报与其相对应的进口（转入）报关单"备案号"栏中《征免税证明》的编号。

（4）与本报关单有关联关系的，同时在业务管理规范方面又要求填报的报关单号，填报在电子数据报关单的"关联报关单"栏。

保税间流转、加工贸易结转类的报关单，应先办理进口报关，并将进口报关单号填报在出口报关单的"关联报关单"栏。

办理进口货物直接退运手续的，除另有规定外，应先填制出口报关单，再填制进口报关单，并将出口报关单号填报在进口报关单的"关联报关单"栏。

减免税货物结转出口（转出），应先办理进口报关，并将进口（转入）报关单号填报在出口（转出）报关单的"关联报关单"栏。

（5）办理进口货物直接退运手续的，填报"<ZT"+"海关审核联系单号或者《海关责令进口货物直接退运通知书》编号"+">"。办理固体废物直接退运手续的，填报"固体废物，直接退运表××号/责令直接退运通知书××号"。

（6）保税监管场所进出货物，在"保税/监管场所"栏填报本保税监管场所编码［保税物流中心（B型）填报本中心的国内地区代码］，其中涉及货物在保税监管场所间流转的，在本栏填报对方保税监管场所代码。

（7）涉及加工贸易货物销毁处置的，填报海关加工贸易货物销毁处置申报表的编号。

（8）当监管方式为"暂时进出货物"（代码2600）和"展览品"（代码2700）时，填报要求如下：

1）根据《中华人民共和国海关暂时进出境货物管理办法》（海关总署令第233号，简称《管理办法》）第三条第一款所列项目，填报暂时进出境货物类别。例如，暂进六，暂出九。

2）根据《管理办法》第十条规定，填报复运出境或复运进境日期，期限应在货物进出境之日起6个月内。例如，20180815前复运进境；20181020前复运出境。

3）根据《管理办法》第七条规定，向海关申请对有关货物是否属于暂时进出境货物进行审核确认的，填报《中华人民共和国××海关暂时进出境货物审核确认书》的编号，如<ZS海关审核确认书编号>，其中英文为大写字母；无此项目的，无须填报。

上述内容依次填报，项目间用"/"分隔，前后均不加空格。

4）收发货人或其代理人申报货物复运进境或复运出境的：货物办理过延期的，根据《管理办法》填报《货物暂时进/出境延期办理单》的海关回执编号，如<ZS海关回执编号>，其中英文为大写字母；无此项目的，无须填报。

（9）跨境电子商务进出口货物，填报"跨境电子商务"。

（10）加工贸易副产品内销，填报"加工贸易副产品内销"。

（11）服务外包货物进口，填报"国际服务外包进口货物"。

（12）公式定价进口货物填报公式定价备案号，格式为"公式定价"+备案编号+"@"。对于同一报关单下有多项商品的，如果某项或某几项商品为公式定价备案，则备注栏内填报为"公式定价"+备案编号+"#"+商品序号+"@"。

（13）进出口与《预裁定决定书》列明情形相同的货物时，按照《预裁定决定书》填报，格式为"预裁定+《预裁定决定书》编号"（例如，某份预裁定决定书编号为 R-2-0100-2018-0001，则填报为"预裁定 R-2-0100-2018-0001"）。

（14）含归类行政裁定报关单，填报归类行政裁定编号，格式为"c"+四位数字编号，如 c0001。

（15）已经在进入特殊监管区时完成检验的货物，在出区入境申报时，填报"预检验"字样，同时在"关联报检单"栏填报实施预检验的报关单号。

（16）进口直接退运的货物，填报"直接退运"字样。

（17）企业提供 ATA 单证册的货物，填报"ATA 单证册"字样。

（18）不含动物源性低风险生物制品，填报"不含动物源性"字样。

（19）货物自境外进入境内特殊监管区或保税仓库的，填报"保税入库"或"境外入区"字样。

（20）海关特殊监管区域与境内区外之间采用分送集报方式进出的货物，填报"分送集报"字样。

（21）军事装备出入境的，填报"军品"或"军事装备"字样。

（22）申报 HS 为 3821000000、3002300000 的，属于下列情况的，填报要求为：属于培养基的，填报"培养基"字样；属于化学试剂的，填报"化学试剂"字样；不含动物源性成分的，填报"不含动物源性"字样。

（23）属于修理物品的，填报"修理物品"字样。

（24）属于下列情况的，填报"压力容器""成套设备""食品添加剂""成品退换""旧机电产品"等字样。

（25）申报 HS 为 2903890020（入境六溴环十二烷），用途为"其他（99）"的，填报具体用途。

（26）集装箱体信息填报集装箱号（在集装箱箱体上标示的全球唯一编号）、集装箱规格、集装箱商品项号关系（单个集装箱对应的商品项号，半角逗号分隔）、集装箱货重（集装箱箱体自重+装载货物重量，千克）。

（27）申报 HS 为 3006300000、3504009000、3507909010、3507909090、3822001000、3822009000，不属于"特殊物品"的，填报"非特殊物品"字样。"特殊物品"定义见《出入境特殊物品卫生检疫管理规定》（国家质量监督检验检疫总局令第 160 号公布，根据国家质量监督检验检疫总局令第 184 号，海关总署令第 238 号、第 240 号、第 243 号修改）。

（28）进出口列入目录的进出口商品及法律、行政法规规定须经出入境检验检疫机构检验的其他进出口商品实施检验的，填报"应检商品"字样。

（29）申报时其他必须说明的事项。

33. 项号

分两行填报。第一行填报报关单中的商品顺序编号；第二行填报备案序号，专用于加工贸易及保税、减免税等已备案、审批的货物，填报该项货物在《加工贸易手册》或《征免税证明》等备案、审批单证中的顺序编号。有关优惠贸易协定项下报关单填制要求按照海关总署相关规定执行。其中第二行特殊情况填报要求如下：

（1）深加工结转货物，分别按照《加工贸易手册》中的进口料件项号和出口成品项号填报。

（2）料件结转货物（包括料件、制成品和未完成品折料），出口报关单按照转出《加工贸易手册》中进口料件的项号填报；进口报关单按照转进《加工贸易手册》中进口料件的项号填报。

（3）料件复出货物（包括料件、边角料），出口报关单按照《加工贸易手册》中进口料件的项号填报；若边角料对应一个以上料件项号，填报主要料件项号。料件退换货物（包括料件、不包括未完成品），进出口报关单按照《加工贸易手册》中进口料件的项号填报。

（4）成品退换货物，退运进境报关单和复运出境报关单按照《加工贸易手册》中原出口成品的项号填报。

（5）加工贸易料件转内销货物（以及按料件办理进口手续的转内销制成品、残次品、未完成品）填制进口报关单，填报《加工贸易手册》中进口料件的项号；加工贸易边角料、副产品内销，填报《加工贸易手册》中对应的进口料件项号。若边角料或副产品对应一个以上料件项号，填报主要料件项号。

（6）加工贸易成品凭《征免税证明》转为减免税货物进口的，应先办理进口报关手续。进口报关单填报《征免税证明》中的项号，出口报关单填报《加工贸易手册》中的原出口成品项号，进出口报关单货物数量应一致。

（7）加工贸易货物销毁，填报《加工贸易手册》中相应的进口料件项号。

（8）加工贸易副产品退运出口、结转出口，填报《加工贸易手册》中新增成品的出口项号。

（9）经海关批准实行加工贸易联网监管的企业，按海关联网监管要求，企业需申报报关清单的，应在向海关申报进出口（包括形式进出口）报关单前，向海关申报"清单"。一份报关清单对应一份报关单，报关单上的商品由报关清单归并而得。加工贸易电子账册报关单中项号、品名、规格等栏的填制规范比照《加工贸易手册》。

34. 商品编号

填报由 10 位数字组成的商品编号。前 8 位为《中华人民共和国进出口税则》和《中华人民共和国海关统计商品目录》确定的编码；9、10 位为监管附加编号。

35. 商品名称及规格型号

分两行填报。第一行填报进出口货物规范的中文商品名称，第二行填报规格型号。具体填报要求如下：

（1）商品名称及规格型号应据实填报，并与进出口货物收发货人或受委托的报关企业所提交的合同、发票等相关单证相符。

（2）商品名称应当规范，规格型号应当足够详细，以能满足海关归类、审价及许可证件管理要求为准，可参照《中华人民共和国海关进出口商品规范申报目录》中对商品名称、规格型号的要求进行填报。

（3）已备案的加工贸易及保税货物，填报的内容必须与备案登记中同项号下货物的商品名称一致。

（4）对需要海关签发《货物进口证明书》的车辆，商品名称填报"车辆品牌+排气量（注明 cc）+车型（如越野车、小轿车等）"。进口汽车底盘不填报排气量。车辆品牌按照《进口机动车辆制造厂名称和车辆品牌中英文对照表》中"签注名称"栏的要求填报。规格型号可填报"汽油型"等。

（5）由同一运输工具同时运抵同一口岸并且属于同一收货人、使用同一提单的多种进口货物，按照商品归类规则应当归入同一商品编号的，应当将有关商品一并归入该商品编号。商品名称填报一并归类后的商品名称；规格型号填报一并归类后商品的规格型号。

（6）加工贸易边角料和副产品内销，边角料复出口，填报其报验状态的名称和规格型号。

（7）品牌类型。品牌类型为必填项目。可选择"无品牌"（代码 0）、"境内自主品牌"（代码 1）、"境内收购品牌"（代码 2）、"境外品牌（贴牌生产）"（代码 3）、"境外品牌（其他）"（代码 4）如实填报。其中，"境内自主品牌"是指由境内企业自主开发、拥有自主知识产权的品牌；"境内收购品牌"是指境内企业收购的原境外品牌；"境外品牌（贴牌生产）"是指境内企业代工贴牌生产中使用的境外品牌；"境外品牌（其他）"是指除代工贴牌生产以外使用的境外品牌。上述品牌类型中，除"境外品牌（贴牌生产）"仅用于出口外，其他类型均可用于进口和出口。

（8）出口享惠情况。出口享惠情况为出口报关单必填项目。可选择"出口货物在最终目的国（地区）不享受优惠关税""出口货物在最终目的国（地区）享受优惠关税""出口货物不能确定在最终目的国（地区）享受优惠关税"如实填报。进口货物报关单不填报该申报项。

（9）申报进口已获 3C 认证的机动车辆时，填报以下信息：

1）提运单日期。填报该项货物的提运单签发日期。

2）质量保质期。填报机动车的质量保证期。

3）发动机号或电机号。填报机动车的发动机号或电机号，应与机动车上打刻的发动机号或电机号相符。纯电动汽车、插电式混合动力汽车、燃料电池汽车为电机号，其他机动车为发动机号。

4）车辆识别代码（VIN）。填报机动车车辆识别代码，须符合国家强制性标准《道路车辆车辆识别代号（VIN）》（GB 16735—2019）的要求。该项目一般与机动车的底盘（车架号）相同。

5）发票所列数量。填报对应发票中所列进口机动车的数量。

6）品名（中文名称）。填报机动车中文品名，按《进口机动车辆制造厂名称和车辆品牌中英文对照表》（原质检总局 2004 年 52 号公告）的要求填报。

7）品名（英文名称）。填报机动车英文品名，按《进口机动车辆制造厂名称和车辆品牌中英文对照表》（原质检总局 2004 年 52 号公告）的要求填报。

8）型号（英文）。填报机动车型号，与机动车产品标牌上"整车型号"栏相符。

（10）进口货物收货人申报进口属于实施反倾销反补贴措施货物的，填报"原厂商中文名称""原厂商英文名称""反倾销税率""反补贴税率""是否符合价格承诺"等计税必要信息。格式要求："|<><><>""|""<"">"均为英文半角符号。第一个"|"为在规格型号栏中已填报的最后一个申报要素后，系统自动生成或人工录入的分割符（若相关商品税号无规范申报填报要求，则需要手工录入"|"），"|"后面 5 个"<>"中的内容依次为"原厂商中文名称""原厂商英文名称（如无原厂商英文名称，可填报以原厂商所在国或地区文字标注的名称，具体可参照商务部实施贸易救济措施相关公告中对有关原厂商的外文名称写法）""反倾销税率""反补贴税率""是否符合价格承诺"。其中，"反倾销税率"和"反补贴税率"填

写实际值。例如，税率为30%，填写"0.3"。"是否符合价格承诺"填写"1"或"0"，"1"代表"是"，"0"代表"否"。填报时，5个"<>"为不可缺项。例如，第3、4、5项"<>"中无申报事项，相应的"<>"中的内容可以为空，但"<>"需要保留。

36. 数量及单位

分三行填报。

（1）第一行按进出口货物的法定第一计量单位填报数量及单位，法定计量单位以《中华人民共和国海关统计商品目录》中的计量单位为准。

（2）凡列明有法定第二计量单位的，在第二行按照法定第二计量单位填报数量及单位。无法定第二计量单位的，第二行为空。

（3）成交计量单位及数量填报在第三行。

（4）法定计量单位为"千克"的数量填报，特殊情况下的填报要求如下：

1）装入可重复使用的包装容器的货物，按货物扣除包装容器后的重量填报，如罐装同位素、罐装氧气及类似品等。

2）使用不可分割包装材料和包装容器的货物，按货物的净重填报（即包括内层直接包装的净重重量），如采用供零售包装的罐头、药品及类似品等。

3）按照商业惯例以公量重计价的商品，按公量重填报，如未脱脂羊毛、羊毛条等。

4）采用以毛重作为净重计价的货物，可按毛重填报，如粮食、饲料等大宗散装货物。

5）采用零售包装的酒类、饮料、化妆品，按照液体/乳状/膏状/粉状部分的重量填报。

（5）成套设备、减免税货物如需分批进口，货物实际进口时，按照实际报验状态确定数量。

（6）具有完整品或制成品基本特征的不完整品、未制成品，根据《商品名称及编码协调制度》归类规则按完整品归类的，按照构成完整品的实际数量填报。

（7）已备案的加工贸易及保税货物，成交计量单位必须与《加工贸易手册》中同项号下货物的计量单位一致，加工贸易边角料和副产品内销、边角料复出口，填报其报验状态的计量单位。

（8）优惠贸易协定项下进出口商品的成交计量单位必须与原产地证书上对应商品的计量单位一致。

（9）法定计量单位为立方米的气体货物，折算成标准状况（即摄氏零度及1个标准大气压）下的体积进行填报。

37. 单价

填报同一项号下进出口货物实际成交的商品单位价格。无实际成交价格的，填报单位货值。

38. 总价

填报同一项号下进出口货物实际成交的商品总价格。无实际成交价格的，填报货值。

39. 币制

按海关规定的《货币代码表》选择相应的货币名称及代码填报，如果《货币代码表》中无实际成交币种，需将实际成交货币按申报日外汇折算率折算成《货币代码表》列明的货币填报。

40. 原产国（地区）

原产国（地区）依据《中华人民共和国进出口货物原产地条例》《中华人民共和国海关关

于执行〈非优惠原产地规则中实质性改变标准〉的规定》以及海关总署关于各项优惠贸易协定原产地管理规章规定的原产地确定标准填报。同一批进出口货物的原产地不同的，分别填报原产国（地区）。进出口货物原产国（地区）无法确定的，填报"国别不详"。

按海关规定的《国别（地区）代码表》选择填报相应的国家（地区）名称及代码。

41. 最终目的国（地区）

最终目的国（地区）填报已知的进出口货物的最终实际消费、使用或进一步加工制造国家（地区）。不经过第三国（地区）转运的直接运输货物，以运抵国（地区）为最终目的国（地区）；经过第三国（地区）转运的货物，以最后运往国（地区）为最终目的国（地区）。同一批进出口货物的最终目的国（地区）不同的，分别填报最终目的国（地区）。进出口货物不能确定最终目的国（地区）时，以尽可能预知的最后运往国（地区）为最终目的国（地区）。

按海关规定的《国别（地区）代码表》选择填报相应的国家（地区）名称及代码。

42. 境内目的地/境内货源地

境内目的地填报已知的进口货物在国内的消费、使用地或最终运抵地，其中最终运抵地为最终使用单位所在的地区。最终使用单位难以确定的，填报货物进口时预知的最终收货单位所在地。

境内货源地填报出口货物在国内的产地或原始发货地。出口货物产地难以确定的，填报最早发运该出口货物的单位所在地。

海关特殊监管区域、保税物流中心（B型）与境外之间的进出境货物，境内目的地/境内货源地填报本海关特殊监管区域、保税物流中心（B型）所对应的国内地区。

按海关规定的《国内地区代码表》选择填报相应的国内地区名称及代码。境内目的地还需根据《中华人民共和国行政区划代码表》选择填报其对应的县级行政区名称及代码。无下属区县级行政区的，可选择填报地市级行政区。

43. 征免

按照海关核发的《征免税证明》或有关政策规定，对报关单所列每项商品选择海关规定的《征减免税方式代码表》中相应的征减免税方式填报。

加工贸易货物报关单根据《加工贸易手册》中备案的征免规定填报；《加工贸易手册》中备案的征免规定为"保金"或"保函"的，填报"全免"。

44. 特殊关系确认

根据《中华人民共和国海关审定进出口货物完税价格办法》（简称《审价办法》）第十六条，填报确认进出口行为中买卖双方是否存在特殊关系，有下列情形之一的，应当认为买卖双方存在特殊关系，应填报"是"，反之则填报"否"：

（1）买卖双方为同一家族成员的。

（2）买卖双方互为商业上的高级职员或董事的。

（3）一方直接或者间接地受另一方控制的。

（4）买卖双方都直接或者间接地受第三方控制的。

（5）买卖双方共同直接或者间接地控制第三方的。

（6）一方直接或者间接地拥有、控制，或者持有对方5%以上（含5%）公开发行的有表决权的股票或股份的。

（7）一方是另一方的雇员、高级职员或董事的。

（8）买卖双方是同一合伙的成员的。

买卖双方在经营上相互有联系，一方是另一方的独家代理、独家经销或独家受让人，如果符合前款的规定，也应当视为存在特殊关系。

出口货物免予填报，加工贸易及保税监管货物（内销保税货物除外）免予填报。

45. 价格影响确认

根据《审价办法》第十七条，填报确认纳税义务人是否可以证明特殊关系未对进口货物的成交价格产生影响，纳税义务人能证明其成交价格与同时或者大约同时发生的下列任何一款价格相近的，应视为特殊关系未对成交价格产生影响，填报"否"，反之则填报"是"：

（1）向境内无特殊关系的买方出售的相同或者类似进口货物的成交价格。

（2）按照《审价办法》第二十三条的规定所确定的相同或者类似进口货物的完税价格。

（3）按照《审价办法》第二十五条的规定所确定的相同或者类似进口货物的完税价格。

出口货物免予填报，加工贸易及保税监管货物（内销保税货物除外）免予填报。

46. 支付特许权使用费确认

根据《审价办法》第十一条和第十三条，填报确认买方是否存在向卖方或有关方直接或间接支付与进口货物有关的特许权使用费，并且未包括在进口货物的实付、应付价格中。

买方存在需向卖方或有关方直接或者间接支付特许权使用费，并且未包含在进口货物实付、应付价格中，并且符合《审价办法》第十三条的，在"支付特许权使用费确认"栏填报"是"。

买方存在需向卖方或者有关方直接或者间接支付特许权使用费，并且未包含在进口货物实付、应付价格中，但纳税义务人无法确认是否符合《审价办法》第十三条的，填报"是"。

买方存在需向卖方或者有关方直接或者间接支付特许权使用费，并且未包含在实付、应付价格中，纳税义务人根据《审价办法》第十三条，可以确认需支付的特许权使用费与进口货物无关的，填报"否"。

买方不存在向卖方或者有关方直接或者间接支付特许权使用费的，或者特许权使用费已经包含在进口货物实付、应付价格中的，填报"否"。

出口货物免予填报，加工贸易及保税监管货物（内销保税货物除外）免予填报。

47. 自报自缴

进出口企业、单位采用"自主申报、自行缴税"（自报自缴）模式向海关申报时，填报"是"；反之，则填报"否"。

48. 申报单位

自理报关的，填报进出口企业的名称及编码；委托代理报关的，填报报关企业名称及编码。编码填报 18 位法人和其他组织统一社会信用代码。

报关人员填报在海关备案的姓名、编码、电话，并加盖申报单位印章。

49. 海关批注及签章

供海关作业时签注。

第三节 案例讨论

北京煤炭进出口总公司对韩国签约出口"水洗炼焦煤"15 万吨，由唐山煤炭分公司执行合同，并组织货源、安排出口。在这一情况下，报关单"境内发货"栏填报"北京煤炭进出口总公司 11091×××××"（北京煤炭进出口总公司的编号）。该填报是否正确？

分析：该填报不正确。签约单位和执行合同单位不一致的，应填报执行合同的单位。故"境内发货"应填报"唐山煤炭分公司"及其企业代码。

进出口货物报关单是报关单位向海关办理货物进出境手续的主要单证。完整、准确、有效地填制进出口货物报关单是报关员执业所必备的基本技能。报关单填制不仅知识性、技术性很强，而且填制人员要十分细心，技术的不熟练或者工作中的粗心都会给工作带来麻烦。如果不正确，可能会导致不能正常报关、不能正常出运、不能正常退税等情况的发生。

课后练习题

一、单项选择题

1. 英国生产的产品，中国某公司从新加坡购买，从新加坡启运经中国香港地区转运至中国内地，填写报关单时启运国（地区）为（　　）。

    A．英国　　　　　　　B．新加坡　　　　　C．中国香港　　　　　D．不用填

2. 某批货物 100 美元的运费单价应该填报（　　）。

    A．502/100/1　　　B．100 美元　　　　C．100　　　　　　D．502/100/2

3. 大连盛凯公司（0903535020）委托辽宁省机械设备进出口公司（0801914031）与日本三菱重工签约进口工程机械，并委托大连外运公司代理报关，在填报进口报关单时，"境内发货"应该填写（　　）。

    A．大连盛凯公司 0903535020　　　　　　B．辽宁省机械设备进出口公司 0801914031

    C．大连盛凯公司　　　　　　　　　　　　D．大连外运公司

4. 某进出口公司从国外进口一批钢板 70 吨，在运输途中加以捆扎放于船的甲板上。进口报关单的"件数"和"包装种类"两个项目的正确填报应是（　　）。

    A．件数为 70，包装种类为"吨"　　B．件数为 1，包装种类为"散装"

    C．件数为 1，包装种类为"裸装"　　D．件数为 1，包装种类为"其他"

5. 海关接受申报后，未经海关同意，报关单证及其内容（　　）。

    A．不得修改或撤销　　　　　　　　B．只能修改，不得撤销

    C．不能修改，只能撤销　　　　　　D．可以修改和撤销

二、简答题

1. 简述货物报关程序。
2. 简述海关对报关单填制的一般要求。

三、实务题

根据案例及所给的单证，正确填制出口货物报关单。

我国苏州市对外贸易公司向日本 DAE　YEA　CO.LTD（OSAKA　JAPAN）出口尼龙布，商品编码：54074100，双方在 2021 年 10—12 月的两个月时间通过多次的沟通、谈判，于 2021 年 12 月 5 日在日本订立合同，合同号为 BN092343，贸易条件为 CIF OSAKA。双方确定要在

2022 年 2 月 2 日前装货完成。发货人于 2022 年 1 月 15 日委托上海其田报关行进行报关委托，而该报关行凭有关单证与 2022 年 1 月 17 日正式向上海黄浦海关进行报关。

配 套 单 证

（1）合同主要条款

COMMODITY ＆ SPECIFICATION:	NYLON FABRICS 尼龙布 MANUFACTURER: SU ZHOU TEXTILE GROUP
QUANTITY:	100,000m
PACKING:	6200 ROLLS
UNIT PRICE:	USD 0.5 PER M
AMOUNT:	USD 50,000
SHIPMENT:	Shipment on Feb. 2ND, 2022 100000M from Shanghai to Osaka
INSURANCE:	To be covered by the seller for 110% of total invoice value against All Risks
PAYMENT:	T/T

（2）发票

Shipper: SUZHOU FOREIGN TRADE CORP SUZHOU CITY, JIANG SU.CHINA	B/L.SZH-99674 PIC
Consignee:DAE YEA CO.LTD OSAKA JAPAN	PACIFIC INTERNATIONAL LINES.LTD COMBINED TRANSPORT OR DIRECT
Notify Party:	BILL OF LADING

Vessel and voyage number: BOTA YJ V098	Port of loading SHANG HAI, CHINA		Port of Discharge: OSAKA, JAPAN
Place of Delivery: OSAKA, JAPAN	Number of Original B/L: 　　THREE(3)		

Container Nos Mark ＆ Number	No. of packing	Description of Goods	Gross Weight	Net Weight
DAEY OSAKA, JAPAN CONTAINER NO. INBS4049323(20') ISBT7197523(40')	6200 ROLLS TOTAL: SIX THOUSAND TWO HUNDRED ROLLS ONLY	NYLON FABRICS 尼龙布 MANUFACTURER: SU ZHOU TEXTILE GROUP	50463KGS	50200KGS

（3）装箱单

苏州市对外贸易公司

SUZHOU FOREIGN　TRADE　CORP

INVOICE NO.SY0812170

From: SHANGHAI　CHINA　　　　　　　TO: OSAKA,JAPAN		
T/T　　　　　　　Sales　confirmation		
NO: FAMJO55　Marks & Nos　Quantities　and　Descriptions　　Unit　price　Amount		
OSAKA N01-6200 MADE　IN　CHINA	NYLON　FABRICS 尼龙布　CIF　OSAKA Total: 100,000m　0.50/m　　USD　50,000 SAY　TOTAL　FIFTY　THOUSAND　US　DOLLARS　ONLY	
	预录入编号： 经营单位海关编号：3120910208，发货人同经营单位 运输费 4800USD	

请填制出口货物报关单

中华人民共和国海关出口货物报关单

预录入编号：		海关编号：		页码/页数：
境内发货人	出境关别	出口日期	申报日期	备案号
境外收货人	运输方式	运输工具名称及航次号	提运单号	
生产销售单位	监管方式	征免性质	许可证号	
合同协议号	贸易国（地区）	运抵国（地区）	指运港	离境口岸
包装种类	件数	毛重（千克）	净重（千克）　成交方式　运费	保费　杂费
随附单证及编号 随附单证1：　　　　　　　随附单证2：				
标记唛码及备注				
项号　商品编号　商品名称及规格型号　　数量及单位　　单价/总价/币制　原产国（地区）　最终目的国（地区）　境内货源地　征免				
1				
2				
3				
4				
5				
6				
7				
特殊关系确认：　价格影响确认：　支付特许权使用费确认：　　　　　　　　自报自缴： 申报人员　申报人员证号　电话　　兹申明以上内容承担如实申报、依法纳税之法律责任　海关批注及签章 申报单位　　　　　　　　　　　　　　申报单位（签章）				

第十章 国际贸易单证模拟演练

综合实训一

根据下述资料制作要求的单据。

信用证

SEQUENCE OF TOTAL	*27:	1/1
FORM OF DOC. CREDIT	*40A:	IRREVOCABLE
DOC. CREDIT NUMBER	*20:	DC LDI300954
DATE OF ISSUE	31C:	220624
EXPIRY	*31D:	DATE 220824 PLACE IN COUNTRY OF BENEFICIARY
APPLICANT	*50:	VIRSONS LIMITED
		23 COSGROVE WAY
		LUTON, BEDFORDSHIRE
		LU1 1XL
BENEFICIARY	*59:	HANGZHOU WANSHILI IMP. AND EXP. CO. LTD.,
		309 JICHANG ROAD,
		HANGZHOU,
		CHINA
AMOUNT	*32B:	CURRENCY USD AMOUNT 74,150.00
POS. / NEG. TOL. (%)	39A:	05/05
AVAILABLE WITH/BY	*41D:	ANY BANK
		BY NEGOTIATION
DRAFT AT …	42C:	AT SIGHT
DRAWEE	*42D:	MIDLGB22BXXX
		*HSBC BANK PLC (FORMERLY MIDLAND
		*BANK PLC)
		*LONDON
		*(ALL U.K. OFFICES)
PARTIAL SHIPMENT	43P:	ALLOWED
TRANSSHIPMENT	43T:	NOT ALLOWED
LOADING IN CHARGE	44A:	SHANGHAI
FOR TRANSPORT TO…	44B:	FELIXSTOWE PORT
LATEST DATE OF SHIP.	44C:	220809

DESCRIPT. OF GOODS   45A:

    DEVORE CUSHION COVERS AND RUGS AS PER VIRSONS ORDER NO.

    RAP-599/2003.

    CIF FELIXSTOWE PORT

DOCUMENTS REQUIRED   46A:

    +ORIGINAL SIGNED INVOICE PLUS THREE COPIES.

    +FULL SET OF ORIGINAL CLEAN ON BOARD MARINE BILL OF LADING MADE OUT TO ORDER OF SHIPPER AND BLANK ENDORSED, MARKED FREIGHT PREPAID AND NOTIFY APPLICANT QUOTING FULL NAME AND ADDRESS.

    +ORIGINAL PACKING LIST PLUS THREE COPIES INDICATING DETAILED PACKING OF EACH CARTON.

    +MARINE INSURANCE POLICY FOR 110 PCT OF INVOICE VALUE, BLANK ENDORSED, COVERING ALL RISKS AND WAR RISK, CLAIMS PAYABLE AT DESTINATION.

    +ORIGINAL CERTIFICATE OF ORIGIN PLUS ONE COPY ISSUED BY CHAMBER OF COMMERCE.

    +COPY OF FAX SENT BY BENEFICIARY TO APPLICANT, EVIDENCING THAT COPIES OF INVOICE, BILL OF LADING AND PACKING LIST HAVE BEEN FAXED TO APPLICANT ON FAX NO. 01582. 434708 WITHIN 3 DAYS OF BILL OF LADING DATE.

ADDITIONAL COND.   47A:

    +VIRSONS ORDER NUMBER MUST BE QUOTED ON ALL DOCUMENTS.

    +UNLESS OTHERWISE EXPRESSLY STATE, ALL DOCUMENTS MUST BE IN ENGLISH.

    +EXCEPT SO FAR AS OTHERWISE EXPRESSLY STATE, THIS DOCUMENTARY CREDIT IS SUBJECT TO UNIFORM CUSTOMS AND PRACTICE FOR DOCUMENTARY CREDIT ICC PUBLICATION NO.600.

    +ALL BANK CHARGES IN CONNECTION WITH THIS DOCUMENTARY CREDIT EXCEPT ISSUING BANK'S OPENING COMMISSION AND TRANSMISSION COSTS ARE FOR THE BENEFICIARY.

PRESENTATION PERIOD   48: WITHIN 15 DAYS AFTER THE DATE OF SHIPMENT BUT WITHIN THE VALIDITY OF THE CREDIT.

CONFIRMATION   *49: WITHOUT

INSTRUCTION   78: ON RECEIPT OF DOCUMENTS CONFIRMING TO THE TERMS OF THIS DOCUMENTARY CREDIT, WE UNDERTAKE TO REIMBURSE YOU IN THE CURRENCY OF THE CREDIT IN ACCORDANCE WITH YOUR INSTRUCTIONS, WHICH SHOULD INCLUDE YOUR UID NUMBER AND THE ABA CODE OF THE RECEIVING BANK.

SEND. TO REC. INFO.   72: DOCUMENTS TO BE DESPATCHED BY COURIER SERVICE IN ONE LOT TO HSBC BANK PLC, TRADE SERVICES, LD1 TEAM. LEVEL 26, 8 CANADA SQUARE, LONDON E14 5HQ.

有关资料：

发票号码：22WSL05F092

发票日期：2022 年 8 月 5 日

提单号码：SD1750416270

提单日期：2022 年 8 月 8 日

集装箱号码：TGHU4693235

集装箱封号：2973385

1×40'FCL，CY/CY

船名：HAN JIANG HE

航次：V.331E

装运港：SHANGHAI

CUSHION COVER：坐垫套，H.S.CODE（税则号）：6304.9390

　　规格：45×45CMS

　　数量：20000 个，USD2.20/个，100pcs/箱，纸箱尺码：46×46×34cms

　　毛重：22KGS/箱，净重：20KGS/箱

唛头：

VIRSONS

RAP-599/2003

FELIXSTOWE

NO.1-200

RUG：挂毯，H.S.CODE（税则号）：5803.0010.30

　　规格：127×152CMS

　　数量：4500 个，USD6.70/个，30pcs/箱，纸箱尺码：153×15×128cms

　　毛重：18KGS/箱，净重：15KGS/箱

唛头：

VIRSONS

RAP-599/2003

FELIXSTOWE

NO.1-150

1. 商业发票

HANGZHOU WANSHILI IMP. AND EXP. CO. LTD.,

309 JICHANG ROAD, HANGZHOU, CHINA

COMMERCIAL   INVOICE

TO:	INVOICE NO.:
	INV. DATE:
	LC NO.:
	S/C NO.:

FROM:		TO:		
MARKS & NOS.	DESCRIPTIONS OF GOODS	QUANTITY	UNIT PRICE	AMOUNT
TOTAL:				
SAY TOTAL:				

FOR AND BEHALF OF:

2. 装箱单

HANGZHOU WANSHILI IMP. AND EXP. CO. LTD.,

309 JICHANG ROAD, HANGZHOU, CHINA

PACKING LIST						
TO:			INVOICE NO.:			
			INV. DATE:			
FROM:			TO:			
MARKS & NOS.	DESCRIPTIONS OF GOODS	QUANTITY	PACKAGE	G/W	N/W	MEAS
TOTAL:						
SAY TOTAL:						

FOR AND BEHALF OF:

3. 提单

SHIPPER	(20)B/L NO.
	 SINOTRANS 中 国 外 运 上 海 公 司 SINOTRANS SHANGHAI COMPANY OCEAN BILL OF LADING
CONSIGNEE	
NOTIFY ADDRESS	

PRE-CARRIAGE BY	PORT OF LOADING	
VESSEL	PORT OF TRANSSHIPMENT	
PORT OF DISCHARGE	FINAL DESTINATION	

CONTAINER. SEAL NO. OR MARKS AND NOS.	NUMBER AND KIND OF PACKAGE	DESCRIPTION OF GOODS	GROSS WEIGHT (KG)	MEAS (M^3)

FREIGHT AND CHARGES		REGARDING TRANSHIPMENT INFORMATION PLEASE CONTACT	
EX. RATE	PREPAID AT SHANGHAI, CHINA	FREIGHT PAYABLE AT	PLACE AND DATE OF ISSUE
	TOTAL PREPAID	NUMBER OF ORIGINAL BS/L	SIGNED FOR OR ON BEHALF OF THE MASTER

4. 保险单

PING AN INSURANCE COMPANY OF CHINA, LTD.
MARINE CARGO TRANSPORTATION INSURANCE POLICY

INVOICE NO.:　POLICY NO.

INSURED:

THIS POLICY OF INSURANCE WITNESSES THAT THE PEOPLE'S INSURANCE (PROPERTY) COMPANY OF CHINA, LTD. (HEREINAFTER CALLED "THE COMPANY"), AT THE REQUEST OF THE INSURED AND IN CONSIDERATION OF THE AGREED PREMIUM PAID BY THE INSURED, UNDERTAKES TO INSURE THE UNDERMENTIONED GOODS IN TRANSPORTATION SUBJECT TO CONDITIONS OF THE POLICY AS PER THE CLAUSES PRINTED OVERLEAF AND OTHER SPECIAL CLAUSES ATTACHED HEREON.

MARKS & NOS.	NUMBER AND KIND OF PACKAGE	DESCRIPTION OF GOODS	AMOUNT INSURED

TOTAL AMOUNT INSURED:

PREMIUM:

AS ARRANGED DATE OF COMMENCEMENT:

AS PER B/L PER CONVEYANCE:

FORM　VIA TO　CONDITIONS:

IN THE EVENT OF LOSS OR DAMAGE WHICH MAY RESULT IN ACCLAIM UNDER THIS POLICY, IMMEDIATE NOTICE MUST BE GIVEN TO THE COMPANY'S AGENT AS MENTIONED HEREUNDER. CLAIMS, IF ANY, ONE OF THE ORIGINAL POLICY WHICH HAS BEEN ISSUED IN TWO ORIGINAL (S) TOGETHER WITH THE RELEVANT DOCUMENTS SHALL BE SURRENDERED TO THE COMPANY. IF ONE OF THE ORIGINAL POLICY HAS BEEN ACCOMPLISHED, THE OTHERS TO BE VOID.

SURVEY BY: XXXX

CLAIM PAYABLE AT

PING AN INSURANCE COMPANY OF CHINA, LTD.

　SIGNED ISSUING DATE

5. 原产地证书

EXPORTER	CERTIFICATE NO.XT98765
CONSIGNEE	CERTIFICATE OF ORIGIN OF THE PEOPLE'S REPUBLIC OF CHINA
MEANS OF TRANSPORT AND ROUTE	FOR CERTIFYING AUTHORITY USE ONLY
COUNTRY/REGION OF DESTINATION	

MARKS AND NUMBERS	NUMBER AND KIND OF PACKAGES; DESCRIPTION OF GOODS	H.S CODE	QUANTITY	NUMBER AND DATE OF INVOICES

DECLARATION BY THE EXPORTER	CERTIFICATION
THE UNDERSIGNED HEREBY DECLARES THAT THE ABOVE DETAILS AND STATEMENTS ARE CORRECT; THAT ALL THE GOODS WERE PRODUCED IN CHINA AND THAT THEY COMPLY WITH THE RULES OF ORIGIN OF THE PEOPLE'S REPUBLIC OF CHINA.	IT IS HEREBY CERTIFIED THAT THE DECLARATION BY THE EXPORTER IS CORRECT.
.... PLACE AND DATE, SIGNATURE AND STAMP OF CERTIFYING AUTHORITY	.... PLACE AND DATE, SIGNATURE AND STAMP OF CERTIFYING AUTHORITY

6. 受益人证明

HANGZHOU WANSHILI IMP. AND EXP. CO. LTD.,

309 JICHANG ROAD, HANGZHOU, CHINA

BENEFICIARY'S　CERTIFICATE

MESSRS:　　**DATE**:
FAX NO.:　　**PLACE**.:

7. 汇票

凭
Drawn under _______
信用证　　第　号
L / C　No._______
日期　　年 月　日
Dated____________
按 息　　付款
Payable with interest@__________________% per annum
号码　汇票金额
No._________**Exchange** for _
见票　　　日后（本汇票之副本未付）付
At ___________ sight of this **FIRST** of Exchange (Second of Exchange being unpaid)
pay to the order of ______________ 或其指定人
付金额
the sum of __________

此致
To: ______

(Official seal and signature)

1

综合实训二

根据给出的售货合同、信用证及相关资料，填制要求的单据。

1. 售货合同

售 货 合 同

SALES CONTRACT

Contract No: 98SGQ468001

Date: NOV.15,2022

Signed at: GUANGZHOU

Seller: GUANGZHOU LONGHUA TRADING CO. LTD

Address: 152, ZHENGLONG ROAD, GUANGZHOU, CHINA

Tel:

Fax: 083556688

Buyer: ABC COMPANY LIMITD, FINLAND

Address: AKEDSANTERINK AUTO P.O.BOX, FINLAND

Tel:

Fax: 833-6754433

This Sales Contract is made by and between the Sellers and the Buyers, whereby the Sellers agree to sell and the Buyers agree to buy the under-mentioned goods according to the terms and conditions specified below:

（1）货号、品名及规格 Name of Commodity and specification	（2）数量 Quantity	（3）单价 Unit Price	（4）金额 Amount
TRIANGLE BRAND 3U-SHAPE ELECTRONIC ENERGY SAVING LAMPS		CIF HELSINKI	
TR-3TR -3U-A　110V 5W　E27/B22	5000PCS	USD 2.50/PC	USD 12500.00
TR-3TR -3U-A　110V 7W　E27/B22	5000PCS	USD 3.00/PC	USD 15000.00
TR-3TR -3U-A　110V 22W E27/B22	5000PCS	USD 3.80/PC	USD 19000.00
TR-3TR -3U-A　110V 26W E27/B22	5000PCS	USD 4.20/PC	USD 21000.00
Total: USD 67500.00 Say: US DOLLARS SIXTYSEVEN THOUSAND FIVE HUNDRED ONLY			

(5) Shipping Mark: ABC

　　　　　　　HELSINKI

　　　　　　　NO.1-400

(6) Time of Shipment: Within ___28___ days after receipt of L/C.

Transshipment: ALLOWED

Partial shipments: ALLOWED

(7) Port of Loading: GUANGZHOU

(8) Port of Destination: HELSINKI

(9) Packing: in cartons of 50 pieces each

(10) Terms of Payment: By 100% irrevocable Letter of Credit in favor of the Sellers to be available by sight draft to be opened and to reach China before DEC.1,2022 and to remain valid for negotiation in China until the 15TH days after the foresaid Time of Shipment.

L/C must mention this contract number. L/C advised by BANK OF CHINA, GUANGZHOU BRANCH.

(11) Insurance: To be effected by Sellers for 110% of full invoice value covering F. P. A . up to HELSINKI as per PICC Clauses.

(12) Quality/quantity discrepancy: In case of quality discrepancy, claim should be field by the Buyers within 3 months after the arrival of the goods at port of destination. It is understood that the Sellers shall not be liable for any discrepancy of the goods shipped due to causes for which the Insurance company, Shipping company, other transportation organization or post Office are liable.

(13) Special Provisions: If anything contained in the above printed Clause(s) is (are) inconsistent with the provisions stipulated below, the above printed clause(s) shall automatically be null and void to the extent of such inconsistency.

Arbitration: All disputes arising from the execution of or in connection with this contract shall be settled by friendly negotiation. In case of settlement can not be reached through negotiation, the case shall then be submitted for arbitration to the China Council for the Promotion of International Trade Beijing in accordance with the "Provisional rules of Procedure of the Foreign Economic and Trade Arbitration Commission of the China Council for the Promotion of International Trade". The arbitral award shall be accepted as final and binding upon both parties.

(14)The Sellers shall not be held responsible for failure or delay in delivery of the entire lot or a portion of the goods under this Sales Confirmation in consequence of force Majeure incidents.

(15) Shipping advice must be sent to buyer within 2 days after shipment advising number of packages, gross& net weight, vessel name, bill of lading No. and date, contract No. value.

The Seller(s)_____

(Signature)

The Buyer(s)_____

(Signature)

2. 信用证

Issue of a documentary credit

Sequence of Total	27:	1/1
Form of Doc. Credit	40A:	IRREVOCABLE
Doc. Credit Number	20:	LRT9802457
Date of Issue	31C:	NOV.25,2022
Expiry	31D:	JAN.10,2023
Applicant	50:	A.B.C. CORP.
		AKEKSANTERINK AUTO
		P.O. BOX 9, FINLAND
Beneficiary	59:	GUANGDONG LONGHUA TRADING CO. LTD.
		152, ZHENGLONG ROAD, GUANGZHOU, CHINA
Amount	32B:	CURRENCY USD AMOUNT 67500.00(SAY US DOLLARS SIXTYSEVEN THOUSAND FIVE HUNDRED ONLY)
Available with / by	41D:	ANY BANK BY NEGOTIATION
Drafts at…	42C:	SIGHT
Drawee	42A:	METITA BANK LTD., FINLAND
Partial Shipment	43P:	ALLOWED
Transshipment	43T:	ALLOWED
Loading in Charge	44A:	GUANGZHOU
For Transport to…	44B:	HELSINKI
Latest Date of Shipment	44C:	LATEST DEC. 28,2022
Description of Goods	45A:	

TRIANGLE BRAND 3U-SHAPE ELECTRONIC ENERGY SAVING LAMP

TR-3U-A 110V 5W	E27/B22	5000PCS	USD2.50/PC
TR-3U-A 110V 7W	E27/B22	5000PCS	USD3.00/PC
TR-3U-A 110V 22W	E27/B22	5000PCS	USD3.80/PC
TR-3U-A 110V 26W	E27/B22	5000PCS	USD4.20/PC

CIF HELSINKI AS PER S/C 98SGQ468001 DD 15,11,22

Documents Required　　　46A:

　　+COMMERCIAL INVOICE IN 5 COPIES

　　+PACKING LIST IN 5 COPIES

　　+FULL SET OF CLEAN SHIPPED ON BOARD MARINE OCEAN BILL OF LADING, MADE OUT TO ORDER, MARKED "FREIGHT PREPAID" AND NOTIFY APPLICANT

　　+MARINE INSURANCE POLICY/CERTIFICATE COVERING F.P.A. OF PICC. INCLUDING WAREHOUSE TO WAREHOUSE CLAUSE UP TO FINAL DESTINATION AT HELSINKI, FOR AT LEAST 110 PERCENT OF CIF VALUE

　　+SHIPPING ADVICE MUST BE SENT TO APPLICANT WITHIN 2 DAYS AFTER SHIPMENT, ADVISING NUMBER OF PACKAGES, GROSS AND NET WEIGHT, VESSEL NAME, BILL OF LADING NO. AND DATE, CONTRACT NO. AND VALUE.

Additional Conditions	47A:	

IF BILLS OF LADING ARE REQUIRED ABOVE, PLEASE FORWARD DOCUMENTS IN TWO MAILS. ORIGINALS SEND BY COURIER AND DUPLICATES BY REGISTERED AIRMAIL.

Charges　　　　　　　71B: BANK CHARGES EXCLUDING ISSUING BANK ARE FOR ACCOUNT OF BENEFICIARY

Presentation Period　　48: DOCUMENTS TO BE PRESENED WITHIN 15 DAYS FROM SHIPMENT DATE

Confirmation　　　　　49: WITHOUT

Instructions　　　　　78:

DISCREPANT DOCUMENTS, IF ACCEPTABLE, WILL BE SUBJECT TO A DISCREPANCY HANDLING FEE OF USD 50.00 OR EQUIVALENT WHICH WILL BE FOR ACCOUNT OF BENEFICIARY.

Send to rec. info.　　　72: THIS CREDIT IS ISSUED SUBJECT 2007 REVISION ICC PUBLICATION 600

3. 相关资料

合同签订日期：2022 年 11 月 15 日

合同签订地点：广州

合同号码：98SGQ468001

唛头：ABC/HELSINGKI/NO.1-400

发票号：LH03-29038

发票日期：2022 年 12 月 3 日

装箱单日期：DEC. 3, 2022

毛重：@9KGS

净重：@7.50KGS

箱外尺寸：@(50*50*28)CM

船名、航次：SUISUN V. 103

集装箱号：MAEU6150875

装运日期：2022 年 12 月 13 日

投保日期：2022 年 12 月 12 日

保险单号次：PICC-98-225

卖方：GUANGZHOU LONGHUA TRADING CO. LTD

地址：152, ZHENGLONG ROAD, GUANGZHOU, CHINA

电话：0835 GDLEA CN

传真：083556688

买方：ABC COMPANY LIMITD,FINLAND

地址：AKEDSANTERINK AUTO P.O.BOX,FINLAND

传真：833-675

广东龙华贸易有限公司

GUANGDONG LONGHUA TRADING COMPANY LIMITED
152, ZHENGLONG ROAD, GUANGZHOU, VHINA

商 业 发 票

COMMERCIAL INVOICE
ORIGINAL

MESSRS:		INVOICE DATE:
		INVOICE NO.:
		L/C NO.:
		CONTRACT NO.:

TRANSPORT DETAILS:
FROM   TO BY

MARKS & NOS.	DESCRIPTION	QUANTITY	UNIT PRICE	AMOUNT

PACKING:

TOTAL:

GUANGDONG LONGHUA TRADING COMPANY LIMITED

152, ZHENGLONG ROAD, GUANGZHOU, VHINA

(SIGNED)

广东龙华贸易有限公司
GUANGDONG LONGHUA TRADING COMPANY LIMITED
152, ZHENGLONG ROAD, GUANGZHOU, VHINA

装　箱　单

PACKING　LIST

ORIGINAL

EXPORTER:

TRANSPORT DETAILS:
FROM TO BY
INVOICE NO.

DATE:

CONTRACT NO.:

L/C NO.:

标记唛码 Shipping Mark	品名规格 Description of goods	件数 Quantity	毛重 Gr. weight (kg)	净重 Nt. weight (kg)	箱外尺寸 Measurement (m^3)
TOTAL					

广东龙华贸易有限公司
GUANGDONG LONGHUA TRADING COMPANY LIMITED

(SIGNED)

PICC 中国人民保险公司 上海市分公司

The People's Insurance Company of China, ShangHai Branch

总公司设于北京　　一九四九年创立

Head Office Beijing　Established in

1949

货物运输保险单

CARGO TRANSPORTATION INSURANCE POLICY

发票号（INVOICE NO.）：　　　　　　　　　　保单号次：

合同号（CONTRACT NO.）：　　　　　　　　PLOLICY NO.: FC-03324

信用证号（L/C NO.）：

被保险人：

Insured: ＿＿＿＿＿

中国人民保险公司（以下简称本公司）根据被保险人的要求，由被保险人向本公司缴付约定的保险费，按照本保险单承保险别和背面所列条款与下列特款承保下述货物运输保险，特立保险单。

THIS POLICY OF INSURANCE WITNESSES THAT THE PEOPLE'S INSURANCE COMPANY OF CHINA (HEREINAFTER CALLED "THE COMPANY") AT THE REQUEST OF THE INSURED AND IN CONSIDERATION OF THE AGREED PREMIUM PAID TO THE COMPANY BY THE INSURED, UNDERTAKES TO INSURED THE UNDER MENTIONED GOODS IN TRANSPORTATION SUBJECT TO THE CONDITIONS OF THIS CONDITIONS OF THIS POLICY AS PER THE CLAUSES PRINTED OVERLEAF AND OTHER SPECIAL CLAUSES ATTACHED HEREON.

标记 MARKS & NOS.	包装及数量 QUANTITY	保险货物项目 DESCRIPTION OF GOODS	保险金额 AMOUNT INSURED

总保险金额：

TOTAL AMOUNT INSURED: ＿＿＿＿＿

保费：　　　　　　　启运日期：　　　　　　　　装载运输工具：

PREMIUM: ＿＿＿＿　DATE OF COMMENCEMENT: ＿＿＿＿　PER CONVEYANCE: ＿＿＿＿

自　　经　　至

FROM＿＿VIA ＿＿TO＿＿

承保险别（CONDITIONS）：

所保货物，如发生保险单项下可能引起索赔的损失或损坏，应立即通知本公司下述代理人查勘。如有索赔，应向本公司提交保单正本（保险单共有三份正本）及有关文件。如一份正本已用于索赔，其余正本自动失效。

IN THE EVENT OF LOSS OR DAMAGE WHICH MAY RESULT IN A CLAIM UNDER THIS POLICY. IMMEDIATE NOTICE MUST BE GIVEN TO THE COMPANY'S AGENT AS MENTIONED HEREUNDER. CLAIMS, IF ANY, ONE OF THE ORIGINAL POLICY WHICH HAS BEEN ISSUED IN 3 ORIGINAL TOGETHER WITH THE RELEVENT DOCUMENTS SHALL BE SURRENDERED TO THE COMPANY. IF ONE OF THE ORIGINAL POLICY HAS BEEN ACCOMPLISHED, THE OTHERS TO BE VOID.

中国人民保险公司上海市分公司

The People's Insurance Company of China ShangHai Branch

赔款偿付地点

CLAIM PAYABLE AT＿＿＿＿＿＿＿

出单日期＿＿＿＿＿＿＿

ISSUING DATE＿＿＿＿＿　　　　　　　　Authorized Signature

Shipper (Principal or Seller)

TRIPLE EAGLE CONTAINER LINE

Consigned To (If "To order" so Indicate)

Notify Party

Pre-carriage by	Port of loading
Vessel Voyage	Port of transshipment
Port of discharge	Final destination

OCEAN BILL OF LADING

SHIPPED on board in apparent good order and condition (unless otherwise indicated) the goods or packages specified herein and to be discharged at the mentioned port of discharge or as near thereto as the vessel may safely get and be always afloat.

The weight, measure, marks and numbers, quality, contents and value, being particularly furnished by the Shipper, are not checked by the Carrier on loading.

The Shipper, Consignee and the Holder of this Bill of lading hereby expressly accept and agree to all printed, written or stamped provisions, exceptions and conditions of this Bill of Lading, including those on the back hereof.

IN WITNESS whereof the number of original Bills of Lading stated below have been signed, one of which being accomplished, the other(s) to be void.

ORIGINAL

Container/Seal No. Or Marks and Numbers	Number and kind of packages Description of goods	Gross Weight (kg)	Measurement (m³)

Freight and charges	REGARADING TRANSHIPMENT INFORM ATION PLEASE CONTACT

Ex. rate	Prepaid at	Freight payable at	Place and date of issue
	Total Prepaid	Number of original Bs/L	Signed for or on behalf of the Master **TRIPLE EAGLE CONTAINER LINE**
			By _____
			As Agent for the Carrier *Authorized Signature*

广东龙华贸易有限公司

GUANGDONG   LONGHUA   TRADING   COMPANY   LIMITED

152   ZHENGLING   ROAD, GUANGZHO, CHINA

FAX:833-675
REF. NO.:GDP982653
TO   MESSRS:

ADVICE   OF   SHIPMENT

1）NAME   OF   COMMODITY:

2）QUANTITY:

3）INVOICE   VALUE:

4）NAME   OF   CARRYING   STEAMER:

5）DATE   OF   SHIPMENT:

6）CREDIT   NO.:

7）SHIPPING   MARKS:

_____

（签名）

凭
Drawn under＿＿＿＿＿＿

信用证　　第　号
L／C　　No.＿＿＿＿＿＿

日期　　年　月　日
Dated＿＿＿＿＿＿

按　息　　付款
Payable with interest@＿＿＿＿＿＿＿＿＿＿＿% per annum

号码　　汇票金额
No.＿＿＿＿＿＿＿**Exchange** for ＿

见票　　　日后　（本汇票之副本未付）付
At ＿＿＿＿＿＿ sight of this **FIRST** of Exchange (Second of Exchange being unpaid)
pay to the order of ＿＿＿＿＿＿＿ 或其指定人

付金额
the sum of ＿＿＿＿＿＿＿

此致
To: ＿＿＿＿＿＿

综合实训三

　　根据下列国外来证及有关信息制单。AWC-23-522 号合同项下商品的有关信息如下：该批商品用纸箱包装，每箱装 10 盒，每箱净重为 75 千克，毛重为 80 千克，纸箱尺寸为 113cm×56cm×30cm，商品编码为 6802.2110，货物由"胜利"轮运送出海。

FROM: HONGKONG AND SHANGHAI BANKING CORP., London V

TO: BANK OF CHINA, XIAMEN BRANCH, XIAMEN CHINA

TEST: 12345 DD. 010705 BETWEEN YOUR HEAD OFFICE AND US. PLEASE CONTACT YOUR NO. FOR VERIFICATION.

WE HEREBY ISSUED AN IRREVOCABLE LETTER OF CREDIT

NO. HKH123123 FOR USD8,440.00, DATED 220705.

APPLICANT: ALEXANDER TRADING CO. LTD.

60,Queen Victoria Street, London

BENEFICIARY: XIAMEN TAIXIANG IMP. AND EXP. CO. LTD.

NO. 88 YILA ROAD 13/F XIANG YE BLOOK RONG HUA BUILDING, XIAMEN, CHINA

THIS L/C IS AVAILABLE WITH BENEFICIARY'S DRAFT AT 30 DAYS AFTER SIGHT DRAWN ON US ACCOMPANIED BY THE FOLLOWING DOCUMENTS:

SIGNED COMMERCIAL INVOICE IN TRIPLICATE.

PACKING LIST IN TRIPLICATE INDICATING ALL PACKAGE MUST BE PACKED IN CARTON/ NEW IRON DRUM SUITABLE FOR LONG DISTANCE OCEAN TRANSPORTATION.

CERTIFICATE OF CHINESE ORIGIN IN DUPLICATE.

FULL SET OF CLEAN ON BOARD OCEAN MARINE BILL OF LADING MADE OUT TO ORDER AND BLANK ENDORSED MARKED "FREIGHT PREPAID" AND NOTIFY APPLICANT.

INSURANCE POLICY OR CERTIFICATE IN DUPLICATE ENDORSED IN BLANK FOR THE VALUE OF 110 PERCENT OF THE INVOICE COVERING FPA/WA/ALL RISKS AND WAR RISK AS PER CIC DATED 1/1/81.

SHIPMENT FROM: XIAMEN, CHINA. SHIPMENT TO: London

LATEST SHIPMENT 31 AUGUST 2022

PARTIAL SHIPMENT IS ALLOWED, TRANSSHIPMENT IS NOT ALLOWED.

COVERING SHIPMENT OF:

COMMODITY AND SPECIFICATIONS   QUANTITY UNIT PRICE AMOUNT

CIF HONGKONG	1625/3D GLASS MARBLE	2000BOXES	USD2.39/BOX	USD4,780.00
	1641/3D GLASS MARBLE	1000BOXES	USD1.81/BOX	USD1,810.00
	2506D GLASS MARBLE	1000BOXES	USD1.85/BOX	USD1,850.00

SHIPPING MARK: P.7.

   London

NO. 1-400

ADDITIONAL CONDITIONS:

5 PERCENT MORE OR LESS BOTH IN QUANTITY AND AMOUNT IS ALLOWED.

ALL BANKING CHARGES OUTSIDE ISSUING BANK ARE FOR ACCOUNT OF BENEFICIARY.

DOCUMENTS TO BE PRESENTED WITHIN 15 DAYS AFTER THE DATE OF ISSUANCE OF THE SHIPPING DOCUMENT BUT WITHIN THE VALIDITY OF THE CREDIT.

INSTRUCTIONS:

NEGOTIATING BANK IS TO SEND DOCUMENTS TO US IN ONE LOT BY DHL.

UPON RECEIPT OF THE DOCUMENTS IN ORDER WE WILL COVER YOU AS PER YOUR INSTRUCTIONS.

L/C EXPIRATION: 15 SEP. 2022.

THIS L/C IS SUBJECT TO UNIFORM CUSTOMS AND PRACTICE FOR DOCUMENTARY CREDITS (2007 REVISION) INTERNATIONAL CHAMBER OF COMMERCE PUBLICATION NO. 600.

PLEASE ADVISE THIS L/C TO THE BENEFICIARY WITHOUT ADDING YOUR CONFIRMATION.

THIS TELEX IS THE OPERATIVE INSTRUMENT AND NO MAIL CONFIRMATION WILL BE FOLLOWED.

1. 商业发票

XIAMEN TAIXIANG IMP. AND EXP. CO. LTD.

NO. 88 YILA ROAD 13/F XIANG YE BLOOK RONG HUA BUILDING, XIAMEN, CHINA

COMMERCIAL INVOICE

To: Date:

Invoice No.:

Contract No.:

From:	to:	Letter of credit No:		
Issued by:				
Marks & Numbers	Descriptions	Quantities	Unit Price	Amount
				Total

Say total

2. 装箱单

XIAMEN TAIXIANG IMP. AND EXP. CO. LTD.

NO. 88 YILA ROAD 13/F XIANG YE BLOOK RONG HUA BUILDING, XIAMEN, CHINA

PACKING LIST

TO: _____   INVOICE NO. _____

DATE: _____

S/C NO. _____

L/C NO. _____

FROM _____ TO _____ BY _____

MARKS & NUMBERS	DESCRIPTION OF GOODS	QUANTITY	PACKAGE	G.W.	N.W.	MEAS.
TOTAL:						

3. 原产地证书

1.Exporter	Certificate No.
2.Consignee	**CERTIFICATE OF ORIGIN** **OF** **THE PEOPLE'S REPUBLIC OF CHINA**
3.Means of transport and route	5.For certifying authority use only
4.Country/region of destination	

6.Marks and numbers	7.Number and kind of packages; Description of goods	8.H.S. code	9.Quantity	10.Number and date of invoices

11.Declaration by the exporter	12.Certification
The undersigned hereby declares that the above details and statements are correct; that all the goods were produced in china and that they comply with the rules of origin of the People's Republic of China.	It is hereby certified that the declaration by the exporter is correct.
…………………………………………………… Place and date, signature and stamp of certifying authority	…………………………………………………… Place and date, signature and stamp of certifying authority

4. 提单

Shipper Insert Name, Address and Phone	B/L No.		
Consignee Insert Name, Address and Phone		中远集装箱运输有限公司 COSCO CONTAINER LINES TLX: 33057 COSCO CN FAX: +86(021) 6545 8984 **ORIGINAL**	
Notify Party Insert Name, Address and Phone			

Ocean Vessel Voy. No.	Port of Loading	Port-to- Port
Port of Discharge	Port of Destination	**BILL OF LADING** Shipped on board and condition except as other…

Marks & Nos. Container / Seal No.	No. of Containers or Packages	Description of Goods	Gross Weight kg	Measurement
		Description of Contents for Shipper's Use Only (Not part of This B/L Contract)		

Total Number of containers and/or packages (in words)

Ex. Rate:	Prepaid at	Payable at	Place and date of issue
	Total Prepaid	No. of Original B(s)/L	Signed for the Carrier COSCO CONTAINER LINES

LADEN ON BOARD THE VESSEL
DATE: 　　　　　　　BY: COSCO CONTAINER LINES
+
+

5. 保险单

中国平安保险股份有限公司
PING AN INSURANCE COMPANY OF CHINA, LTD.

NO. 1000005959　　货 物 运 输 保 险 单

CARGO TRANPORTATION INSURANCE POLICY

被保险人：

Insured:

中国平安保险股份有限公司根据被保险人的要求及其所交付约定的保险费，按照本保险单背面所载条款与下列特款，承保下述货物运输保险，特立本保险单。

This Policy of Insurance witnesses that PING AN INSURANCE COMPANY OF CHINA, LTD., at the request of the Insured and in consideration of the agreed premium paid by the Insured, undertakes to insure the undermentioned goods in transportation subject to the conditions of Policy as per the clauses printed overleaf and other special clauses attached hereon.

保单号　　　赔款偿付地点	
Policy No.　　Claim Payable at	
发票或提单号	
Invoice No. or B/L No.	
装载运输工具　　　勘查代理人	
per conveyance S.S.　　Survey By	
开航日期	
Slg. on or abt.	
自	至
From	To
保险金额	
Amount Insured	

保险货物项目、标记、数量及包装：　　　　　　　承保险别：

Description, Marks, Quantity & Packing of Goods:　　Conditions:

签单日期

Date:

For and on behalf of

PING AN INSURANCE COMPANY OF CHINA，LTD.

authorized signature

6. 汇票

凭
Drawn under ………………………………………..………………..

信用证　　第　号
L/C No…………………….…………

日期
Dated …………………………………

按息　　付款
Payable with interest @...…………....% per annum

号码　　　　　　汇票金额　　　中国，厦门　　年　月　日
No. ………….……Exchange for　　Xiamen, China……………...…

见票　　　日后（本汇票之副本未付）付
At……..………………sight of this FIRST of Exchange (Second of Exchange being unpaid)

pay to the Order of **BANK OF CHINA, XIAMEN BRANCH** 或其指定人

付金额
the sum of

To…………………………………..

　　…………………………………..

附录一　国际贸易单据样本

单据一：商业发票（一）

Issuer			商业发票
			COMMERCIAL INVOICE
To			No. / Date
Transport details			S/C No. / L/C No.
			Terms of payment
Marks and numbers	Number and kind of packages; Description of goods	Quantity	Unit price / Amount

单据二：商业发票（二）

SHENZHEN SHENGDA INT'L FREIGHT CO.,LTD.

Address:Rm411-414,4/F, SouthHotel&MarineBuilding, No.4025JiaBin Road, LuoHu,

ShenZhen, P.R.China.

E-mail:cousinxiong@hotmail.com　　　　　　　　http://www.sz-shd.com

TEL: 755-2559××××　　　　　　1371700××××　　　　FAX:0086-755-2559××××

COMMERCIAL INVOICE

INTERNATIONAL AIR WAYBILL NO.:		SHIPPER'S EXPORT REFERENCES:
DATE OF EXPORTATION:		
SHIPPER/EXPORTER:		CONSIGNEE:
COUNTRY OF EXPORT:		IMPORTER - IF OTHER THAN CONSIGNEE:
REASON FOR EXPORT:		

COUNTRY OF ULTIMATE DESTINATION:

COUNTRY OF ORIGIN	MARKS/NOS.	NO. OF PKGS	TYPE OF PACKAGING	FULL DESCRIPTION OF GOODS	HS CODE	QTY	WEIGHT	UNIT VALUE	TOTAL VALUE
	TOTAL PKGS						TOTAL WEIGHT		TOTAL INVOICE VALUE

I DECLARE ALL THE INFORMATION CONTAINED IN THE INVOICE TO BE
TRUE AND CORRECT.

L/C NO.:

SIGNATURE OF SHIPPER / EXPORTER:

NAME:　　　　　　　　　TITLE:　　　　　　　　　DATE:

单据三：商业发票（三）

天津化工进出口公司

TIANJIN CHEMICALS IMPORT AND EXPORT CORPRATION

16 BINHE LU, TIANJIN

商业发票

COMMERCIAL INVOICE

To

日期 Date

发票号 Invoice No.

合约号 Contract No.

信用证号 L/C No. _____

装由 Shipped per _____

开船日期 Sailing about _____

出 From _____

至 To _____

唛头 SHIPPING MARK	货 名 数 量 QUANTITIES AND DESCRIPTIONS	单价 UNIT PRICE	金额 AMOUNET

单据四：加拿大海关发票

Revenue Canada Customs and Excise	Revenue Canada Douanes et Accise	CANADA CUSTOMS INVOICE FACTURE DES DOUANES CANADIENNES	Page　　　of 　　　　de

1. Vendor (Name and Address) *Vendeur (Nom et adresse)*	2.Date of Direct Shipment to Canada/*Date d' expedition directe vers ie Canade* 3.Other References (include Purchaserys Order No.) *Autres reterences(inclure ie n de commande de I acheteur)*

4. Consignee (Name and Address) *Destinataire (Nom et adresse)*	5. Purchaser's Name and Address(if other than Consignee) *Nom et adresse de I acheteur(S'll differe du destinataire)*

	6. Country of Transhipment *Pays de transbordement*

	7. Country of Origin of Goods *pays d' origine des marchandises*	IF SHIPMENT INCLUDES GOODS OF DIFFERENT ORIGINS ENTER ORIGINS AGAINST ITEMA IN12 *SIL' EXPEDON COMPREND DES MARCHANDISES D'* *ORIGINES DIFFERENTES PRECISER LEUR PROVENANCE EN12*

8. Transportation Give Mode and Place of Direct Shipment to Canada *Transport Preciser mode et point d' expedition directe vercte vers ie canada*	9. Condirtions of Sale and Terms of Payment (i.e Saie. Consignment Shipment, Leased Goods, etd.) *Conditions de vente et modaitites de paiement* *(P.ex vente, expedition en consignation, location, de marchandises, etc)*

	10.Currency of Settlement/*Devises du paiement*

11.No of Pkgs *Nore de colis*	12.Specification of Commodities (Kind of Packages,Marks,and Numbers,General Description and Characteristics, ie Grade, Quality) *Designation des articles (Nature des colis, marques et numeros, description gererale et caracteristiques,, P ex classe, qualite)*	13. Quantity (State Unit) *Quantite (Preciser I unite)*	Selling Price/*Prix de vente*	
			14.Unit Price **Prix** unitaire	15. Total

18. if any Of fields 1 to 17 are included on an attached commercial invoice, check this box ☐ *si tout renseignement relatlvement aux zones 1 e 17 ligure sur une ou des tactures commerciaies ci-attaches cocher cette case* commercial invoice No. 1 N de la factre commerciaie	16. Total Weight/*Poids Total*		17. Invoice Total **Total de la facture**
	Net	Gross/*Brut*	

19.Exporter's Name and Address(if other than Vendor) *Nom et adresse de I exportateur(s'll differe du vendeur)*	20.Originator (Name and Address)/*Expediteur d' origine(Nom et adresse)*

21.Departmental Rulikg(if applicable)/*Decision du Ministere(S' lly a lieu)*	22.If fields 23 to 25 are not applicable, check this box ☐ Si ies zones 23 e 25 sont sans objet, cocher cette case

23.if included in field 17 indicate amount 　Si compris dans ie total a ia zone 17, preciser (I)Transportation charges, expenee and insurance from the place of direct shipment to Canada *Les frais de transport, depenses et assurances a partir du point of expedition directe vers is Canada.* (II)Costs for const: action, erection and assembly incurred atter importation into Canada *Les couts de construction, d' erection et d' assemblage,, pres imporaation au.Canada* (III)Export packing *Le cout de I emballage d' exportation*	24.If not included in field 17 indicate amount *Si non compris dans le total a ie zone 17, Dreciser* (I)Transportation charges, expense and insurance to the place of direct shipment to Canada *Les frais de transport, depenses et assurances Iusqu' au point d' of expedition directd vers ie Canada* (II)Amounts for commissions other than buying commissions *Les commissions autres que celles versees Pour I achat* (III)Export packing *Le cout de I emballage d' exportation*	25.Check (if applicable) *Cochet (s'lly a liso)* (I)Royalty payments or subsequent proceede are paid or payable by the purchaser *Des redevances ou produits ont ete ou seront Verses par I acheteur* ☐ (II)The purchaser has supplied goods or services for use in the production of these goods *L'acheteur a fouml des merchandises ou des Services pour ia production des merchandises* ☐

单据五：美国海关发票

DEPARTMENT OF THE TREASURY

UNITED STATES CUSTOMS SERVICE　　SPECIAL CUSTOMS INVOICE　　Form Approved

19U.S.C.1481.1482.1484.　　(Use separate invoice for purchased and non-purchased goods.)　O.M.B.No. 48-RO342

1. SELLER	2. DOCUMENT NR. *	3. INCOICE NR. AND DATE *
	4. REFERENCES *	
5.CONSIGNEE	6. BUYER (if other than consignee)	
	7. ORIGIN OF GOODS	
8. NOTIFY PARTY *	9. TERMS OF SALE, PAYMENT, AND DISCOUNT	

10. ADDITIONAL TRANSPORTATION INFORMATION *	11. CURRENCY USED	12. EXCH RATE (If fixed or agreed)	13. DATE ORDER ACCEPTED

14. MARKS AND NUMBERS ON SHIPPING PACKAGES	15. NUMBER OF PACKAGES	16. FULL DESCRITION OF GOODS	17. QUANTITY	UNIT PRICE		20. INVOICE TOTALS
				18. HOME MARKET	19. INVOICE	

If the production of these goods involved furnishing goods or services to the seller 21.☐ (e.g., assisted such as dies, molds, tools, engineering work) and the value is not included in the invoice price, check box (21)and explain below.	22. PACKING COSTS
27. DECLARATION OF SELLER/SHIPPER (OR AGENT) I declare: If there are any rebates, Drawbacks or bounties allowed (A)☐ upon the exportation of goods, I have checked box (A) and itemized separately below. / If the goods were not sold or agreed to be sold, I have checked (B)☐ box (B) and have indicated in column 19 the price I would be willing to receive. (C) SIGNATURE OF SELLER/ SHIPPER (OR AGENT): I further declare that there is no other invoice differing from this one (unless otherwise described below) and that all statements contained in this invoice and declaration are true and correct.	23. OCEAN OR INTERNATIONAL FREIGHT
	24. DOMESTIC FREIGHT CHARGES
	25. INSURANCE COSTS
	26. OTHER COSTS (Specify Below)

28. THIS SPACE FOR CONTINUING ANSWERS

THIS FORM OF INVOICE REQUIRED GENERALLY IF RATE OF DUTY BASED UPON OR REGULATED BY VALUE OF GOODS AND PURCHASE PRICE OR VALUE OF SHIPMENT EXCEEDS $500. OTHERWISE USE COMMERCIAL INVOICE.

单据六：装箱单（一）

PACKING LIST

TO:		INVOICE NO.:	
		INVOICE DATE:	
		S/C NO.:	
		S/C DATE:	
FROM:		TO:	
Letter of Credit No.:		Date of Shipment:	

Marks and numbers	Number and kind of package; Description of goods	Quantity	PACKAGE	G.W	N.W	Meas.
	Total:					
SAY TOTAL:						

单据七：装箱单（二）

南京服装进出口公司

NANJING GARMENTS IMPORT AND EXPORT CORPRATION

24 JIANGYAN LU, NANJING

装箱单

PACKING LIST

Invoice No. _____　　　　　　　　**Date:** _____

标志及箱号	品名及规格	数量	件数	毛重	净重	尺码
TOTAL						

SAY TOTAL:

单据八：汇票

BILL OF EXCHANGE

凭 Drawn Under			不可撤销信用证 Irrevocable L/C No.					
日期 Date		支取 Payable With interest @ % 按 息 付款						
号码 No.	汇票金额 Exchange for							
	见票 at	日后(本汇票之副本未付)付交 sight of this FIRST of Exchange (Second of Exchange						
Being unpaid) Pay to the order of								
金额 the sum of								
此致 To								
							(Authorized Signature)	

单据九：本票

Promissory Note   New York, April 1, 2001

For   USD99,999.00

On the 20th June 2001 fixed by the promissory note we promise to pay BA the sum of   ninety-nine thousand and nine hundred ninety-nine U.S. Dollars only.

For and on behalf of

CD

(signed)

单据十：支票

Check for USD10,000.   Shanghai, May 4,2001

Pay to the order of John Smith the sum of ten thousand U.S. Dollars   only

To: Bank of China,   For China National Arts& Crafts

   Shanghai, China   Import & Export Corp.

                    (Signed)

单据十一：国际货物托运书

上海速达物流有限公司

SHANGHAI SUDA LOGISTICS CO., LTD.

国际货物托运书

SHIPPER'S LETTER OF INSTRUCTION

TO:　　　　　　　　　　　　　　　　　　　　进仓编号：

托运人	
发货人 SHIPPER	
收货人 CONSIGNEE	
通知人 NOTIFY PARTY	

起运港		目的港		运费	
标记唛头 MARKS	件数 NUMBER	中英文品名 DESCRIPTION OF GOODS		毛重（千克）G. W. (KG)	尺码（立方米）SIZE (M³)

1.货单到达时间：		2.航班：	运价：

★如改配航空公司请提前通知我司

电 话：
传 真：
联系人：
地 址：

（公章）

托运人签字：　　　　　　　　　制单日期：　　年　　月　　日

单据十二：海运出口货物托运单

海运出口货物托运单

托运人 Shipper_____				
编号 No._____	船名 S/S_____			
目的港 For_____				

标志及号码 Marks & Nos.	数量 Quantity	货名 Description of Goods	重量（千克）Weight(kg)	
			净 Net	毛 Gross
			运费付款方式	

共计件数（大写） Total Number of Packages (In Writing)				

运费计算		尺码 Measurement		
备注				
抬头		可否转船	可否分批	
通知人		装运期	有效期	提单张数
		金额		
		银行编号	信用证号	

制单日期_____年_____月_____日

单据十三：航空运单

Shipper's name and address	NOT NEGOTIABLE **Air Waybill** Issued by
Consignee's name and address	It is agreed that the goods described herein are accepted in apparent good order and condition (except as noted) for carriage Subject to the conditions of contract on the reverse hereof, all goods may be carried by any other means, including road or any other carrier unless specific contrary instructions are given hereon by the shipper. The shipper's attention is drawn to the notice concerning carrier's limitation of liability. Shipper may increase such limitation of liability by declaring a higher value of carriage and paying a supplemental charge if required.
Issuing Carrier's Agent Name and City	

Agents IATA Code	Account No.	

Airport of Departure (Add. of First Carrier) and Requested Routing						Accounting Information		

to	By first carrier	to	by	to	by	Currency	Declared Value for Carriage	Declared Value for Customs

Airport of Destination	Flight/Date	Amount of Insurance	INSURANCE-If carrier offers insurance and such insurance is requested in accordance with the conditions thereof indicate amount to be insured in figures in box marked "Amount of Insurance"

Handling Information

No. of Pieces	Gross Weight	Rate Class	Chargeable Weight	Rate/Charge	Total	Nature and Quantity of Goods

Prepaid Weight charge Collect		Other Charges		
Valuation Charge				
Tax				
Total Other Charges Due Agent		Shipper certifies that the particulars on the face hereof are correct and that insofar as any part of the consignment contains dangerous goods, such part is properly described by name and is in proper condition for carriage by air according to the applicable Dangerous Goods Regulations. _____ Signature of Shipper or his agent		
Total Other Charges Due Carrier				
Total Prepaid	Total Collect	Executed on____ at_____ Signature of issuing Carrier or as Agent		
Currency Conversion Rates	CC Charges in des. Currency			
For Carrier's Use Only at Destination	Charges at Destination	Total Collect Charges		AIR WAYBILL NUMBER

单据十四：装运通知

SHIPPING ADVICE

Messrs:

Dear Sirs:

Re: Invoice No. _____   L/C No. _____

We hereby inform you that the goods under the above mentioned credit have shipped. The details of the shipment are as follows:

Commodity:

Quantity:

Amount:

Bill of Lading No.:

Ocean Vessel:

Port of Loading:

Port of Destination:

Date of Shipment:

We hereby certify that the above content is true and correct.

Company name:

Address: Signature:

单据十五：保险单

中国人民保险公司

总公司设于北京 一九四九年成立

HEAD OFFICE BEIJING **ESTABLISHED IN 1949**

发票号码		**保 险 单**	保险单号
Invoice No.		**INSURANCE POLICY**	**Policy No.:**

中国人民保险公司（以下简称本公司）

This policy of Insurance witnesses (that The People's Insurance company of China called "The Company")

根据 （以下简称被保险人）

At the request of _____ (Here in first called the "insured")

的要求，由被保险人向本公司缴付约定的保险费，按照本保险单承保险别和背面所载条款与下列特款承保下述货物运输保险，特立本保险单。

and in consideration of the agreed premium paying to the company by the insured, undertakes to insure the undermentioned goods in transportation subject to the conditions of the policy as per the Clauses printed overleaf and other special clauses attached hereon.

标 记 Marks & NOS.	包装及数量 Quantity	保险货物项目 Description of goods	保险金额 Amount insured

总保险金额

(Total Amount Insured)

保费 费率 装载运输工具

Premium _____ Rate _____ Per conveyance S.S_____

开航日期 从 至

Sig. On of abt _____ From _____ to _____.

承保险别

Conditions.

所保货物，如遇出险，本公司凭本保险单及其他有关证件给付赔款。所保货物，

Claims, if any, payable on surrender of this Policy together with other relevant documents. In the event of

如发生本保险单项下负责赔偿的损失或事故，

accident where by loss or damage may result in a claim under this Policy immediate notice applying for

应立即通知本公司下述代理人查勘。

Survey must be given to the company's Agent as mentioned hereunder.

赔款偿付地点

Claim payable at _____.

日期

DATE _____

地址：

Address:_____

单据十六：进口许可证

中 华 人 民 共 和 国 进 口 许 可 证

IMPORT LICENCE OF THE PEOPLE'S REPUBLIC OF CHINA　No.

1. 进口商： Importer	3. 进口许可证号： Import licence No.
2. 收货人： Consignee	4. 进口许可证有效截止日期： Import licence expiry date
5. 贸易方式： Terms of trade	8. 出口国（地区）： Country/Region of exportation
6. 外汇来源： Terms of foreign exchange	9. 原产地国（地区）： Country/Region of origin
7. 报关口岸： Place of clearance	10. 商品用途： Use of goods

11.商品名称：　　　　　　　　　商品编码：
Description of goods　　　　　　Code of goods

12. 规格、型号 Specification	13. 单位 Unit	14. 数量 Quantify	15. 单价（ ） Unit price	16. 总值（ ） Amount	17. 总值折美元 Amount in USD
18. 总计 　Total					

19. 备注 Supplementary details	20. 发证机关签章 　Issuing authority's stamp & signature 21. 发证日期 　Licence date

单据十七：出口货物报关单

中华人民共和国海关出口货物报关单

预录入编号：   海关编号：   页码/页数：

境内发货人	出境关别		出口日期		申报日期	备案号	
境外收货人	运输方式		运输工具名称及航次号		提运单号		
生产销售单位	监管方式		征免性质		许可证号		
合同协议号	贸易国（地区）		运抵国（地区）		指运港	离境口岸	
包装种类	件数	毛重（千克）	净重（千克）	成交方式	运费	保费	杂费

随附单证及编号
随附单证1：   随附单证2：
标记唛码及备注

项号	商品编号	商品名称及规格型号	数量及单位	单价/总价/币制	原产国（地区）	最终目的国（地区）	境内货源地	征免
1								
2								
3								
4								
5								
6								
7								

特殊关系确认：   价格影响确认：   支付特许权使用费确认：   自报自缴：

申报人员	申报人员证号	电话	兹申明以上内容承担如实申报、依法纳税之法律责任	海关批注及签章
申报单位			申报单位（签章）	

附录二 世界各国（地区）货币代码

亚 洲

国别 （地区）	货币名称		货币符号		辅币进位制
	中文	英文	原有旧符号	标准 符号	
中国香港	港元	HongKong Dollars	HK$	HKD	1HKD=100 cents（分）
中国澳门	澳门元	Macao Pataca	PAT.；P.	MOP	1MOP=100 avos（分）
中国台湾	中国台湾元	TAIWAN, CHINA DOLLAR			
中国	人民币元	Renminbi Yuan	RMB¥	CNY	1CNY=10 jao（角） 1 jao=10 fen（分）
朝鲜	圆	Korean Won		KPW	1KPW=100 分
越南	越南盾	Vietnamese Dong	D.	VND	1VND=10 角=100 分
日本	日圆	Japanese Yen	¥；J.¥	JPY	1JPY=100 sen（钱）
老挝	基普	Laotian Kip	K.	LAK	1LAK 1LAK=100 ats（阿特）
柬埔寨	瑞尔	Cambodian Riel	CR.；J Ri.	KHR	1KHR=100 sen（仙）
菲律宾	菲律宾比索	Philippine Peso	Ph.Pes.；Phil.P.	PHP	1PHP=100 centavos（分）
马来西亚	马元	Malaysian Dollar	M.$；Mal.$	MYR	1MYR=100 cents（分）
新加坡	新加坡元	Singapore Dollar	S.$	SGD	1SGD=100 cents（分）
泰国	泰铢	Thai Baht (Thai Tical)	BT.；Tc.	THP	1THP=100 satang（萨当）
缅甸	缅元	Burmese Kyat	K.	BUK	1BUK=100 pyas（分）
斯里兰卡	斯里兰卡 卢比	Sri Lanka Rupee	S.Re. 复数：S.Rs.	LKR	1LKR=100 cents（分）
马尔代夫	马尔代夫 卢比	Maldives Rupee	M.R.R； MAL.Rs.	MVR	1MVR=100 larees（拉雷）
印度尼西亚	盾	Indonesian Rupiah	Rps.	IDR	1IDR=100 cents（分）
巴基斯坦	巴基斯坦 卢比	Pakistan Pupee	Pak.Re.；P.Re. 复数：P.Rs.	PRK	1PRK=100 paisa（派萨）
印度	卢比	Indian Rupee	Re.复数：Rs.	INR	1INR=100paise（派士） （单数：paisa）
尼泊尔	尼泊尔卢比	Nepalese Rupee	N.Re. 复数：N.Rs.	NPR	1NPR=100 paise（派司）
阿富汗	阿富汗尼	Afghani	Af.	AFA	1AFA=100 puls（普尔）

续表

国别（地区）	货币名称		货币符号		辅币进位制
	中文	英文	原有旧符号	标准符号	
伊朗	伊朗里亚尔	Iranian Rial	RI.	IRR	1IRR=100 dinars（第纳尔）
伊拉克	伊拉克第纳尔	Iraqi Dinar	ID	IQD	1IQD=1000 fils（费尔）
叙利亚	叙利亚镑	Syrian Pound	£.Syr.；£.S.	SYP	1SYP=100 piastres（皮阿斯特）
黎巴嫩	黎巴嫩镑	Lebanese Pound	£L.	LBP	1LBP=100 piastres（皮阿斯特）
约旦	约旦第纳尔	Jordanian Dinar	J.D.；J.Dr.	JOD	1JOD=1000 fils（费尔）
沙特阿拉伯	亚尔	Saudi Arabian Riyal	S.A.Rls.；S.R.	SAR	1SAR=100 qurush（库尔什）1qurush=5 halals（哈拉）沙特里
科威特	科威特第纳尔	Kuwaiti Dinar	K.D.	KWD	1KWD=1000 fils（费尔）
巴林	巴林第纳尔	Bahrain Dinar	BD.	BHD	1BHD=1000 fils（费尔）
卡塔尔	卡塔尔里亚尔	Qatar Riyal	QR.	QAR	1QAR=100 dirhams（迪拉姆）
阿曼	阿曼里亚尔	Oman Riyal	RO.	OMR	1OMR=1000 baiza（派沙）
阿拉伯也门	也门里亚尔	Yemeni Riyal	YRL.	YER	1YER=100 fils（费尔）
民主也门	也门第纳尔	Yemeni Dinar	YD.	YDD	1YDD=1000 fils（费尔）
土耳其	土耳其镑	Turkish Pound (Turkish Lira)	£T.（TL.）	TRL	1TRL=100 kurus（库鲁）
塞浦路斯	塞浦路斯镑	Cyprus Pound	£C.	CYP	1CYP=1000 mils（米尔）

欧　　洲

国别（地区）	货币名称		货币符号		辅币进位制
	中文	英文	原有旧符号	标准符号	
欧洲货币联盟	欧元	Euro	EUR	EUR	1EUR=100 euro cents（生丁）
冰岛	冰岛克朗	Icelandic Krona（复数：Kronur）	I.Kr.	ISK	1ISK=100 aurar（奥拉）
丹麦	丹麦克朗	Danish Krona（复数：Kronur）	D.Kr.	DKK	1DKK=100 ore（欧尔）
挪威	挪威克朗	Norwegian Krone（复数：Kronur）	N.Kr.	NOK	1NOK=100 ore（欧尔）
瑞典	瑞典克朗	Swedish Krona（复数：Kronor）	S.Kr.	SEK	1SEK=100 ore（欧尔）

国别（地区）	货币名称		货币符号		辅币进位制
	中文	英文	原有旧符号	标准符号	
芬兰	芬兰马克	Finnish Markka（or Mark）	MK.；FM.；FK.；FMK.	FIM	1FIM=100 penni（盆尼）
俄罗斯	卢布	Russian Ruble（or Rouble）	Rbs. Rbl.	SUR	1SUR=100 kopee（戈比）
波兰	兹罗提	Polish Zloty	ZL.	PLZ	1PLZ=100 groszy（格罗希）
捷克和斯洛伐克	捷克克朗	Czechish Koruna	Kcs.；Cz.Kr.	CSK	1CSK=100 Hellers（赫勒）
匈牙利	福林	Hungarian Forint	FT.	HUF	1HUF=100 filler（菲勒）
德国	马克	Deutsche Mark	DM.	DEM	1DEM=100 pfennig（芬尼）
奥地利	奥地利先令	Austrian Schilling	Sch.	ATS	1ATS=100 Groschen（格罗申）
瑞士	瑞士法郎	Swiss Franc	SF.；SFR.	CHF	1CHF=100 centimes（分）
荷兰	荷兰盾	Dutch Guilder（or Florin）	Gs.；Fl.；Dfl.；Hfl.；fl.	NLG	1NLG=100 cents（分）
比利时	比利时法郎	Belgian Franc	Bi.；B.Fr.；B.Fc.	BEF	1BEF=100 centimes（分）*
卢森堡	卢森堡法郎	Luxembourg Franc	Lux.F.	LUF	1LUF=100 centimes（分）
英国	英镑	Pound，Sterling	£；£ Stg.	GBP	1GBP=100 new pence（新便士）
爱尔兰	爱尔兰镑	Irish pound	£.Ir.	IEP	1IEP=100 new pence（新便士）
法国	法郎	French Franc	F.F.；Fr.Fc.；F.FR.	FRF	1FRF=100 centimes（分）
西班牙	比塞塔	Spanish Peseta	Pts.；Pes.	ESP	1ESP=100 centimos（分）
葡萄牙	埃斯库多	Portuguese Escudo	ESC.	PTE**	1PTE=100 centavos（分）
意大利	里拉	Italian Lira	Lit.	ITL	1ITL=100 centesimi（分）***
马耳他	马耳他镑	Maltess Pound	£.M.	MTP	1MTP=100 cents（分） 1Cent=10 mils（米尔）
罗马尼亚	列伊	Rumanian Leu（复数：Leva）	L.	ROL	1ROL=100 bani（巴尼）
保加利亚	列弗	Bulgarian Lev（复数：Lei）	Lev.	BGL	1BGL=100 stotinki（斯托丁基）
阿尔巴尼亚	列克	Albanian Lek	Af.	ALL	1ALL=100 quintars（昆塔）
希腊	德拉马克	Greek Drachma	Dr.	GRD	1GRD=100 lepton（雷普顿）or lepta（雷普塔）

美　洲

国别（地区）	货币名称		货币符号		辅币进位制
	中文	英文	原有旧符号	标准符号	
加拿大	加元	Canadian Dollar	Can. $	CAD	1CAD=100 cents（分）
美国	美元	U.S.Dollar	U.S. $	USD	1USD=100 cent（分）
墨西哥	墨西哥比索	Mexican Peso	Mex. $	MXP	1MXP=100 centavos（分）
危地马拉	格查尔	Quatemalan Quetzal	Q	GTQ	1GTQ=100 centavos（分）
萨尔瓦多	萨尔瓦多科朗	Salvadoran Colon	¢	SVC	1SVC=100 centavos（分）
洪都拉斯	伦皮拉	Honduran Lempira	L.	HNL	1HNL=100 centavos（分）
尼加拉瓜	科多巴	Nicaraguan Cordoba	CS	NIC	1NIC=100 centavos（分）
哥斯达黎加	哥斯达黎加科朗	Costa Rican Colon	¢	CRC	1CRC=100 centavos（分）
巴拿马	巴拿马巴波亚	Panamanian Balboa	B.	PAB	1PAB=100 centesimos（分）
古巴	古巴比索	Cuban Peso	Cu.Pes.	CUP	1CUP=100 centavos（分）
巴哈马联邦	巴哈马元	Bahaman Dollar	B. $	BSD	1BSD=100 cents（分）
牙买加	牙买加元	Jamaican Dollars	$ .J.	JMD	1JMD=100 cents（分）
海地	古德	Haitian Gourde	G.；Gds.	HTG	1HTG=100 centimes（分）
多米尼加	多米尼加比索	Dominican Peso	R.D. $	DOP	1DOP=100 centavos（分）
特立尼达和多巴哥	特立尼达多巴哥元	Trinidad and Tobago Dollar	T.T. $	TTD	1TTD=100 cents（分）
巴巴多斯	巴巴多斯元	Barbados Dollar	BDS. $	BBD	1BBD=100 cents（分）
哥伦比亚	哥伦比亚比索	Colombian Peso	Col $	COP	1COP=100 centavos（分）
委内瑞拉	博利瓦	Venezuelan Bolivar	B	VEB	1VEB=100 centimos（分）
圭亚那	圭亚那元	Guyanan Dollar	G. $	GYD	1GYD=100 cents（分）
苏里南	苏里南盾	Surinam Florin	S.Fl.	SRG	苏 1SRG=100（分）
秘鲁	新索尔	Peruvian Sol	S/.	PES	1PES=100 centavos（分）
厄瓜多尔	苏克雷	Ecuadoran Sucre	S/.	ECS	1ECS=100 centavos（分）
巴西	新克鲁赛罗	Brazilian New Cruzeiro G	Gr. $	BRC	1BRC=100 centavos（分）
玻利维亚	玻利维亚比索	Bolivian Peso	Bol.P.	BOP	1BOP=100 centavos（分）
智利	智利比索	Chilean Peso	P.	CLP	1CLP=100 centesimos（分）
阿根廷	阿根廷比索	Argentine Peso	Arg.P.	ARP	1ARP=100 centavos（分）

续表

国别 （地区）	货币名称		货币符号		辅币进位制
	中文	英文	原有旧符号	标准 符号	
巴拉圭	巴拉圭瓜拉尼	Paraguayan Guarani	Guars.	PYG	1PYG=100 centimes（分）
乌拉圭	乌拉圭新比索	New Uruguayan Peso	N. $	UYP	1UYP=100 centesimos（分）

非　洲

国别 （地区）	货币名称		货币符号		辅币进位制
	中文	英文	原有旧符号	标准 符号	
埃及	埃及镑	Egyptian Pound	￡E.；LF.	EGP	1EGP=100 piastres（皮阿斯特）=1000 milliemes（米利姆）
利比亚	利比亚第纳尔	Libyan Dinar	LD.	LYD	1LYD=100 piastres（皮阿斯特）=1000 milliemes（米利姆）
苏丹	苏丹镑	Sudanese Pound	￡S.	SDP	1SDP=100 piastres（皮阿斯特）=1000 milliemes（米利姆）
突尼斯	突尼斯第纳尔	Tunisian Dinar	TD.	TND	1TND=1000 milliemes（米利姆）
阿尔及利亚	阿尔及利亚第纳尔	Algerian Dinar	AD.	DZD	1DZD=100 centimes（分）
摩洛哥	摩洛哥迪拉姆	Moroccan Dirham	DH.	MAD	1MAD=100 centimes（分）
毛里塔尼亚	乌吉亚	Mauritania Ouguiya	UM	MRO	1MRO=5 khoums（库姆斯）
塞内加尔	非共体法郎	African Financial Community Franc	C.F.A.F.	XOF	1XOF=100 centimes（分）
上沃尔特	非共体法郎	African Financial Community Franc	C.F.A.F.	XOF	1XOF=100 centimes（分）
科特迪瓦	非共体法郎	African Financial Community Franc	C.F.A.F.	XOF	1XOF=100 centimes（分）
多哥	非共体法郎	African Financial Community Franc	C.F.A.F.	XOF	1XOF=100 centimes（分）
贝宁	非共体法郎	African Financial Community Franc	C.F.A.F.	XOF	1XOF=100 centimes（分）
尼泊尔	非共体法郎	African Financial Community Franc	C.F.A.F.	XOF	1XOF=100 centimes（分）
冈比亚	法拉西	Gambian Dalasi	D.G.	GMD	1GMD=100 bututses（分）

续表

国别 （地区）	货币名称		货币符号		辅币进位制
	中文	英文	原有旧符号	标准 符号	
几内亚比绍	几内亚比索	Guine- Bissau peso	PG.	GWP	1GWP=100 centavos（分）
几内亚	几内亚西里	Guinean Syli	GS.	GNS	辅币为科里 cauri，但 50 科里以下舍掉不表示；50 科里以上进为一西里
塞拉里昂	利昂	Sierra Leone Leone	Le.	SLL	1SLL=100 cents（分）
利比里亚	利比里亚元	Liberian Dollar	L. $ £；Lib. $	LRD	1LRD=100 cents（分）
加纳	塞地	Ghanaian Cedi	₵	GHC	1GHC=100 pesewas（比塞瓦）
尼日利亚	奈拉	Nigerian Naira	N	NGN	1NGN=100 kobo（考包）
喀麦隆	中非金融合作法郎	Central African Finan-Coop Franc	CFAF	XAF	1XAF=100 centimes（分）
乍得	中非金融合作法郎	Central African Finan-Coop Franc	CFAF	XAF	1XAF=100 centimes（分）
刚果	中非金融合作法郎	Central African Finan-Coop Franc	CFAF	XAF	1XAF=100 centimes（分）
加蓬	中非金融合作法郎	Central African Finan-Coop Franc	CFAF	XAF	1XAF=100 centimes（分）
中非	中非金融合作法郎	Central African Finan-Coop Franc	CFAF	XAF	1XAF=100 centimes（分）
赤道几内亚	赤道几内亚埃奎勒	Equatorial Guinea Ekuele	EK.	GQE	1GQE=100 centimes（分）
南非	兰特	South African Rand	R.	ZAR	1ZAR=100 cents（分）
吉布提	吉布提法郎	Djibouti Franc	DJ.FS；DF	DJF	1DJF=100 centimes（分）
索马里	索马里先令	Somali Shilling	Sh.So.	SOS	1SOS=100 cents（分）
肯尼亚	肯尼亚先令	Kenya Shilling	K.Sh	KES	1KES=100 cents（分）
乌干达	乌干达先令	Uganda Shilling	U.Sh.	UGS	1UGS=100 cents（分）
坦桑尼亚	坦桑尼亚先令	Tanzania Shilling	T.Sh.	TZS	1TZS=100 cents（分）
卢旺达	卢旺达法郎	Rwanda Franc	RF.	RWF	1RWF=100 cents（分）
布隆迪	布隆迪法郎	Burnudi Franc	F.Bu	BIF	1BIF=100 cents（分）
扎伊尔	扎伊尔	Zaire Rp Zaire	Z.	ZRZ	1ZRZ=100 makuta（马库塔）
赞比亚	赞比亚克瓦查	Zambian Kwacha	KW.；K.	ZMK	1ZMK=100 nywee（恩韦）
马达加斯加	马达加斯加法郎	Franc de Madagasca	F.Mg.	MCF	1MCF=100 cents（分）
塞舌尔	塞舌尔卢比	Seychellesx Rupee	S.RP（S）	SCR	1SCR=100 cents（分）

国别 （地区）	货币名称		货币符号		辅币进位制
	中文	英文	原有旧符号	标准 符号	
毛里求斯	毛里求斯卢比	Mauritius Rupee	Maur. Rp.	MUR	1MUR=100 centimes（分）
津巴布韦	津巴布韦元	Zimbabwe Dollar	ZIM. $	ZWD	1ZWD=100 cents（分）
科摩罗	科摩罗法郎	Comoros Franc	Com.F.	KMF	1KMF=100 tambala（坦巴拉）

大 洋 洲

国别 （地区）	货币名称		货币符号		辅币进位制
	中文	英文	原有旧符号	标准 符号	
澳大利亚	澳大利亚元	Australian Dollar	$ A.	AUD	1AUD=100 cents（分）
新西兰	新西兰元	New Zealand Dollar	$ NZ.	NZD	1NZD=100 cents（分）
斐济	斐济元	Fiji Dollar	F. $	FJD	1FJD=100 cents（分）
所罗门群岛	所罗门元	Solomon Dollar.	SL. $	SBD	1SBD=100 cents（分）

附录三 国家或地区代码

英文缩写	英文名称	中文名称	所属洲
AE	United Arab Emirates	阿联酋	亚洲
AF	Afghanistan	阿富汗	亚洲
AL	Albania	阿尔巴尼亚	亚洲
AO	Angola	安哥拉	非洲
AR	Argentina	阿根廷	南美洲
AT	Austria	奥地利	欧洲
AU	Australia	澳大利亚	大洋洲
AZ	Azerbaijan	阿塞拜疆	亚洲
BD	Bangladesh	孟加拉	亚洲
BE	Belgium	比利时	欧洲
BG	Bulgaria	保加利亚	欧洲
BH	Bahrain	巴林	亚洲
BI	Burundi	布隆迪	非洲
BJ	Benin	贝宁	非洲
BM	Bermuda	百慕大	北美洲
BN	Brunei	文莱	亚洲
BO	Bolivia	玻利维亚	南美洲
BR	Brazil	巴西	南美洲
BS	Bahamas	巴哈马	北美洲
BT	Bhutan	不丹	亚洲
BW	Botswana	博茨瓦纳	非洲
CA	Canada	加拿大	北美洲
CF	Central Africa	中非共和国	非洲
CG	Congo	刚果	非洲
CH	Switzerland	瑞士	欧洲
CK	Cook Is.	库克群岛	大洋洲
CL	Chile	智利	南美洲
CM	Cameroon	喀麦隆	非洲
CN	China	中国	亚洲
CO	Colombia	哥伦比亚	南美洲
CR	Costa Rica	哥斯达黎加	北美洲

英文缩写	英文名称	中文名称	所属洲
CU	Cuba	古巴	北美洲
CV	Cape Verde Is.	佛得角群岛	非洲
CY	Cyprus	塞浦路斯	亚洲
CZ	Czech	捷克共和国	欧洲
DE	Germany	德国	欧洲
DK	Denmark	丹麦	欧洲
DZ	Algeria	阿尔及利亚	非洲
EC	Ecuador	厄瓜多尔	南美洲
EE	Estonia	爱沙尼亚	欧洲
EG	Egypt	埃及	非洲
ES	Spain	西班牙	欧洲
ET	Ethiopia	埃塞俄比亚	非洲
FI	Finland	芬兰	欧洲
FJ	Fiji	斐济	大洋洲
FR	France	法国	欧洲
GA	Gabon	加蓬	非洲
GB	Great Britain	英国	欧洲
GD	Grenada	格林纳达	北美洲
GH	Ghana	加纳	非洲
GM	Gambia	冈比亚	非洲
GN	Guinea-Bissau	几内亚	非洲
GQ	Equatorial Guinea	赤道几内亚	非洲
GR	Greece	希腊	欧洲
GT	Guatemala	危地马拉	北美洲
GU	Guam	关岛	大洋洲
GY	Guyana	圭亚那	南美洲
HK	Hong kong	中国香港	亚洲
HN	Honduras	洪都拉斯	北美洲
HR	Croatia	克罗地亚	欧洲
HT	Haiti	海地	北美洲
HU	Hungary	匈牙利	欧洲
ID	Indonesia	印度尼西亚	亚洲
IE	Ireland	爱尔兰	欧洲
IL	Israel	以色列	亚洲

续表

英文缩写	英文名称	中文名称	所属洲
IN	India	印度	亚洲
IQ	Iraq	伊拉克	亚洲
IR	Iran	伊朗	亚洲
IS	Iceland	冰岛	欧洲
IT	Italy	意大利	欧洲
JM	Jamaica	牙买加	北美洲
JO	Jordan	约旦	亚洲
JP	Japan	日本	亚洲
KE	Kenya	肯尼亚	非洲
KH	Cambodia	柬埔寨	亚洲
KR	R.O.Korea	韩国	亚洲
KP	D.P.R.Korea	朝鲜	亚洲
KW	Kuwait	科威特	亚洲
KZ	Kazakhstan	哈萨克斯坦	亚洲
LA	Laos	老挝	亚洲
LB	Lebanon	黎巴嫩	亚洲
LT	Lithuania	立陶宛	欧洲
LU	Luxembourg	卢森堡	亚洲
LV	Latvia	拉脱维亚	欧洲
LY	Libya	利比亚	非洲
MA	Morocco	摩洛哥	非洲
MC	Monaco	摩纳哥	欧洲
MD	Moldova	摩尔多瓦	欧洲
MG	Madagascar	马达加斯加	非洲
ML	Mali	马里	非洲
MN	Mongolia	蒙古	亚洲
MO	Macao	中国澳门	亚洲
MR	Mauritania	毛里塔尼亚	非洲
MT	Malta	马耳他	欧洲
MU	Mauritius	毛里求斯	非洲
MV	Maldives	马尔代夫	亚洲
MX	Mexico	墨西哥	北美洲
MY	Malaysia	马来西亚	亚洲
MZ	Mozambique	莫桑比克	非洲

英文缩写	英文名称	中文名称	所属洲
NA	Namibia	纳米比亚	非洲
NE	Niger	尼日尔	非洲
NG	Nigeria	尼日利亚	非洲
NI	Nicaragua	尼加拉瓜	北美洲
NL	Netherlands	荷兰	欧洲
NO	Norway	挪威	欧洲
NP	Nepal	尼泊尔	亚洲
NZ	New Zealand	新西兰	大洋洲
OM	Oman	阿曼	亚洲
PA	Panama	巴拿马	北美洲
PE	Peru	秘鲁	南美洲
PG	Papua New Guinea	巴布亚新几内亚	大洋洲
PH	Philippines	菲律宾	亚洲
PK	Pakistan	巴基斯坦	亚洲
PL	Poland	波兰	欧洲
PT	Portugal	葡萄牙	欧洲
PY	Paraguay	巴拉圭	南美洲
QA	Qatar	卡塔尔	亚洲
RO	Romania	罗马尼亚	欧洲
RU	Russia	俄罗斯	欧洲
RW	Rwanda	卢旺达	非洲
SA	Saudi Arabia	沙特阿拉伯	亚洲
SD	Sudan	苏丹	非洲
SE	Sweden	瑞典	欧洲
SG	Singapore	新加坡	亚洲
SK	Slovakia	斯洛伐克	欧洲
SM	San Marino	圣马力诺	欧洲
SN	Senegal	塞内加尔	非洲
SO	Somalia	索马里	非洲
SY	Syria	叙利亚	亚洲
TH	Thailand	泰国	亚洲
TJ	Tadzhikistan	塔吉克斯坦	亚洲
TM	Turkmenistan	土库曼斯坦	亚洲
TN	Tunisia	突尼斯	非洲

英文缩写	英文名称	中文名称	所属洲
TO	Tonga	汤加	大洋洲
TW	Taiwan	中国台湾	亚洲
TZ	Tanzania	坦桑尼亚	非洲
UA	Ukraine	乌克兰	欧洲
UG	Uganda	乌干达	非洲
US	United States	美国	北美洲
UY	Uruguay	乌拉圭	南美洲
UZ	Uzbekistan	乌兹别克斯坦	亚洲
VA	Vatican City	梵蒂冈	欧洲
VE	Venezuela	委内瑞拉	北美洲
VN	Viet Nam	越南	亚洲
YE	Yemen	也门	亚洲
ZM	Zambia	赞比亚	非洲
ZR	Zaire	扎伊尔	非洲
ZW	Zimbabwe	津巴布韦	非洲

参 考 文 献

[1] 黎孝先，王建. 国际贸易实务[M]. 7版. 北京：对外经济贸易大学出版社，2020.

[2] 高祥.《国际贸易术语解释通则2020》理解与适用[M]. 北京：对外经济贸易大学出版社，2021.

[3] 冷柏军，李洋. 国际贸易实务双语教程[M]. 北京：中国人民大学出版社，2021.

[4] 李彦荣. 外贸单证实务[M]. 北京：中国人民大学出版社，2019.

[5] 成丽. 国际贸易单证实务[M]. 2版. 北京：中国人民大学出版社，2021.

[6] 王群飞，苏定东. 国际贸易单证实务[M]. 3版. 北京：北京大学出版社，2021.

[7] 李贺. 外贸单证实务[M]. 3版. 上海：上海财经大学出版社，2019.

[8] 姬文桂. 外贸单证实务[M]. 北京：机械工业出版社，2019.

[9] 章安平. 外贸单证操作[M]. 北京：高等教育出版社，2016.

[10] 全国外经贸单证专业培训考试办公室. 国际商务单证专业培训考试大纲及复习指南[M]. 北京：中国商务出版社，2016.

[11] 姚新超. 国际贸易运输与保险[M]. 北京：对外经济贸易大学出版社，2019.

[12] 王瑛. 国际结算（双语版）[M]. 北京：清华大学出版社，2021.

[13] 王胜华. 国际商务单证操作实训教程[M]. 重庆：重庆大学出版社，2018.

[14] 姜颖. 报关实务[M]. 4版. 哈尔滨：哈尔滨工业大学出版社，2019.

[15] 舒兵. 国际商务单证教程[M]. 北京：化学工业出版社，2017.

[16] 郑淑媛，邹建华. 实用进出口单证[M]. 北京：电子工业出版社，2005.

[17] 林榕，吕亚君. 外贸单证实务[M]. 北京：人民邮电出版社，2018.

[18] 袁建新. 国际贸易实务[M]. 上海：复旦大学出版社，2006.

[19] 刘静华. 国际货物贸易实务[M]. 北京：对外经济贸易大学出版社，2017.

[20] 吴国新，李元旭. 国际贸易单证实务[M]. 北京：清华大学出版社，2017.